KB238737

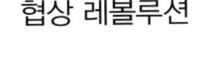

협상 레볼루션

협상
레볼루션
NEGOTIATION REVOLUTION

오명호 지음

A 애드앤미디어

어떻게 협상해야 하는가?

서른다섯, 직장을 나왔다. 협상 교육 전문가로 진로를 바꿨다. 용감하게 내린 결정이었지만, 현실은 달랐다. 얼마 지나지 않아 불안감이 밀려왔다. 마음을 다잡기 위해 리프레시가 필요했다. 때마침 아는 형님으로부터 연락이 왔다. "바람도 쐴 겸 양평 한번 놀러와."

별다른 계획은 없었다. '어디든 떠나보자'라는 마음으로 길을 나섰다. 뻥 뚫린 남한강을 따라 한참을 달렸다. 형님이 사는 집은 잘 가꾼 전원주택 단지에 있었다. 잔잔한 음악이 흐르고, 창밖으로 부드러운 햇살이 스며들었다. 마당에는 푸른 잔디가 깔려 있었고, 바람은 나뭇잎 사이를 스치며 고요한 소리를 냈다. 도시의 공기와는 전혀 다른 냄새였다. 순간, 가슴을 짓누르던 답답함이 스르르 풀리는 듯했다.

근처 산책길을 나섰다가 축구장이 눈에 띄었다. 차를 타고 이동하는 동안에도 또 다른 축구장이 나타났다. 드넓은 잔디가 햇살에 반짝였다. 형님 말로는 근처에 세 곳이나 있다고 했다. 카페들도 무척 한산했다. 주말이면 북적일 만한 곳들이었지만, 평일 오후라 그런지 텅 비어 있었다. 괜히 마음에 여유가 생겼다. '이제 출퇴근할 일도 없는데, 여기서 살아보면 어떨까?' 테라스에 앉아 강을 내려다보며 커피를 마시는데, 문득 생각 하나가 스쳤다. 그러자 머릿속에 또 다른 고민이 떠올랐다. '아내를 어떻게 설득하지?'

요즘 아내의 관심은 온통 육아에 쏠려 있다. 이사를 결정하게 된다면, 아이를 키우기 좋은 환경인지부터 따질 것이다. 어린이집은 가까운지, 근처에 괜찮은 소아과가 있는지, 마트는 얼마나 걸리는지, 친정까지의 거리도 중요하게 본다. 그런 기준으로 보면 양평은 애초에 후보에도 들지 못한다.

많은 사람이 농담처럼 말한다. 세상에서 가장 어려운 협상은 아내와의 협상이라고. 아무리 생각해도 아내를 설득할 방법이 떠오르지 않았다. 고민에 빠졌다. "양평으로 이사 가자"라고 말하면 백 퍼센트 반대할 게 뻔했다.

며칠 동안 머리를 굴리며 전략을 짰다. 판단은 아내에게 맡기되, 과정은 내가 설계하는 방식이었다. "이번 주말에 양평 한번 안 갈래? 선배가 거기 살아. 바람도 쐴 겸." 아내는 흔쾌히 따라나섰다. 우리는 형님 집에서 식사하고, 근처 산책길을 걸었다. 이어서 카페에 들렀다.

오후 햇살이 퍼지는 테라스에 앉아 커피를 마시던 중, 나는 드디어 작전을 시작했다. "여보, 여기 양평 사람들은 어떻게 사는지 집 구경 한번 안 가볼래? 시간도 남는데, 그냥 구경이나 한번 해보자." 아내는 의아하다는 듯 나를 쳐다봤다. "갑자기 웬 양평 집 구경?" 하지만 굳이 거절할 이유는 없어 보였다. 아내는 평소 모델하우스를 구경하고, 집을 둘러보는 것을 좋아했다.

이제 본격적인 계획이 시작됐다. 사실 나는 이미 눈여겨본 집이 있었다. 그 집은 너무나 훌륭했다. 신축에 가까운 아파트였고, 구조도 잘 빠져 있었다. 지하 주차장에서 세대까지 바로 연결되는 동선, ㄷ자형 주방, 빌트인 가전까지 갖춘 곳이었다. 그리고 통유리 너머로 펼쳐지는 강 뷰는 단연 압권이었다. 하나같이 아내가 평소에 바라던 조건이었다. 아니나 다를까. 현관문을 열고 들어서자 아내는 눈을 동그랗게 뜨며 나를 바라봤다. "오~ 좋은데…."

우리는 그렇게 하루 종일 양평의 삶을 경험했다. 그리고 그날 저녁, 집으로 돌아와 식사하며 나는 조심스럽게 말을 꺼냈다. "근데, 여보. 양평 너무 좋지 않았어? 내가 가만히 생각을 좀 해봤는데, 이제 회사도 그만뒀고 출퇴근할 일도 없는데, 굳이 여기 살 필요가 있을까? 우리 양평 가서 한번 살아보는 건 어떨까?" 아내는 화들짝 놀랐다. 갑자기 양평 이사라니. 한번도 생각해본 적 없는 일이었다. '거기 가서 뭐 하고 살지? 아는 사람도 없는데… 마트는 가까울까? 근처에 괜찮은 소아과는 있을까?'

이사를 떠올리자 걱정이 가득 밀려왔다. 생각할 시간이 필요해 보였다. 거절도, 동의도 아니었다. 하지만 그 눈빛에서, 마음 한구석에서 무언가가 움트기 시작했다는 신호가 느껴졌다. 그날은 그렇게 흘러갔다. 그 뒤로 나는 양평 이야기를 꺼내지 않았다. 며칠 동안 아내도 말이 없었다. 그리고 2주 뒤, 결론이 났다. 처가에 들렀을 때 장모님께서 이렇게 말씀하셨다. "오서방, 갑자기 양평으로는 왜 이사 가려고 해?"

그랬다. 아내는 지난 2주 동안 친구와 상의하고, 언니와 상의하고, 엄마와도 상의하고 있었다. 네이버 양평 맘 카페에 가입해 양평 생활이 어떤지 하나씩 알아보고 있었다. 어린이집은 어디가 좋은지, 소아과는 어디로 가야 하는지, 생활비는 얼마나 드는지. 아내는 혼자서 차근차근 정보를 모아가고 있었다.

그리고 며칠 뒤, 아내는 내 제안에 사인을 했다. "여보, 양평… 진지하게 생각해봤는데, 한번 해볼 만한 것 같아. 애 키우기에도 나쁘지 않을 것 같고. 일단 전세로 2년만 살아보자." 우리 가족의 양평 삶은 그렇게 시작됐다.

***

우리 삶은 협상의 연속이다. 개인 간 거래부터 국가 간 외교까지, 협상이 없는 곳은 없다. 중고 물품을 사고파는 일에서부터 자동차나 집을 거래하는 일, 고객을 만나거나 거래처를 상대하는 일까지. 우리의 일상은 매일 협상으로 이어진다.

직장인에게 협상력은 곧 업무 성과를 가르는 기준이 된다. 그 결과는 승진이나 연봉으로 이어진다. 기업은 더 분명하다. 협상의 성패가 비즈니스의 성패로 직결된다. 경영의 모든 활동이 협상이라고 해도 과언이 아니다. 협상력은 선택지를 넓히고, 기회를 만들며, 결국 우리 자신의 미래를 설계하는 힘이 된다.

어떻게 하면 협상을 잘할 수 있을까? 많은 사람은 협상을 단순한 대화 기술쯤으로 생각한다. 하지만 협상은 말을 잘한다고 성사되는 일이 아니다. 협상이란 내 논리로 상대를 설득하는 일이 아니라, 상대가 스스로 판단하고 선택할 수 있는 환경을 만드는 일이다.

말보다 중요한 것은 경험이다. 사람은 논리보다 직접 체험한 감정에 따라 생각을 바꾼다. 효과적인 협상가는 정보를 나열하기보다, 상대가 보고 느낄 수 있는 장면을 구성한다. 설명이 아니라 체험이 판단을 이끌고, 말이 아니라 경험이 동의를 만든다.

협상은 상대의 기준을 존중하고, 경험을 설계하며, 자율적인 결정을 돕는 과정이다. 협상가는 상대의 생각을 바꾸려 하지 않는다. 대신, 스스로 방향을 찾을 수 있는 환경을 만든다. 이것이 오늘날 비즈니스 협상이 작동하는 방식이며,《협상 레볼루션》이 말하는 새로운 협상의 철학이다.

오늘날 협상 환경은 빠르게 변하고 있다. 정보는 넘쳐나지만, 신뢰는 줄어든다. 협상가는 복잡한 데이터와 다양한 이해관계 속에서 결정을 내려야 한다. 감정이나 직관만으로는 이제 부족하다.

이 책은 협상을 단순한 대화 기술로 보던 기존의 시각을 넘어선다. 데이터와 구조, 사고의 설계를 바탕으로 새로운 협상 패러다임을 제시한다. 협상은 상대를 이기기 위한 말싸움이 아니다. 상대가 스스로 판단하고 움직이도록 이끄는 구조적 과정이다.

이 책은 총 5개의 파트로 구성되어 있다. 협상의 기본 철학부터 실행까지, 체계적인 프레임워크를 설명한 뒤 마지막 파트에서는 AI 시대의 새로운 가능성을 제시한다. 협상의 본질은 변하지 않지만, 기술은 실행 방식을 혁신적으로 바꾸고 있다.

Part Ⅰ. Mindset은 협상에 대한 고정관념을 깨뜨리고, 새로운 관점에서 협상을 바라보는 사고의 출발점을 제시한다. 협상은 감정이 아니라 전략적 사고 위에서 이루어져야 한다. 상대를 설득하는 일이 아니라, 선택의 가능성을 제시하는 일이다. 이 파트는 협상가로서의 철학과 태도, 사고 방향의 기초를 다룬다.

Part Ⅱ. Negotiation Model에서는 저자가 개발한 '에잇블록협상모델(8–Block Negotiation Model)'을 중심으로, 협상을 데이터 기반으로 분석하고 구조화하는 방법을 다룬다. 이 모델은 협상의 전 과정을 8개의 핵심 블록으로 나눠 전략 수립부터 최적화 과정, 최종안 도출까지의 흐름을 단계별로 제시한다. 협상은 더 이상 감정적 반응이 아니다. 논리와 근거에 기반해 설계할 수 있는 프로세스가 된다.

Part Ⅲ. Preparation과 Part Ⅳ. Strategy는 협상의 실행력을 높이는 실제 방법론을 다룬다. 정보를 어떻게 선별하고, 전략을 어떻게 짜며, 협상에서 어떤 순서로 행동해야 하는지를 구체적으로 설명한다. 우선순위를 정하고, ZOPA를 설정하며, 창조적인 대안을 도출하는 사고법은 협상가가 불확실한 상황에서도 균형 잡힌 결정을 내릴 수 있도록 돕는다. 두 파트는

'준비 없는 협상은 이미 실패한 협상이다'라는 원칙 아래, 철저한 사전 분석과 전략적 실행의 중요성을 강조한다.

Part V. AI × Business Negotiation은 AI 시대의 협상 환경 변화와 이에 대한 대응 전략을 제시한다. 데이터와 인공지능이 협상의 조건을 실시간으로 바꾸는 오늘, 협상가는 기술을 활용해 더 넓은 정보와 더 깊은 통찰을 얻어야 한다. AI는 협상 데이터를 분석하고, 시뮬레이션을 통해 전략을 보완하며, 인간 협상가의 사고를 확장하는 데 활용된다. AI와 협상의 만남은 단순한 도구의 변화가 아니다. 협상의 사고방식 자체가 바뀌는 혁신이다.

끝으로, 각 파트의 마지막에는 Q & A 섹션을 넣었다. 협상 교육 현장에서 자주 나오는 질문들 가운데 핵심적인 것들을 엄선했다. 책의 내용과 기존의 생각이 충돌하는 지점, 고정관념을 깨고 사고 전환을 유도하는 질문들이다. 이 질문들은 독자가 자신의 협상 경험을 새로운 관점에서 재해석하고, 실제 상황에 적용할 수 있는 사고의 틀을 제공한다. 단순히 내용을 이해하는 데 그치지 않고, 협상에 대한 관점을 바꾸고 실행 가능한 전략으로 이어지도록 설계했다. 이를 통해 독자는 협상을 지식이 아니라, 실천 가능한 프레임워크로 체화하게 된다.

《협상 레볼루션》은 협상에 대한 패러다임의 전환을 선언한다. 경험과 직관에 의존하던 협상에서, 데이터와 구조로 사고하는 협상으로. 말의 기술에서, 사고와 설계의 기술로. 이 책은 그 변화를 이끌 새로운 세대의 협상가들에게, 협상 테이블에 앉기 전에 이미 결과를 예측하고 상황을 구조화하며, 최적의 합의점을 설계하는 방법을 제시한다.

에잇블록협상모델은 복잡해 보이는 협상을 8개의 명확한 단계로 나눠 체계적으로 준비하고 실행할 수 있게 만든다. 여기에 AI가 더해지면 데이터 분석, 시나리오 시뮬레이션, 패턴 인식까지 누구나 활용할 수 있다. 이제 협상은 소수의 타고난 협상가만의 영역이 아니다. 체계와 기술을 갖춘다면 누구나 전략적 협상을 설계하고 실행할 수 있다.

협상의 미래는 이미 시작됐다. 이 책이 그 새로운 가능성을 여는 열쇠가 되길 바란다.

열린협상연구소 소장
오명호

우리 삶에서 협상이 아닌 것을 찾기 어려울 정도로 우리는 끊임없이 협상하는 관계 속에 살고 있습니다. 《협상 레볼루션》은 이러한 우리에게 선명한 협상의 구조를 제시해줍니다. 오랜 기간 실제 기업 현장의 협상 교육 효과를 통해 실력을 입증해온 저자의 경험을 바탕으로, 협상을 '판단과 선택이 이루어지는 구조적 사고의 과정'으로 재정의하고 있습니다. 실무 협상가에게 신뢰할 수 있는 사고의 지도를 제공하는 훌륭한 책입니다.

KOOFA(쿠퍼실리테이션) 대표

구기욱

말 잘하는 사람이 협상을 주도한다는 편견을 깨는 책입니다. 저자는 협상을 '정보를 구조화해 상대의 판단을 이끄는 사고의 기술'이라고 정의하며, 새로운 패러다임을 선언합니다. 20년 넘게 수많은 법적 분쟁을 다루며 절감한 것은, 결국 승패는 치밀한 구조 설계에 있다는 사실입니다. 그런 의

미에서 이 책은 단순한 비즈니스 서적을 넘어, 논리와 전략을 생명으로 하는 변호사는 물론, 일반인에게도 사안의 본질을 꿰뚫는 훌륭한 전략서가 되어줍니다. 10여 년간 현장에서 다져온 저자의 내공은 감정에 휘둘리지 않고, 최선의 합의를 끌어내는 강력한 힘을 길러줄 것입니다. 인공지능 시대, 협상의 미래를 준비하는 가장 확실한 안내서로 일독을 권합니다.

법무법인(유한) 한별 파트너 변호사

허종선

콘텐츠 플랫폼을 운영하다 보니 정말 다양한 분야의 전문가들을 만나게 됩니다. 흔히 그 분야의 진짜 전문가라고 불리는 사람들의 공통점은 바로 '깊이 있는 한 우물'을 가지고 있다는 것입니다. 10여 년간 협상만 생각하고 협상만 연구했던 오명호 소장의 한결같은 열정이 에잇블록협상모델을 탄생시켰습니다.

'상대가 스스로 판단하고 움직일 수 있도록 시스템을 만드는 일'이라는 협상의 정의만으로도 우리가 그동안 얼마나 협상에 대해 오해하고 있었나 깨닫게 만듭니다. 말로 이기고 상대를 설득하는 기술이 아닌, 오명호 소장의 협상은 정교하고 체계적입니다. 그 시스템을 장착하면 어쩌면 모든 관계에서 서로 만족하는 결과들을 만들어내는 능력자가 될 수 있을 것입니다.

온담커뮤니케이션 대표이사

민수경

CONTENTS

PART I. Mindset

제1강 협상에 대한 고정관념을 깨뜨려라

제2강 전략적 사고로 접근하라

제3강 설득하려 하지 말고, 선택권을 설계하라

Q&A 이론과 실전을 관통하는 협상 인식의 전환

PART II. Negotiation Model

제4강 데이터로 분석하고, 숫자로 증명하라

제5강 예측 가능한 협상을 이끌어라

제6강 8-Block으로 완성하라

Q&A 변화의 시대, 협상 패러다임의 전환

PART III. Preparation

제7강 정보를 선별하고, 전략의 틀로 분석하라

Q. 협상 전에 어떤 정보를 수집해야 하는가?

제8강 우선순위를 정하고, 수치로 계획하라

Q. 협상 목표는 어떻게 설정해야 하는가?

제9강 협상 전에 'Plan B'부터 점검하라

Q. 상대적으로 힘이 약한데, 뭐부터 준비해야 할까?

Q&A 협상은 결과가 아니라, '준비'의 예술

PART Ⅳ. Strategy

제10강 ZOPA를 설정하고, 추정하라

Q. 가격 협상! 무엇을 준비하고, 어떻게 실행해야 할까?

제11강 표면적 요구사항이 아니라, 진짜 이유를 찾아내라

Q. 입장이 다른 상대와는 어떻게 합의해야 할까?

제12강 창조적 대안을 도출하라

Q. 서로가 원하는 것이 충돌할 때 어떻게 협상해야 할까?

Q&A 협상의 핵심 원리와 실전 기술

PART V. AI × Business Negotiation

PART I

Mindset

Mindset

많은 사람이 협상을 '상대를 이겨야 하는 싸움'이라고 생각한다. 또는 '상대를 설득해 내 뜻대로 끌어오는 과정'이라고 여긴다. 하지만 이런 생각은 협상을 바라보는 고정관념일 뿐이다. 협상을 잘하지 못하는 진짜 이유는 기술 부족이 아니라, 협상 자체를 잘못 이해하고 있기 때문이다.

협상은 승패를 가르는 전쟁이 아니다. 상대를 억지로 설득해야만 성공하는 게임도 아니다. 협상이란 서로 다른 이해관계를 조율하고, 그 과정에서 함께 새로운 가치를 만들어내는 일이다. 상대를 굴복시키려는 순간, 협상은 힘겨루기로 변질된다. 설득만을 목표로 삼는 순간, 협상은 일방적 대화로 전락한다.

협상에서 가장 먼저 바뀌어야 할 것은 기술이 아니라 마인드셋이다. '이겨야 한다'라는 생각, '상대를 설득해야 한다'라는 고정관념부터 내려놓아야 한다. 그래야 협상의 본모습이 보인다. 협상은 내가 원하는 것을 일방적으로 얻어내는 과정이 아니다. 함께 해답을 찾고, 가치를 창출하는 과정이다. 이런 인식의 전환이야말로 협상력을 키우는 첫걸음이다.

제1강
협상에 대한 고정관념을 깨뜨려라

Q. 협상이 어려운 근본적인 이유는 무엇일까?

　세계적인 협상 전문가의 굴욕적 사건이 세간에 화제가 된 적이 있다. 주인공은 미국 하버드 대학교에서 협상론을 가르치는 벤저민 에델먼(Benjamin Edelman) 부교수. 하루는 그가 인근 중국 음식점에서 식사했는데, 음식값에 4달러가 더 결제된 것을 뒤늦게 알게 됐다. 이에 식당 주인에게 항의 메일을 보내 환불을 요구하자, 식당 주인은 "음식값이 인상됐는데 홈페이지 반영이 늦어진 것"이라며 해명했다.

　그러나 에델먼 교수는 "온라인 가격과 다르게 파는 것은 법 위반"이라며, 식당 주인에게 "법에 따라 4달러의 3배를 배상하라"고 압박했다. 문제는 여기서부터 불거졌다. 사건이 언론을 통해 알려지자 에델먼 교수를 향한 비판이 쏟아졌다.

네티즌들은 '현대판 다윗과 골리앗의 싸움'이라고 표현하며 약자인 음식점 편을 들었다. 심지어 그의 제자인 하버드 경영대학원 학생들조차 "우리가 12달러를 모아 에델먼 교수에게 주자"라는 캠페인까지 벌이는 지경에 이르렀다. 결국, 여론의 뭇매를 감당하기 힘들었는지, 에델먼 교수는 "도가 지나쳤다"라며 자신의 불찰을 시인했다.[1] 인터넷에 공개 사과문을 올리면서 사건은 마무리됐다.

왜 이런 일이 벌어진 것일까? 에델먼 교수의 구체적 실수는 무엇일까? 그는 추가로 결제된 금액에 대해 환불을 정당하게 요구했다. 규정을 제시하며 주장의 근거도 분명히 밝혔다. 가히 협상 전문가다운 솜씨였다. 전략적으로도 흠잡을 데 없는 컴플레인이었다.

그런데도 결과가 좋지 못한 이유는 다름 아닌 협상의 '목적'을 간과했기 때문이다. 그는 '이기는 것' 자체를 목적으로 삼았다. 12달러를 배상받는 것이 진짜 목적이었을까? 법적 근거를 내세워 상대를 굴복시키는 과정에서 그가 잃은 것은 무엇이었을까? 설마 12달러를 배상받으려고 소송까지 들먹인 것은 아니었으리라.

협상의 목적

흔히 협상을 이겨야 한다고 생각한다. 이기기 위해 전략을 세우고 계획을 꾸미는 것으로 여긴다. 싸움이나 전쟁처럼 이기지 못하면 내가 피해를 본다고 생각한다. 그 바탕에는 상대의 이익이 곧 내 손해라는 생각이 깔려있다. 사과 10개 중에 한 사람이 6개를 가지면, 다른 사람은 4개밖에 가질 수 없다. 그러니 더 많은 사과를 원한다면 이겨야 한다는 논리다.

얼핏 들으면 맞는 말 같기도 하다. 하지만 협상은 정해진 네모 칸에서 누가 많은 땅을 차지하느냐로 승패를 결정짓는 땅따먹기 게임과는 다르다. 이기고 지고의 문제가 아니라는 이야기다.

제조업체가 부품 공급업체와 단가 협상을 벌이는 상황을 가정해보자. 승부의 논리로 접근하면 가격을 낮추는 데만 집중하게 된다. "다른 업체는 더 저렴하게 제공합니다", "이 가격으로는 도저히 받을 수 없습니다"라며 상대를 압박한다. 공급업체도 "원자재 가격이 상승했습니다", "이보다 더 낮출 수는 없습니다"라고 반응한다. 양쪽 모두 자신의 입장만을 고수할 뿐, 협상의 여지는 줄어든다.

하지만 목적을 다르게 설정하면 어떨까? 양측이 '장기적으로 안정적인 거래 관계를 구축하자'라는 목표를 공유한다면, 접근 방식은 달라진다. "단가는 5% 조정해주시되, 대신 3년 장기 계약으로 물량을 보장하겠습니다" 혹은 "가격 할인 대신 결제 조건을 현금 즉시 결제로 변경해주시면 어떨까요?"라는 식으로 서로에게 이익이 되는 방안을 함께 모색하게 된다.

또 다른 예를 보자. 소프트웨어 개발회사가 대기업 고객사와 프로젝트 계약을 협상하는 상황에서도 마찬가지다. 단순히 '더 높은 개발비를 받아야 한다'라는 목적이라면 협상은 가격 싸움으로 흐른다. 하지만 '양사 모두에게 이익이 되는 최적의 프로젝트를 만들자'라는 목적이라면 이야기는 달라진다. "개발비는 조정하되, 성공 시 추가 프로젝트 우선권을 보장해달라" 혹은 "1차 프로젝트는 할인하되, 성과에 따른 인센티브 조항을 추가하면 어떨까요?"라는 방식의 새로운 대안을 만들어낼 수 있다.

협상이란, 두 사람이 합의점을 찾아가는 과정이다. 서로의 견해차를 좁히고, 최선의 대안을 함께 모색하는 해결 방식이다. 이번에는 내가 조금 양보하더라도, 다음 기회에 더 큰 것을 얻기로 합의했다면 그것은 훌륭한 협상이다. 눈앞의 이익을 누가 더 많이 차지하느냐는 승패의 논리로 접근하면, 성공적인 결과를 기대하기 어렵다.

성공적인 협상의 출발점은 목표 설정이다. 내 이익을 우선할지, 상대와의 관계를 고려할지, 아니면 더 큰 무언가를 위해 어떤 전략으로 접근할지를 미리 준비하고 계획해야 한다. 때로는 협상할지 말지조차 이 단계에서 결정된다. 모르긴 몰라도, 에델먼 교수는 협상 기술에 자신이 있었을 것이다. 하지만 그는 '목표 달성'이 아니라 '승리' 자체를 목적으로 삼은 듯하다. 그 결과가 어떤 문제를 불러오는지를 보여주는 단적인 사례다.

경쟁 그리고 협력

협상 상대는 경쟁 상대일까? 협력 상대일까? 정답은 둘 다. 협상 상대는 경쟁 상대이면서 동시에 협력 상대이기 때문이다. 협상력의 핵심은 이 두 측면을 동시에 관리하는 능력에 있다. 나의 이익을 지키기 위한 경쟁의 태도와 상대의 이익도 보장하는 협력의 태도를 동시에 구사해야 한다.

먼저 경쟁의 측면을 살펴보자. 공급업체와 가격을 협상하는 상황을 생각해보자. 상대가 터무니없이 높은 단가를 제시한다면 그대로 받아들일 수 없다. "다른 업체 견적은 이 정도인데 너무 차이가 큽니다", "이 가격으로는 우리도 수익성을 맞추기 어렵습니다"라며 현실적인 조건을 요구해야 한다. 과도한 비용 지출 리스크를 관리하고, 합리적인 거래 조건을 확보하기 위한 필수 과정이다.

하지만 여기서 멈춰서는 안 된다. 협력의 측면을 함께 제시해야 한다. "대신 연간 계약으로 물량을 보장해드리겠습니다", "결제 조건을 현금으로 하거나 결제 기간을 단축해드릴게요", "품질이 좋으면 다른 제품군 거래도 검토하겠습니다"라며 상대에게도 도움이 되는 조건을 함께 제안해야 한다. 경쟁의 요구와 협력의 대안을 같은 제안에 동시에 담을 때, 협상은 진전된다.

고객사와 납기 협상을 할 때도 마찬가지다. 고객이 무리한 납기를 요구할 경우 "현실적으로 이 일정은 어렵습니다", "품질에 문제가 생길 수 있습니다"라고 분명히 선을 그어야 한다. 하지만 동시에 "우선순위가 높은 물량부터 먼저 납품하겠습니다", "추가 비용을 받고 특급 작업을 하겠습니다"라며 양측 모두 만족할 수 있는 대안을 제시할 수 있다.

유통업체와 판매 조건을 협상할 때도 단순히 "수수료를 낮춰달라"라고만 하는 것이 아니라, "수수료는 조정해주시되, 마케팅 지원을 늘리거나 더 좋은 진열 위치를 보장해달라"라는 식으로 서로에게 이익이 되는 조건을 함께 모색할 수 있다.

협상의 기술은 경쟁과 협력 사이의 균형을 찾는 데 있다. 경쟁만 하면 관계가 무너지고, 협력만 하면 내 이익을 지키기 어렵다. 상황에 따라 때로는 강하게, 때로는 부드럽게 접근하며 최적의 결과를 만들어내는 것이 협상가 역량이다.

협상의 기술, 경쟁과 협력의 균형

성공적인 협상의 요건

이기는 협상을 해야 할까? 아니면 윈윈협상을 해야 할까? 섣불리 이상적인 답을 내놓기 전에 관계의 성격부터 따져야 한다. 일회성 관계인가? 지속적 관계인가? 전자라면 이기는 협상을 해도 괜찮다. 법에 저촉되지 않는 한, 온갖 수단과 방법을 써도 문제 될 것은 없다. 본인의 선택이고 자유다. 부작용이 발생하지 않기 때문이다. 하지만 후자라면 윈윈협상이 필요하다. 한 번 보고 끝날 상대가 아니라면 이기는 협상이 능사가 아니다. 졌다고 느끼면 되갚고 싶은 것이 사람 마음이다. 그렇다고 무조건 양보할 수만은 없는 노릇이다. 어떻게 하면 좋을까?

협상을 밥 먹듯 하는 외교관들은 이 문제에 대한 답을 잘 알고 있다. 다음은 '최장수 대사' 기록을 보유한 김하중 전 주중 대사의 말이다.

"외교는 말로 승리하면 안 된다. '내가 승리했다. 이번에 외교를 잘했다'라고 떠들면 안 된다. 상대가 외교를 못 했다는 이야기가 되지 않나. 외교는 승부가 50 대 50이 되어야 한다. 그리고 상대가 51 대 49로 이겼다고 생각하게 해야 한다."[2]

외교뿐 아니라 비즈니스 협상에서도 곱씹어 볼 만한 이야기다. 협상은 상대가 51 대 49로 이겼다고 생각하게 해야 한다. 내 목적을 달성하되 상대에게 패배감을 안겨서는 안 된다. 외교와 마찬가지로 거의 모든 협상은 한 번으로 끝나지 않기 때문이다. 장기적 안목으로 협상을 대해야 한다. 좋은 게 좋은 것이고, 양보가 미덕이라는 말은 결코 아니다. 실리는 챙기되 상대가 이겼다고 생각하게 하는 협상, 그것이 좋은 협상이자 바람직한 협상이다. 결국 내 이익에도 부합하는 협상이다.

사실 이러한 원칙들은 학문적으로도 뒷받침된다. 협상을 학문의 영역으로 처음 도입한 하버드협상문제연구소(PON)에서는 이미 오래전부터 이 문제에 대한 해답을 연구해왔다. 로저 피셔(Roger Fisher)와 윌리엄 유리(William Ury) 교수가 쓴 《YES를 이끌어내는 협상법》에는 성공적인 협상을 판단하는 세 가지 기준이 제시되어 있다. 첫째, 합의가 가능하다면 현명한 합의점을 찾을 수 있어야 한다. 둘째, 효율적인 방법이어야 한다. 셋째, 당사자 간 관계를 개선해야 하며, 최소한 그 관계를 손상해서는 안 된다.

51 대 49의 원칙은 역설적이다. 상대에게 우위를 내주는 것처럼 보이지만, 실상은 가장 전략적인 선택이다. 협상력이란 상대를 제압하는 능력이 아니라, 상대가 만족하면서도 내 목적을 달성하는 균형감각에 있다. 이는 기술의 문제 이전에 관점의 문제다. 협상 테이블을 전쟁터로 보는 순간, 여러분은 이미 다음 협상의 기회를 잃는다.

윈윈협상은 왜 어려운가?

협상 이론에서 자주 인용되는 사례 중 하나가 '죄수의 딜레마(Prisoner's Dilemma)'다. 검찰이 공범 용의자 두 명을 체포했다. 정황 증거는 충분하지만, 물증이 부족하다. 검찰은 자백을 받아내야만 한다. 그러나 회유하고, 설득하고, 강요해도 두 사람은 입을 열지 않는다. 이때 검찰은 두 사람을 독방에 격리 수감한 뒤, 똑같은 제안을 건넨다.

"자백하면 석방이다."

만약 A는 자백하고 B가 묵비권을 행사하면, A는 풀려나고 B는 중형을 받는다. 반대로 B만 자백하고 A가 침묵해도 결과는 같다. 두 사람이 모두 자백하면, 둘 다 석방은 물 건너가고 형량이 소폭 줄어든다. 반대로 둘 다 묵비권을 행사하면, 경찰은 증거 불충분으로 인해 중형을 선고하기 어렵다. 이런 상황이라면 사람들은 어떤 선택을 하게 될까?

두 사람 모두에게 자백이 합리적 선택처럼 보인다. 상대가 침묵하더라도 자백하면 더 유리하고, 상대가 자백해도 자백하는 쪽이 덜 불리하기 때문이다. 하지만 결과는 역설적이다. 두 사람이 동시에 자백하면, 둘 다 손해를 본다. 만약 둘 다 침묵했다면 나은 결과를 얻을 수 있었음에도, 불신의 구조가 협력을 가로막는다.

죄수의 딜레마는 현실의 협상 상황과 놀라울 정도로 닮았다. 양쪽 모두 협력이 최선이라는 사실을 알지만, 상대를 믿지 못해 자신을 지키려다가 오히려 서로를 배신하게 된다.

기업 간 거래, 노사 협상, 국가 간 외교 협상에서도 상황은 같다. 협력하면 서로 큰 이득을 얻지만, 각자는 '상대가 나를 속일지도 모른다'라는 불안을 안고 있다. 그래서 협력보다는 먼저 자신을 지키는 쪽을 택하고, 그 결과 협력의 기회는 사라진다. 경쟁을 유도하는 구조 속에서는 윈윈이 아닌 제로섬(zero-sum) 결과로 빠지기 쉽다.

문제를 더 복잡하게 만드는 것은 많은 협상이 일회성 게임(one-shot game)으로 인식된다는 점이다. '이번 한 번'이라는 생각이 강할수록 신뢰를 쌓기보다는, 단기 이익을 최대화하려는 유혹이 커진다. 죄수의 딜레마에서 용의자들이 침묵하지 못하는 이유도 같다. 반복 게임이라면 장기적으로 신뢰를 쌓고 협력할 수 있지만, 단발적이고 불투명한 상황에서는 서로를 믿기 어렵다.

윈윈협상이 어려운 이유는 단지 이해관계의 충돌 때문만은 아니다. 더 근본적인 원인은 경쟁과 불신이 구조적으로 내재해 있다는 점이다. 시장 경쟁, 불완전한 정보, 단기적 유인, 그리고 상대 행동에 대한 불확실성이 얽히면, 사람들은 이성적으로 판단하더라도 협력하지 못한다.

협상가의 과제는 이런 구조적 제약을 어떻게 넘느냐에 있다. 신뢰를 쌓고, 장기적 관계를 강조하며, 정보를 투명하게 공유할 때만 죄수의 딜레마를 넘는 협력이 가능하다. 윈윈협상은 본능이 아니다. 구조를 설계하고 신뢰를 관리해야 비로소 가능한 전략적 선택이다.

신뢰는 어떻게 형성되는가?

협상에서 신뢰는 선택이 아니라 전제 조건이다. 신뢰가 있다고 해서 반드시 윈윈이 이루어지는 것은 아니지만, 신뢰가 없다면 어떤 윈윈도 성립할 수 없다. 협력은 계산보다 신뢰가 먼저 서야 가능하다. 그 신뢰야말로 모든 합의의 출발점이다.

하지만 신뢰는 결코 저절로 생기지 않는다. 신뢰는 상대가 스스로 느끼는 감정이 아니다. 내가 먼저 만들어야 하는 결과물이다. 협상에서 신뢰를 얻는다는 것은 곧 마음을 얻는 일이다. 마음은 말이 아니라 행동으로 얻는다. 신뢰는 단번에 생기지 않는다. 반복되는 행동의 일관성 속에서 천천히 쌓인다.

첫째, 표정이 밝아야 한다. 굳은 얼굴이나 무표정은 상대를 긴장시키고 거리감을 만든다. 반대로 부드러운 표정과 여유 있는 미소는 경계심을 누그러뜨린다. 자연스럽게 대화의 첫 단추를 끼우게 한다. 협상은 말보다 분위기로 먼저 시작된다. 표정 하나가 신뢰의 문을 열기도 한다. 예를 들어, 거래처와 어려운 가격 협상을 할 때 굳은 표정으로 "이 가격은 받을 수 없습니다"라고 말하는 것과 미소 지으며 "좋은 방법을 함께 찾아보시죠"라고 말하는 것은 전혀 다른 결과를 만든다.

둘째, 말투는 부드러워야 한다. 같은 내용을 말해도 어떤 어조로 전달하느냐에 따라 결과는 달라진다. 단호함과 부드러움은 함께 갈 수 있다. 상대를 존중하는 어조, 공격하지 않는 표현은 대화를 안정시키고 신뢰를 만든다. 말은 단순한 정보가 아니다. 말은 태도의 신호다. 예를 들어, "납기를 앞당겨 주셔야겠습니다"보다 "납기를 조정할 방법을 함께 고민해보면 어떨까요?"는 같은 요구라도 훨씬 수용적인 반응을 이끌어낸다.

셋째, 상대의 이야기를 귀담아들어야 한다. 대부분의 사람은 말할 기회를 찾지만, 신뢰는 들어주는 사람에게 생긴다. 상대의 말을 끊지 않고, 판단이나 충고보다 이해를 먼저 보여줄 때 '이 사람은 내 이야기를 진심으로 듣고 있다'라는 감정이 생긴다. 듣는 일은 가장 단순하면서도 가장 강력한 신뢰의 행동이다. 예를 들어, 공급업체가 "원자재 가격이 올라 어렵습니다"라고 말할 때 즉시 반박하지 않고, "구체적으로 어떤 부분이 가장 부담되시나요?"라고 물으면 대화의 질이 달라진다.

넷째, 작은 약속을 정확히 지켜야 한다. 큰 합의보다 작은 약속이 더 오래 기억된다. 정해진 시간에 도착하고, 한마디로 정리한 말을 책임 있게 지키며 일관된 태도를 유지하는 사람은 자연스럽게 신뢰를 얻는다. 신뢰는 말이 아니라 행동의 기록이다. 예를 들어 "내일 오전까지 견적서를 보내드리겠습니다"라는 약속을 정확히 지키는 것이, 거창한 비전을 말하는 것보다 훨씬 강한 신뢰를 만든다.

다섯째, 계산되지 않은 배려가 필요하다. 꼭 해야 하는 일만 하는 사람보다 하지 않아도 되는 일을 자발적으로 하는 사람이 신뢰를 얻는다. 작은 친절, 사소한 도움, 예상치 못한 배려는 이익을 넘어선 인간적인 믿음을 만든다. '이 사람은 나를 이용하지 않는다'라는 인식이 쌓이는 순간, 관계는 단단해진다. 계약서에 없는 작은 도움, 급한 요청에 대한 신속한 대응, 상대의 어려움을 먼저 헤아리는 태도가 장기적 관계를 만든다.

무엇보다 신뢰는 시간과 경험의 결과다. 한 번의 인상으로는 완전한 신뢰가 생기지 않는다. 반복되는 경험이 쌓일 때, 상대는 '나'를 믿는 것이 아니라 '나와의 관계에서 느낀 일관성'을 믿는다. 오늘의 태도가 내일의 신뢰를 만들고, 그 신뢰가 새로운 합의를 이끈다.

신뢰는 선언이 아니라, 기억으로 남는 행동의 결과다. "믿어달라"는 말보다 '믿을 만하다'라는 경험이 중요하다. 협상가는 신뢰를 말로 요구하는 사람이 아니다. 신뢰가 자연스럽게 쌓이는 장면을 만들어내는 사람이다. 그런 장면이 협상을 움직이고, 관계를 오래 지속시키는 가장 강한 힘이 된다.

흥미롭게도 신뢰는 한번 형성되면 복리처럼 작동한다. 처음에는 작은 믿음에서 시작하지만, 시간이 지날수록 기하급수적으로 확장된다. 상대는 협상에서 얻은 긍정적 경험을 바탕으로 더 큰 거래를 제안한다. 나아가 다른 사람들에게까지 나를 추천하게 된다. 반대로 신뢰가 한번 깨지면, 회복하기까지는 몇 배의 시간과 노력이 필요하다.

新 토끼와 거북이

토끼와 거북이의 경주에서 모두가 토끼의 승리를 점쳤다. 하지만 달리기 중간에 잠들어버린 토끼. 결과는 거북이의 승리로 돌아갔다. 토끼의 와신상담(臥薪嘗膽). 더 이상의 실수는 없다. 이를 악물었다. 그렇게 성사된 두 번째 경주. 이번에는 토끼를 이길 방법이 거북이에게 없었다. 고민에 빠진 거북이가 새로운 아이디어를 떠올렸다.

"토끼야, 생각해보니 경주 코스에 문제가 있어. 지금 코스는 너에게만 유리해. 공정하게 육지와 강, 반반씩 코스를 정하는 게 어때? 그럼, 누구도 불만 없는 경주가 될 거야."

거부할 수 없는 논리였다. 내키지 않았지만, 토끼도 동의할 수밖에. 이윽고 시작된 경주. 토끼는 육지에서 압도적인 우위를 차지했다. 하지만 강에 도착해서는 발만 동동 굴렀다. 거북이는 느렸지만, 천천히 걸어 강에 도착했고, 이어서 유유히 강을 건넜다. 또 한 번의 승리. 힘이 약해도 경쟁에서 이길 방법은 있다.

하지만 왠지 모르게 아쉽다. 상대를 이겼지만, 기록은 형편없다. 토끼도 마찬가지다. 제 기량을 발휘도 못 해보고 경기에서 패했다. 거북이는 생각했다. 달리기로는 어차피 토끼를 이길 수 없다. 모두가 만족할 수 있는 아이디어가 없을까? 고민 끝에 거북이는 토끼에게 새로운 방식을 제안했다. 둘의 장점을 살려 서로 협력하는 방식이었다.

육지에서는 토끼가 거북이를 업고 폭풍처럼 뛰어갔고, 강에서는 거북이가 토끼를 등에 태우고 물살을 갈랐다. 각자의 승리에만 연연할 때보다 둘은 훨씬 더 좋은 기록을 냈다. 결과에 만족한 둘은 서로를 축하했다.

시너지(synergy)를 창출하는 방식

이 이야기는 단순한 우화가 아니다. 현실의 비즈니스 협상에서 매일 벌어지는 일들을 압축적으로 보여준다. 많은 기업이 초기에는 경쟁업체를 단순한 라이벌로만 생각한다. 하지만 시장이 성숙해지고 경쟁이 치열해질수록, 때로는 협력이 더 큰 가치를 창출한다는 것을 깨닫게 된다. 애플과 삼성이 법정에서 특허 분쟁을 벌이면서도 동시에 부품 공급 관계를 유지하는 것, 구글과 애플이 경쟁하면서도 특정 영역에서는 협력하는 것들이 그 예다.

新 토끼와 거북이 이야기는 치열한 비즈니스 환경에서 어떻게 협상해야 하는지 알려준다. 이른바 성공적인 협상의 요건이다.

첫째, 경쟁과 협력의 조화(harmony of competition and cooperation)다. 비즈니스 협상에서 경쟁의 접근은 불가피하다. 결과에 따라 이익과 손해가 갈리기 때문이다. 그러나 경쟁만으로는 한계가 있다. 경쟁은 갈등을 야기하고, 원만한 합의를 기대하기 힘들다. 장기적인 관계까지 고려한다면 더할 나위 없다. 토끼와 거북이, 둘의 협상은 경쟁 환경에서 어떻게 협력할 수 있는지, 그 절차와 방법을 보여준다.

둘째, 공정성(fairness in negotiation)이다. 공정성은 누구나 추구하는 보편적 가치다. 나만 좋은 아이디어는 환영받지 못한다. 공정하지 못한 제안에는 거절할 명분이 뒤따른다. 상황 전환을 위한 아이디어를 떠올린다면 공정성을 점검해야 하는 이유다. 육지에서 하는 경주는 토끼에게만 유리하다. 강에서 하는 경주는 거북이에게만 유리하다. 공정하게 육지 반, 강 반으로 코스를 변경해서 경주를 해보자는 아이디어. 토끼는 이를 거부할 명분이 없었다.

셋째, 상호 이익(win-win negotiation result)이다. 아무리 공정한 제안이라도 나에게 이익이 없다면 받지 않는다. 핑계를 대어 거절하면 그만이다. 내가 하는 제안이 효력을 발휘하려면 상대의 이익을 고려해야 한다. '내가 제안하는 새로운 방식이 당신에게 더 좋은 선택'이라는 것을 입증해야 한다. 육지에서는 토끼가 거북이를 업고 달리고, 강에서는 거북이가 토끼를 태우고 달린다. 둘 모두 자신의 신기록을 달성했다. 협상의 묘미다.

**

이 세 가지 요건은 협상의 마인드셋을 완성한다. 경쟁과 협력을 조화시키고, 공정성을 확보하며, 상호 이익을 추구하는 협상가는 더 이상 '이기려는 사람'이 아니다. '함께 더 큰 가치를 만드는 사람'이다.

협상 테이블 앞에서 우리는 선택해야 한다. 과거 토끼와 거북이처럼 계속 경쟁만 할 것인가 아니면 경쟁하되 협력의 가능성도 찾을 것인가. 에델먼 교수처럼 승리에만 집착할 것인가, 아니면 51 대 49의 지혜로 실리와 관계를 함께 챙길 것인가.

협상의 고정관념을 깨뜨린다는 것은 단순히 생각을 바꾸는 것이 아니다. 협상이 무엇인지, 왜 하는지, 어떻게 해야 하는지에 대한 근본적인 관점을 다시 세우는 일이다. 이기는 것만 생각하는 협상가는 단기적 승리를 얻을 수는 있지만, 경쟁과 협력을 균형 있게 다루는 협상가는 장기적으로 더 많은 것을 얻는다.

협상은 기술 이전에 관점의 문제다. 올바른 마인드셋을 가진 협상가는 같은 상황에서도 다른 결과를 만든다. 상대를 무조건적인 적이 아닌 협상 파트너로 보고, 문제를 장애물이 아닌 기회로 보며, 협상을 일방적 승리의 장이 아닌 상호 이익의 장으로 본다.

이제 협상에 대한 고정관념을 내려놓을 때다. 무조건 이겨야 한다는 강박, 양보는 곧 손해라는 두려움, 협상은 제로섬이라는 착각. 이 모든 것을 내려놓고 협상의 본질로 돌아가자. 협상은 일방적 승리가 아니라 균형 잡힌 합의이고, 고정된 파이 나누기가 아니라 파이를 키우는 창조이며, 단순한 승패가 아니라 지속 가능한 관계 구축이다. 마인드셋이 바뀌면, 협상이 바뀐다.

제2강
전략적 사고로 접근하라

Q. 어떻게 말해야 상대를 내 뜻대로 움직일 수 있을까?

협상에 대한 올바른 마인드셋을 갖췄다면, 이제는 어떻게 접근할지 고민해야 한다. 협상은 단순한 말싸움이나 언변 대결이 아니다. 좋은 협상을 위해서는 '전략'이 필요하다. 전략이란 '목표를 가장 효율적으로 달성하기 위한 선택과 설계의 과정'이다. 내가 가진 자원과 상대의 제약을 파악한 뒤, 그 안에서 최선의 결과를 이끌어내는 일이다.

비즈니스 협상은 단순히 말로 겨루는 일이 아니다. 복잡한 이해관계 속에서 가장 유리한 선택지를 설계하는 과정이다. 내가 할 수 있는 것과 상대가 할 수 있는 일을 냉정하게 분석하고, 그 안에서 최적의 상황을 만들어내야 한다.

핵심은 상대를 바꾸려 하기보다 내가 실행할 수 있는 조건을 정교하게 구축하는 데 있다.

전략적 사고란 무엇인가

협상을 잘하려면 전략적 사고(Strategic Thinking)가 필수다. 전략적 사고란 무엇일까? 한마디로 협상장 밖에서 승부를 가르는 능력이다. 상대와 마주 앉기 전에 이미 게임의 판을 짜놓는 것이다.

전략적 사고를 위해서는 세 가지 원칙이 필요하다.

첫째, 목표를 측정 가능한 언어로 바꾸는 일이다. '좋은 결과를 얻고 싶다'라는 말은 막연한 소망에 불과하다. '납품 단가 12% 인하, 결제 조건 60일에서 45일로 단축'처럼 목표를 구체적으로 정의해야 전략도 날카로워진다. 측정할 수 없는 목표는 달성할 수도 없다.

둘째, 사후 대응이 아니라 사전 설계를 해야 한다. 문제가 터진 뒤 허겁지겁 해결책을 찾는 것과 미리 세 가지 시나리오를 그려두고 각 경우에 맞는 대응책을 준비하는 것은 차원이 다르다. 전략적 사고는 반응이 아니라 준비다. 협상 테이블에 앉기 전에 이미 여러 경로를 예측하고 대비한 사람이 주도권을 쥔다.

셋째, 화법이 아니라 구조를 설계해야 한다. 상대를 설득하는 말솜씨보다 중요한 것은 상대가 내 제안을 받아들일 수밖에 없는 판을 짜는 능력이

협상 레볼루션

다. 협상은 말의 경쟁이 아니라 구조의 경쟁이다. 어떻게 말할지를 고민하기 전에, 어떤 게임을 만들 것인지부터 설계해야 한다.

목표를 측정 가능하게 정의하고, 사전에 시나리오를 설계하며, 화법보다 구조를 짜는 것. 이 세 가지 원칙을 이해하면 협상의 본질이 보인다. 협상은 상대를 이기는 일이 아니다. 상대가 자연스럽게 내 뜻대로 움직이도록 환경을 조성하는 일이다. 이제 이 원리가 어떻게 작동하는지, 구체적인 사례를 통해 살펴보자.

스스로 선택하게 만들기

어느 집 담벼락 앞에 매일 자전거가 세워져 있어서 집주인이 골치를 앓고 있었다. 협박 문구도 붙여보고, 정중히 부탁도 해봤지만 소용없었다. 그렇다고 남의 자전거를 함부로 치울 수도 없었다. 고민 끝에 주인은 담벼락에 이렇게 써 붙였다. '여기 세워진 자전거는 모두 공짜입니다. 마음대로 가져가세요!'

자전거 주인의 행동을 바꾸는 구조

다음 날부터 자전거는 자취를 감췄다. 집주인은 사람들의 마음을 바꾸려 하지 않았다. 대신, 행동을 바꿀 수밖에 없는 구조를 만들었다. 자전거 주인은 "여기 세우지 말라"라는 말을 들은 것이 아니다. 그저 자신의 자전거를 잃고 싶지 않다는 본능적인 선택을 했을 뿐이다.

아프리카 초원의 사자에게도 같은 교훈을 얻을 수 있다. 사자는 가젤보다 빠르지 않다. 하지만 가젤이 도망칠 길목을 예측하고, 그곳에서 기다린다. 가젤이 선택할 수 있는 도망 경로를 하나씩 차단해 결국 사자가 원하는 방향으로 몰아간다. 사자는 가젤과 속도 경쟁을 하지 않는다. 대신, 가젤의 선택지를 제한한다.

일본 합기도의 창시자, 우에시바 모리헤이(植芝盛平)는 이렇게 말했다.

"진정한 승리는 상대를 제압하는 것이 아니라, 싸움 자체를 없애는 것이다."[3]

담벼락 주인은 사람들을 설득하지 않았다. 사자는 가젤과 속도를 겨루지 않았다. 무술가는 힘으로 맞서지 않았다. 이들의 공통점은 상대를 이기려 하지 않았다는 데 있다. 대신, 상대가 자연스럽게 내가 원하는 방향으로 움직이도록 만들었다.

문제를 설득으로 풀려 하지 말고, 상대가 스스로 선택하게 만들어야 한다. 이것이 전략적 사고의 출발점이다. 협상 테이블에 앉기 전에 이미 게임의 규칙을 정한 사람이 결국 원하는 결과를 얻는다.

힘의 균형 맞추기

구조를 설계하는 방법은 여러 가지가 있다. 상대가 선택할 수 있는 옵션을 미리 배치하거나, 시간의 흐름을 통제하거나, 제삼자를 활용해 간접적인 압력을 만들 수도 있다. 정보의 비대칭을 조정하거나, 절차 자체를 재설계하는 것도 구조 설계의 일부다.

하지만 위기 상황에서는 이런 여유가 없다. 시간은 촉박하고, 선택지는 줄어들며, 상대는 이를 감지하고 더 강하게 압박해온다. 급한 쪽이 지는 게임이 되어버린다.

이럴 때 필요한 것이 바로 레버리지다. 상대의 약점을 파악해 협상의 균형을 다시 맞추는 전략이다. 상대를 공격하려는 것이 아니라, 내가 가진 힘을 회복하기 위한 방법이다. 레버리지는 위기 속에서 구조를 뒤집는 가장 현실적인 도구다.

어느 건축사 사무실에 비상이 걸렸다. 구청에서 상가 건물 건축을 허가할 수 없다는 통보가 날아든 것이다. 분명 법률상 아무런 하자도 없는 신청이었는데, 불허라니 도무지 납득할 수 없는 조치였다. 알고 보니, 옆 건물의 건물주가 자신의 이익을 지키기 위해 건축을 방해하고 있었다. 상권 침해, 주차권 침해, 일조권 침해, 조망권 침해 같은 억지스러운 이유로 민원을 여러 건 제기했고, 구청은 민원이 해결되지 않은 상태에서는 허가를 내줄 수 없다는 입장이었다.

상대는 이전에도 여러 차례 태클을 걸어온 인물이다. 잃을 게 없다는 듯, 남의 밥그릇에 서슴없이 고춧가루를 뿌린다. 이번에도 마찬가지다. 좀처럼 해법이 보이지 않는다. 마음먹고 골탕을 먹이려는 사람으로부터 내 권리를 지킬 방법은 없을까? 어떻게 해야 상대가 스스로 민원을 취소하게 만들 수 있을까?

드라마 <신사의 품격>에 나오는 한 장면이다. 주인공들은 누구도 다치지 않으면서 문제를 해결하는 멋진 해법을 찾아낸다. 그들의 전략은 한마디로 요약된다.

'같이 물자. 겨 묻히고 덤비는 놈은 똥 묻히고 상대해야 이기지.'

방법은 이렇다. 먼저 상대에 관한 정보를 조사해 약점을 찾는다. 상대 소유 건물에 불법적인 요소가 없는지 파악하고, 불법 증축이나 무단 개축 등 꼬투리 잡힐 만한 부분을 샅샅이 살핀다. 아니나 다를까, 여러 건이 발견됐다. '털어서 먼지 안 나는 사람 없다'라는 말처럼 약점을 들추는 일은 어렵지 않았다.

그리고 상대를 직접 만나 그동안 조사한 사실을 조용히 알렸다. 계속 이런 식으로 민원을 넣는다면 우리도 대응에 나설 수밖에 없다는 메시지를 넌지시 전하자, 상대는 깜짝 놀라며 울상을 지었다. 이제 민원을 스스로 취소하는 수밖에 없었다. 탁월한 협상가의 자질을 갖춘 주인공들은 그렇게 갈등을 해결했다.

사례는 사전 설계의 중요성을 잘 보여준다. 문제가 터진 뒤 반응한 것이 아니라, 상대의 약점을 미리 파악하고 대응 방안을 준비한 결과다. 동시에 구조 설계의 전형적인 예이기도 하다. 상대를 설득한 것이 아니라, 민원을 유지하는 것보다 취소하는 편이 더 유리한 상황을 만들어낸 것이다.

눈에는 눈, 이에는 이

상대가 나중에 합의한 내용을 발뺌하는 경우가 있다. 처음에는 분명히 동의했지만, 시간이 지나서 딴소리하기 시작하는 것이다. 합의를 문서로 남겼다면 문제 될 게 없지만, 말로만 이루어진 경우라면 상황은 달라진다. 증거가 없기 때문이다.

어느 날 이 부장은 중대한 임무를 맡았다. 회사가 임대 중이던 빌딩을 매각하는 일이었고, 규모는 수십억 원에 달하는 대형 거래였다. 수소문 끝에 믿을 만한 부동산 중개사무소와 접촉했고, 곧 매수자도 나타났다. 협상 과정에서 중개인 측은 파격적인 제안을 내놓았다. 5천만 원 상당의 중개 수수료를 받지 않을 테니, 매각 금액을 낮춰달라는 것이었다. 거래 규모가 크니 매수인에게서만 수수료를 받아도 충분하다는 설명이었다.

회사 입장에서는 나쁠 게 없었다. 금액을 일부 양보하든, 수수료를 면제받든 손익은 같았다. 결국 협상은 원만히 마무리됐고, 빌딩 매각도 성공적으로 완료됐다. 그런데 얼마 지나지 않아 황당한 문제가 터졌다. 중개인에게서 전화가 온 것이다. "부장님, 수수료는 언제쯤 받을 수 있을까요?"

전화의 주인공은 중개인이었다. 이전에 받지 않겠다고 했던 수수료를 요구해온 것이다. 당황한 이 부장이 "수수료는 없는 것으로 하지 않았느냐?"라고 따졌지만, 중개인은 "말이 그렇지, 정말로 안 줄 줄은 몰랐다"라며 언성을 높였다. 정신을 차리고 보니, 그 합의는 말로만 이루어졌고 아무런 증거도 남겨두지 않았다. 게다가 애초에 작성한 계약서에는 수수료 지급에 관한 조항이 명확히 포함되어 있었다.

골머리를 앓던 이 부장은 결국 법무팀에 도움을 요청했고, 법무팀은 한 로펌을 찾아가 자문했다. 자초지종을 들은 변호사는 법적으로는 승산이 없다는 결론을 내렸다. 다만 한 가지 가능성은 남아 있다고 조언했다. 부동산 측에 과실, 즉 약점이 있다면 협상의 판을 다시 짜볼 수 있다는 것이었다.

조사 결과, 계약서를 작성한 사람이 공인중개사가 아닌 '중개보조원'이라는 사실이 드러났다. 현행법상 중개보조원은 계약서 작성은 물론, 계약 체결에 중대한 영향을 미치는 업무에 개입하는 것 자체가 명백한 위법이다.

외부 변호사와 법무팀으로 구성된 대책반은 반격의 실마리를 찾아냈다. 선택한 전략은 이른바 'Tit for Tat', 즉 '눈에는 눈, 이에는 이'로 알려진 대응 방식이었다. 쉽게 말해, 상대가 공격하면 그에 상응하는 조치로 맞서는 전략이다. 상대가 증거 부족이라는 약점을 이용해 압박해온다면, 우리도 상대의 위법 사실을 근거로 강하게 대응하기로 했다. 곧바로 다음과 같은 내용증명을 보냈다.

"본 건 중개 과정에서 중대한 문제점 하나를 지적하지 않을 수 없습니다. 계약 체결을 진행한 인물이 공인중개사 자격을 갖추지 않은 '중개보조원'이었다는 점입니다. 아시는 바와 같이, 현행 법률에 따르면 중개보조원

46

이 계약서 작성은 물론, 계약 체결에 중대한 영향을 미치는 업무에 개입하는 것은 명백한 위법입니다. 이에 따라 유사한 피해가 재발하지 않도록 고발 조치를 검토하고 있으며, 관할 기관 및 공인중개사협회에도 민원을 제기할 예정입니다."

우리는 해당 위법 행위에 관해 적용 가능한 법 조항과 함께, 중개업소에 부과될 수 있는 과태료, 벌금, 영업정지 등의 행정처분 내용을 상세히 안내했다.

결과는 의외로 빨랐다. 며칠 뒤 중개인에게서 전화가 왔고, 모든 일을 없던 일로 하자는 입장이 돌아왔다. 계속 다투는 것이 득보다 실이 크다는 사실을 정확히 짚어낸 전략이 효과를 발휘한 것이다.

사례는 목표의 구체화와 구조 설계를 동시에 보여준다. '수수료를 내지 않는다'라는 분명한 목표를 세우고, 법적 대응이 아닌 상대의 약점을 활용해 스스로 물러날 수밖에 없는 구조를 만든 것이다. 중요한 점은 이것이 협박이 아니라는 사실이다. 상대가 먼저 우리의 약점을 이용했다면, 우리는 그에 상응하는 방식으로 균형을 되찾은 것뿐이다.

게임 규칙 바꾸기

때로는 상대를 움직이려 하기보다 환경을 바꾸는 것이 더 효과적이다. 같은 사람이라도 어디서 만나고, 어떤 조건에서 경쟁하느냐에 따라 결과는 전혀 달라진다.

중국 기업 알리바바 이야기다. 상장 첫날, 알리바바는 구글에 이어 세계 2위 인터넷 기업으로 떠오르며 전 세계를 놀라게 했다. 하지만 그들에게도 위기는 여러 차례 있었다. 그중 하나가 글로벌 기업 이베이와의 정면충돌이었다.

2001년, 이베이는 중국의 오픈마켓 선두업체 이치넷의 지분 33%를 인수하며 시장 진입의 신호탄을 쐈다. 이후 막대한 자본력을 바탕으로 중국 내 대형 포털사이트들과 전략적 제휴를 맺었고, 알리바바의 추격을 원천봉쇄했다. 어느 누구도 이베이를 넘어서기란 불가능해 보였다.

하지만 알리바바의 경영자 마윈(馬雲)은 상황을 냉정하게 직시하며 돌파구를 찾았다. 그는 자신의 강점을 극대화하고, 상대의 약점을 역이용할 방법을 고민했다. 그러던 중 알리바바는 이베이보다 현지 고객의 정서를 훨씬 더 잘 이해하고 있다는 사실을 떠올렸다. 이에 따라 서비스 기획부터 개발, 사후관리까지 전 과정을 중국 소비자의 취향에 맞추는 전략을 택했다.

알리바바는 대형 포털 대신 중소사이트에 광고를 집행했고, 다양한 이벤트를 열어 입소문 확산을 노렸다. 무엇보다 '6년간 전면 무료화'라는 강수를 두었다. 이미 수천억 원을 투자한 이베이로서는 따라 하기 어려운 전략이었다. 아니나 다를까, 이베이는 유료화 정책을 유지할 수밖에 없었고, 시간이 지날수록 중국 소비자들은 알리바바의 손을 들어주었다. 결국 이베이는 막대한 손실을 본 채 중국 시장에서 철수했다.

당시 상황을 두고, 알리바바의 경영자 마윈은 이렇게 말했다.

"이베이를 바다의 상어라고 한다면, 우리는 양쯔강의 악어다. 바다에서 싸운다면 질 것이지만, 강에서 싸운다면 반드시 이긴다."[4]

마윈은 이베이와 정면으로 맞서지 않았다. 대신 경쟁의 무대를 바꿨다. 자본력과 글로벌 브랜드라는 바다에서 싸우는 대신, 현지 정서와 고객 밀착이라는 강으로 전장을 옮겼다. 이것이 바로 환경 재설계의 핵심이다. 상대가 유리한 게임에 끌려가지 않고, 내가 유리한 게임의 판을 새로 짜는 것이다.

장소가 만드는 협상력

협상 장소는 상대의 결정을 유도하는 데 결정적인 역할을 하기도 한다. 특히 고객과의 협상에서는 찾아가는 사람보다 오게 만드는 사람이 더 좋은 성과를 낸다. 유능한 재무 컨설턴트들은 웬만하면 고객의 회사로 가거나 외부 카페에서 상담하지 않는다. 대신 고객의 가능한 시간을 물어 자신의 사무실로 방문하게 유도한다. 이들의 경험에 따르면 상담 장소의 선택은 설득력에 큰 영향을 미친다.

이유는 세 가지다.

첫째, 상담을 신청한 사람이 진짜 고객인지, 가짜 고객인지 구분할 수 있다. 책이나 강의를 보고 단순한 호기심으로 상담을 요청하는 사람도 있다. 아직 재무 상담의 욕구가 분명하지 않은 경우다. 이런 고객은 정성껏 상담하고 조언해도 실행에 옮기지 않는다. 대부분 사무실로 방문하라고 하면 주저한다. 성과는 여기서 갈린다. 진짜 상담이 필요한 고객을 만날 시간을 확보할 수 있다.

둘째, 직접 찾아오는 고객은 그만큼 상담 의지가 있다는 뜻이다. 재무 상담을 받으려면 컨설턴트에게 자신의 재무 정보를 공개해야 한다. 이 과정에서 부담을 느끼는 사람이 많다. 하지만 일부러 사무실까지 찾아온 고객은 자신의 고민을 더 많이 털어놓고 조언을 얻으려는 경향이 있다. 상담 분위기도 한결 편안해져 고객 만족도 역시 높아진다.

셋째, 이동에 따른 시간 낭비를 줄이면 비즈니스의 효율이 높아진다. 재무 상담은 지역을 가리지 않고 이루어지지만, 타지방 상담이 잡히면 다른 업무를 거의 할 수 없다. 예를 들어 서울에서 수원에 있는 고객을 만나러 가면 사실상 하루를 통째로 써야 한다. 기존 고객 응대나 내부 업무는 구멍이 생길 수밖에 없다. 반면 사무실로 찾아오는 고객과는 2~3시간을 상담해도 여유가 있다. 신규 고객은 물론, 기존 고객에게도 더 나은 서비스를 제공할 수 있다.

물론 고객을 찾아오게 만드는 일은 쉽지 않다. 어쩌면 많은 영업사원의 로망일지도 모른다. 이를 위해서는 신뢰할 수 있는 전문성과 경험이 필요하다. 결국 부단한 노력이 뒷받침되어야 한다. 하지만 그 정도 각오 없이 영업에 뛰어든 것은 아니지 않은가? 어차피 영업에서 성공하려면 전문성과 신뢰는 기본이다. 다만 고객을 어떻게 설득할지를 고민하기 전에, 고객이 우리 사무실로 스스로 찾아오게 만드는 방법부터 고민해보자. 그렇다면 이미 절반은 성공한 셈이다.

타깃팅부터 점검하라

신입사원 장그래와 장백기에게 미션이 떨어졌다. 10만 원으로 어떤 물건이든 사서, 이윤을 남겨오라는 과제였다. 무역 상사맨의 자질을 테스트하기 위해 주어진 임무다. 드라마 <미생>에 나오는 장면이다.[5]

둘은 근처 시장에서 팬티와 양말을 한 아름 샀다. 이제 문제는 파는 일이다. 한 번도 해본 적 없는 경험이라 막막하기만 하다. 어떻게 하면 이것을 팔 수 있을까? 백기는 먼저 사업하는 선배를 찾아간다. 자초지종을 설명하면 선배가 사줄 거라고 기대했다. 하지만 선배는 "나한테 팔 생각이었으면 이런 걸 사오면 안 되는 거 아니야?"라며 나무란다. 아무리 친한 사이라도, 쓸모없는 물건을 무작정 떠넘기는 것은 옳지 않다고 말하며 백기를 돌려보낸다.

장그래는 강한 의지를 보였다. 아무나 쉽게 할 수 없는 지하철 행상에 도전하기로 한 것이다. 어렵게 입을 뗐지만, 판매는 실패로 끝났다. "지하철에서 배춧잎(만 원)을 누가 꺼내느냐?"라는 말과 함께 퇴짜를 맞았다. 용기는 가상했지만, 번지수를 잘못 찾은 셈이었다. 결국 장그래는 자신이 한때 꿈을 접었던 기원까지 찾아가 도움을 청했지만, 그곳에서도 거절당했다. 둘은 인생의 쓴맛을 실감하며 회사로 돌아가고 있었다.

바로 그때 사우나 앞을 지나던 중 장그래의 머릿속에 번뜩이는 아이디어가 스쳤다. '양말과 팬티가 필요한 사람은 여기 있겠구나!' 둘은 곧바로 사우나 앞에 자리를 잡고 "팬티 사세요, 양말 사세요!"를 외치기 시작했다. 맨정신으로는 도저히 용기가 나지 않아 술의 힘을 빌렸지만, 물건은 순식

간에 팔려나갔다. 누구에게 팔지, 어떻게 팔지를 두고 온갖 시도를 해봤지만, 결국 해법은 '어디에서 팔 것인가?'에 있었다. 그렇게 둘은 미션을 무사히 완수할 수 있었다.

***

전략적 사고는 화려한 말솜씨가 아니라, 구조를 설계하는 능력이다. 명확한 목표를 세우고, 환경과 조건을 내게 유리하게 바꾸며, 때로는 기존의 틀을 깨는 창의적인 방법을 찾아야 한다. 핵심은 설득이 아니다. 상대가 스스로 내가 원하는 선택을 하도록 환경을 조성하는 일이다. 협상에서 원하는 것을 얻는 사람은 말을 잘하는 사람이 아니라, 게임의 규칙을 먼저 정한 사람이다.

협상은 테이블에 앉기 전부터 이미 시작된다. 어떤 목표를 세울 것인가, 어떤 시나리오를 준비할 것인가, 어떤 구조를 설계할 것인가. 협상의 성패는 이 질문들에 대한 답에서 갈린다.

전략적 사고는 구조를 설계하는 능력

테이블 위의 대화는 빙산의 일각일 뿐이다. 진짜 승부는 이미 그 이전에 끝나 있다. 상대의 제약을 파악했는가? 내 카드를 언제, 어떻게 꺼낼지 계획했는가? 최악의 상황에 대한 대안은 마련했는가? 이런 준비 없이 테이블에 앉는 것은 나침반 없이 항해를 떠나는 것과 같다.

협상가의 진짜 실력은 말하는 순간이 아니라 준비하는 과정에서 드러난다. 상대가 어떤 질문을 던질지 예측하고, 내가 어떤 데이터를 제시할지 정리하며, 협상이 막힐 때 꺼낼 대안을 미리 설계해두는 것. 이 모든 작업이 협상의 결과를 좌우한다. 준비된 협상가는 즉흥적으로 반응하지 않는다. 이미 그려둔 시나리오 안에서 움직일 뿐이다.

제3강
설득하려 하지 말고, 선택권을 설계하라

Q. 어떻게 하면 상대가 선택하도록 제안할 수 있을까?

여기 케이크 하나를 두고 다투는 형제가 있다. 서로 많이 먹겠다며 떼를 쓰는 형과 아우. 지켜보던 엄마가 똑같은 크기로 반을 잘라 나눠준다. 하지만 그것으로 문제가 해결되지는 않는다. 욕심 많은 동생은 형 몫이 더 크다며 계속해서 트집을 잡는다. 형에게 양보하라며 타일러 봤지만, 형도 질 수 없다는 태세다. 화가 난 엄마는 급기야 "둘 다 먹지 마!"라며 소리를 버럭 지른다. 그제야 상황은 종료됐지만, 사이만 더 안 좋게 만들어놓은 것 같아 마음이 영 편치가 않다.

가정에서 흔히 벌어지는 일이다. 만약 여러분이 부모라면 어떻게 하겠는가? 생각만 해도 갑갑해 보이지만 의외로 방법은 간단하다. 먼저 형이 자르고, 동생이 선택하게 하면 된다. 형은 자기가 정확히 반을 자른 것이니 불만이 없고, 동생은 스스로 선택한 것이니 더더욱 불만이 있을 수 없다. 역할을 바꿔도 결과는 같다. 그야말로 명쾌한 해결책이 아닐 수 없다.

이 해법의 핵심은 무엇일까? 엄마가 "이게 공평하다"라고 설득한 것이 아니다. 형제가 스스로 공평하다고 느끼는 구조를 만드는 것이다. 한 명은 자르는 권리를, 다른 한 명은 선택하는 권리를 가지게 하면 된다. 둘 다 통제권을 가진 순간, 불만은 사라진다.

손 하나 까딱 않는 남편, 어떻게 변화시킬 수 있을까?

집안일을 외면하는 남편을 변화시키는 일은 많은 아내의 고민이다. "말해도 안 듣는다", "결국 내가 다 하게 된다"라는 하소연은 어디서나 들린다. 하지만 이 문제를 단순히 성격이나 의지의 문제로만 보면 답이 나오지 않는다. 해결책은 '상대가 스스로 움직이게 만드는 방식'에 있다. 사람은 누구나 지시나 명령보다는 스스로 선택할 수 있을 때 행동의 주도권을 느끼고, 그 속에서 자발적으로 움직이게 된다.

이 원리를 보여주는 흥미로운 사례가 있다. KBS2 예능프로그램 〈스펀지〉에서 진행된 한 실험에서 아내는 이전처럼 "거실 좀 깨끗이 해줘"라고 막연히 말하지 않았다. 대신 "6시까지 걸레질만 부탁해요"라고 구체적이면서도 여유를 둔 요청을 한다.

이 말에는 미묘하지만, 중요한 차이가 숨어 있다. "지금 당장 해"라는 명령이 아니라, "6시까지만 해주면 된다"라는 여지를 둠으로써 상대가 언제, 어떻게 할지 스스로 선택할 수 있는 공간을 만들어준 것이다. 듣는 사람 입장에서는 '해야만 하는 일'이 아닌, '내가 결정할 수 있는 일'로 인식된다.

제안을 받은 남편은 그 순간 이런 생각이 든다. '지금 바로 걸레질을 하고 쉬어도 되고, 조금 쉬었다가 5시 30분쯤 해도 되고, 6시 다 되어서 해도 되겠네.' 남편은 더 이상 지시를 받은 존재가 아니라 선택의 주체가 됐다. 이 인식의 변화가 바로 행동의 출발점이다.

실제로 실험에서 마감 시간이 다가오자, 남편은 시계를 흘끗 보며 몸을 일으켰다. 마감 시간 안에 스스로 정한 일을 완수해야겠다는 생각이 든 것이다. 그렇게 걸레를 들고 거실 구석구석을 닦기 시작했다. 임무를 끝마친 뒤에는 '이제 끝났다'라는 뿌듯함과 함께 자연스러운 해방감을 느꼈다고 한다.

사람은 '지시받은 일'에는 저항하지만, '스스로 선택한 일'에는 동기를 느낀다. 즉, 상대를 움직이게 하는 힘은 강요가 아니라 자율성을 존중하는 구조에서 나온다. 명확한 목표와 일정한 범위를 제시하되, 그 안에서 스스로 선택할 여지를 주면, 상대는 훨씬 더 자연스럽게 행동에 나선다.

집안일을 요청하는 아내는 상대를 설득하지 않았다. 대신 상대가 스스로 선택할 수 있는 구조를 만들었다. 남편은 6시까지라는 시간 안에서 언제 할지를 택했다. 선택권을 가진 순간, 사람은 변한다. 저항하던 사람이 협력하고, 회피하던 사람이 행동한다.

협상의 실천적 정의

무언가를 잘하려면, 먼저 그것이 무엇인지 정확히 정의해야 한다. 그렇다면 협상이란 무엇일까? 협상은 어떤 일을 하는 것일까?

'어떤 목적에 부합되는 결정을 하기 위하여 여럿이 서로 의논함.'

협상의 사전적 정의다. 틀렸다고 말할 순 없지만, 어딘가 개운하지 않다. 이 정의만으로는 협상이 실제로 어떤 일인지 감이 잘 오지 않는다. 모여서 회의한다고 그게 모두 협상은 아니지 않은가. 의논한다는 것은 겉으로 드러난 모습일 뿐이다. 수면 아래에 있는 협상의 본질은 무엇일까?

협상이란 '합의하는 일'이다. 둘 이상의 당사자 사이에서 합의를 이끌어내는 것이 협상의 본질이다. 판매자와 구매자가 합의해야 거래가 성사된다. 기업 간 합병, 파트너십 체결도 모두 합의를 전제로 한다. 노사 협상, 선수의 연봉 협상, 국가 간 외교 협상까지. 모든 협상은 결국 '합의'로 귀결된다.

가정에서도 마찬가지다. 배우자, 자녀, 가족과의 갈등 역시 협상이다. 핵심은 각자가 스스로 동의하고 결정하게 만드는 일이다. 온전한 합의가 이루어져야 다툼이 줄고, 문제가 해결된다. 외압이나 상황에 밀려 마지못해 이루어진 합의는 결국 또 다른 갈등의 씨앗이 된다.

그렇다면 '합의'는 왜 이렇게 잘 안될까?

첫째, '이해(利害)'가 걸려 있기 때문이다. 이해란 말 그대로 이익과 손해를 뜻한다. 이익과 손해가 맞물린 관계에서 상대의 말을 그대로 믿고 합의하는 것은 위험하다. 대부분의 사람은 이익보다 손해를 볼 가능성이 더 높다고 생각한다. 그렇게 배우며 자랐고, 실제로 그런 경험도 많았기 때문이다. 결국, 각자가 자신의 기준에서 계산기를 두드리기 때문에 합의에 이르기까지는 많은 충돌이 불가피하다.

둘째, 관점(觀點)이 다르기 때문이다. 사람마다 살아온 환경, 성격, 경험, 지식이 다르다. 같은 사건이나 정보를 접해도 서로 다른 해석과 반응을 보이는 것은 지극히 자연스러운 일이다. 문제는 둘 이상의 당사자가 어떤 일을 성사하려면 결국 하나의 결론에 도달해야 한다는 점이다. 관점이 다르면 입장도 달라지고, 입장이 다르면 합의는 더 어려워진다. 그래서 협상이 필요하다.

종합하면, 협상이란 이렇게 정의할 수 있다.

'서로 다른 이해관계나 관점을 가진 둘 이상의 당사자가 합의를 이끄는 과정.'

그렇다면, 어떻게 해야 합의를 이끌어낼 수 있을까? 이 질문에 대한 답이 바로 '협상의 기술'이다. '기술'이라는 말에 거부감을 느끼는 이들도 있지만, 결국 협상이란 지혜롭게 풀어가는 기술이다. 요약하면 다음과 같다.

첫째, 합의는 당사자 모두에게 이익이 되어야 가능하다. 내가 손해라고 느끼면 내가 거절하고, 상대가 손해라고 판단하면 상대가 거절한다. 결국, 양쪽 모두에게 이익이 되는 방법을 찾아야 비로소 합의에 이를 수 있다. 요즘 같은 시대에 합의를 강제할 수는 없기 때문이다.

둘째, 누구 말이 맞느냐로 접근해서는 안 된다. 협상은 옳고 그름을 따지는 재판이 아니라, 서로 다른 입장을 조율하는 과정이다. 사람은 저마다 경험과 가치관이 달라 같은 상황도 다르게 해석한다. 그 차이를 인정하지 않고 '내 말이 맞는다', '당신 말은 틀렸다'라는 식으로 나서면 감정만 상하게 된다. 결국 말이 아니라 감정이 합의를 가로막는다. 상대 입장을 이해하고 존중하는 태도 없이 합의는 어렵다. 말이 옳아도 마음이 닫히면 협상은 실패한다.

협상과 설득의 차이

그런데 우리는 실제로 어떻게 행동하고 있을까? 누군가와 문제를 해결하려 할 때를 떠올려보자. 과연 우리는 둘 모두에게 이익이 되는 방법을 찾고 있을까? 대부분 그렇지 않다. 내 입장에서 논리를 세우고, 내 기준으로 말한다. 그리고 나와 우리에게 더 유리한 해법을 만들어낸다. 그런 다음 그 해법을 상대에게 받아들이라고 설득한다. 그런데 그렇게 해서 과연 설득될까?

설득의 사전적 정의는 '상대편이 이쪽 편의 이야기를 따르도록 여러 가지로 깨우쳐 말함'이다. 말로 상대를 바꾸겠다는 의미다. 하지만 말로 상대를 내 뜻대로 움직일 수 있을까? 대부분의 사람은 누군가의 말을 곧이곧대로 믿기보다 의심하고 경계한다. 그것이 인간의 본능이다. 생존을 위해 손해 볼 가능성부터 먼저 따지는 습성이 우리 안에 자리 잡고 있기 때문이다.

설득은 자신이 보기에는 논리적이고 합리적인 접근처럼 느껴지지만, 실제로는 대부분 실패한다. 왜일까?

첫째, 설득은 내가 더 좋은 일이다. 성공하면 이익을 얻는 쪽은 말하는 사람이다. 상대는 내 논리에 따라야 하고, 내가 내린 결론을 받아들여야 한다. 그 순간, 선택권은 사라진다. 설득은 종종 '당하다'라는 말과 연결된다. '당하다'라는 말에는 해를 입는다는 뉘앙스가 들어 있다. 겉으로는 대화처럼 보이지만, 실제로는 권력의 작용이다. 설득은 사실상 지시에 가깝다. 상대는 '이 대화는 나를 위한 게 아니다'라는 불편함을 느끼고, 마음을 닫기 시작한다.

둘째, 설득하려는 사람은 이미 결론을 정해놓고 있다. 자기 결론으로 상대를 이끌기 위해 말을 선택하고, 논리를 쌓는다. 상대의 말은 귀에 들어오지 않는다. 듣는 척하지만, 사실은 반박할 근거를 찾고 있을 뿐이다. 이런 대화는 결국 '답정너(답은 정해져 있고 너는 대답만 해)'의 대화가 된다. 상대는 처음부터 '결론이 정해진 대화'에 끌려 들어온 셈이다. 이런 상황에서 누가 기분 좋게 마음을 열겠는가? 상대는 설득당하기보다 저항하고 싶어진다. 인간은 본능적으로 통제당하는 것을 싫어한다.

셋째, 설득은 100대 0을 기대하는 심리에서 출발한다. 설득하려는 사람은 상대가 자기의 입장을 온전히 받아들이길 바란다. 타협이나 절충이 아니라, 완전한 수용을 목표로 한다. 하지만 현실의 관계에서 한쪽이 모든 것을 포기하고 다른 쪽을 따르는 일은 거의 없다. 설득은 본질적으로 '내가 옳고, 너는 틀렸다'라는 전제 위에 서 있다. 말이 아무리 부드럽고 논리가 치밀해도, 그 밑바닥에는 '당신이 나를 따라야 한다'라는 메시지가 깔려 있다. 상대는 이런 신호를 본능적으로 감지하고, 마음의 문을 닫는다.

그렇다면 설득은 언제 가능할까? 두 가지 조건이 모두 충족될 때만 가능하다.

첫째, 정보의 비대칭이 있을 때다. 내가 상대보다 훨씬 더 많이 알고 있고, 상대도 그 사실을 인정할 때 설득은 작동한다. 의사가 환자에게, 변호사가 의뢰인에게, 교수가 학생에게 설명할 때처럼 말이다. 상대가 "나는 잘 모르니 전문가의 조언을 따르겠다"라고 받아들이는 순간, 설득은 일종의 정보 제공이 된다. 새로운 정보를 얻은 상대는 스스로 생각을 바꾼다.

둘째, 설득이 작동하려면 숨은 전제가 필요하다. 설득하는 사람은 무의식적으로 상대가 자신보다 부족하다고 여긴다. 내 논리를 따라오지 못하거나, 설득당할 만큼 판단력이 떨어진다고 가정하는 것이다. 설득은 '내가 더 잘 안다'라는 우월감에서 출발한다. 그러나 실제 협상에서 상대는 전혀 부족하지 않다. 정보도 충분하고, 판단력도 갖췄으며, 자신의 이익을 지키려는 의지도 분명하다.

더욱이 거래처, 고객, 파트너 기업, 협력업체와 같은 관계에서는 정보나 권한의 압도적 우위란 존재하지 않는다. 그들도 충분히 알고, 판단하며, 거절할 자유가 있다. 그런 상대를 말로 움직이려 드는 것은 '나는 너보다 더 잘 안다'라는 전제를 은근히 밀어붙이는 일이다. 이 전제는 상대의 마음을 단번에 닫아버린다. 설득이 협상에서 잘 통하지 않는 이유가 바로 여기에 있다. 상대를 얕보는 순간, 협상은 이미 실패다.

그럼에도 불구하고, 누군가와 협상해야 할 상황이 닥치면 우리는 여전히 설득하려 든다. 말로 문제를 풀고 싶어 하는 것은 인간의 본능에 가깝다. 말로만 해결된다면, 그것만큼 효율적인 방법도 없기 때문이다. 비용도 들지 않고, 시간도 오래 걸리지 않는다고 믿는다. 하지만 그것은 어디까지나 내 기대일 뿐 착각에 가깝다.

설득이 실패하는 진짜 이유는 우리가 생각하는 것과 다르다. 논리가 부족해서도, 말솜씨가 모자라서도 아니다. 애초에 상대는 듣고 싶지 않았던 것이다. 내가 옳다는 것을 증명하려 할수록 상대는 점점 더 강하게 저항한다. 아이러니하게도 설득을 내려놓는 순간, 오히려 상대가 움직이기 시작한다. 말을 줄이고, 선택권을 건네며, 상대의 이익을 먼저 보여줄 때, 그제야 협상이 시작된다.

선택권을 설계하라

설득이 실패한다면, 무엇으로 합의를 이끌 수 있을까? 해답은 '선택권'에 있다.

사람은 지시에는 저항하지만, 선택에는 책임을 느낀다. "이렇게 하세요"에는 반발하지만, "A와 B 중 무엇이 더 나을까요?"라는 질문 앞에서는 고민하기 시작한다. 그 순간, 상대는 설득당하는 사람이 아니라 '결정하는 사람'으로 전환된다.

길을 걷다가 발밑에 만 원짜리 한 장과 천 원짜리 한 장이 동시에 떨어져 있다고 상상해보자. 여러분이라면 무엇을 줍겠는가? 대부분은 주저 없이 "만 원짜리요"라고 답한다. 하지만 그것은 정답이 아니다. 정답은 '둘 다 줍는 것'이다. 아주 단순한 질문이지만, 대부분 이 실험에 속는다. 인간은 늘 절대적인 판단보다 상대적인 비교 속에서 움직이기 때문이다. 이것이 바로 '대조 효과(Contrast Effect)'다.

대조 효과란 어떤 대상을 이전이나 주변의 다른 대상과 비교했을 때, 그 차이가 더 크게 느껴지는 심리적 현상을 말한다. 예를 들어, 1억 원짜리 집을 본 직후 8천만 원짜리 집을 보면 상대적으로 저렴하게 느껴진다. 하지만 5천만 원짜리 집을 먼저 봤다면, 같은 8천만 원도 비싸게 느껴진다. 사람은 대상을 절대적인 기준으로 평가하지 않는다. 언제나 비교의 틀 속에서 판단한다. 인간 인식의 기본 구조다. 에빙하우스 착시(Ebbinghaus Illusion)[6] 효과에서 대조 효과를 한눈에 확인할 수 있다.

협상에서도 마찬가지다. 상대가 어떤 선택을 하게 만들고 싶다면, 단순히 그 선택지만 던져서는 안 된다. 상대가 비교하고 판단할 수 있는 '맥락'

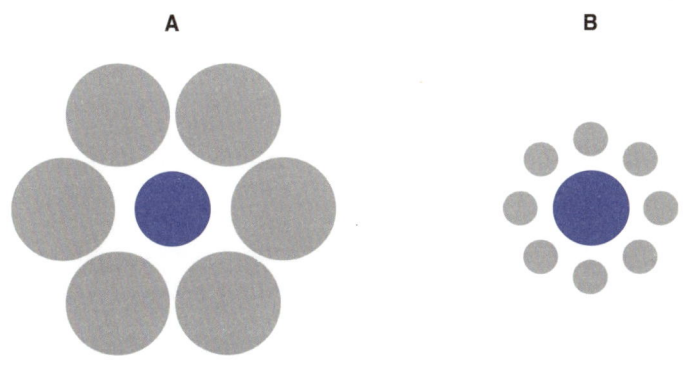

에빙하우스 착시(Ebbinghaus Illusion)

을 먼저 설계해야 한다. 다시 말해, A안을 선택받고 싶다면 A안의 장점만을 강조하기보다는, A안과 비교 가능한 B안과 C안을 함께 제시하는 것이 훨씬 효과적이다. 사람은 강요당할 때보다 스스로 비교하고 판단한다고 느낄 때 더 잘 움직인다.

예를 들어보자. 여러분이 은행의 PB(Private Banker)나 금융 컨설턴트라고 해보자. 고객에게 특정 금융상품을 권하고 싶다면, 하나의 상품만 제시했을 때 고객의 반응은 단순하다. "할까? 말까?" 하지만 세 가지 대안을 제시하면 상황은 달라진다. 고객은 '이 셋 중에 무엇이 나에게 가장 적합한가?'를 고민하기 시작하고, 그 순간 선택의 주도권을 가진 사람으로 변한다. 이처럼 대조 효과는 협상에서 선택을 유도하는 강력한 장치가 된다.

내 제안을 받아들이게 하려면 '무엇을 말하느냐?'보다 '어떤 구조 안에서 선택하게 하느냐?'가 더 중요하다. "이 상품이 가장 좋습니다"라고 말하는 순간, 고객은 본능적으로 경계한다. 하지만 "이 세 가지 중 어떤 구성이 가장 괜찮다고 느껴지세요?"라고 묻는 순간, 그는 설득당하는 사람이 아닌, 스스로 결정하는 사람으로 전환된다.

사람은 통제당하면 저항하지만, 선택권을 가질 때 책임과 만족을 동시에 느낀다. 협상의 본질은 상대를 설득하는 것이 아니라, '스스로 선택했다'라고 느끼게 만드는 데 있다. 대조 효과를 활용해 선택의 구조를 설계하면, 상대는 여러분이 원하는 결론을 '자기 의지로' 택한 것처럼 느낀다. 그들은 여러분의 말을 따른 것이 아니라, 스스로 결정했다고 믿는다.

그렇다면 몇 개의 선택지를 제시하는 것이 가장 효과적일까?

세 가지 선택지가 효과적인 이유

우리는 하루에도 수십 번의 선택을 한다. 아침에 어떤 옷을 입을지, 점심 메뉴는 무엇으로 할지, 퇴근 후 어떤 영화를 볼지. 하지만 생각보다 우리는 선택에 서툴다. 선택지가 너무 많으면 오히려 결정이 어려워지고, 하나뿐이면 강요받는 느낌이 든다. 그래서 심리학, 마케팅, 협상의 세계에서는 '세 가지 선택지'가 가장 이상적인 구조라고 말한다. 인간의 인지 구조와 심리적 안정성을 고려할 때, 세 가지는 가장 편안하고 확신 있게 결정을 내릴 수 있는 숫자이기 때문이다.

첫째, 선택의 편리성(Choice Convenience) 때문이다. 사람은 선택을 좋아하지만, 선택의 수가 많아질수록 피로를 느낀다. 실제로 마트 진열대에 스무 가지 종류의 잼을 놓았을 때보다, 단 세 가지 맛의 잼만 놓았을 때 구매율이 더 높았다는 연구[7]가 있다. 왜일까? 선택지가 많으면 사람은 '혹시 더 나은 게 있을지도 몰라'라는 불안을 느끼고 결정을 미루기 때문이다. 반면 세 가지는 충분히 다양성을 주면서도 복잡하지 않다. 인간의 뇌는 한 번에 세 가지 정도의 대안 비교에 가장 효율적으로 반응한다. 너무 적지도, 너무 많지도 않은 '결정하기 좋은 구조'인 셈이다.

둘째, 중간 효과(The Compromise Effect)[8] 때문이다. 사람은 극단적인 선택을 꺼린다. 너무 저렴하면 품질이 의심되고, 너무 비싸면 손해 보는 기분이 든다. 그래서 대부분의 사람은 세 가지 대안이 주어졌을 때, 자연스럽게 중간 수준의 선택지를 가장 합리적이라고 느낀다. 예를 들어 전자제품을 살 때 '보급형', '표준형', '고급형' 세 가지 모델이 있다면, 많은 소비자는 '표준형'을 가장 무난한 선택으로 받아들인다. 실제로 이 중간 모델이 가장 많이 팔리도록 전략적으로 설계되어 있는 경우가 많다. 협상에서도 이 원리는 그대로 적용된다. 극단적인 제안을 함께 제시하면, 상대는 심리적 안정감을 따라 스스로 중간 지점을 찾아간다. 이는 설득이 아니라 구조 설계를 통해 유도된 선택이다.

셋째, 골디락스 법칙(Goldilocks Principle)[9] 때문이다. 동화 《골디락스와 세 마리 곰》에서 주인공 골디락스는 너무 뜨겁지도, 너무 차갑지도 않은 죽을, 너무 크지도 작지도 않은 의자를, 너무 부드럽지도 딱딱하지도 않은 침대를 선택했다. 인간의 마음도 같다. 우리는 언제나 '딱 알맞은 수준'을 원한다. 커피 한 잔을 주문할 때도 너무 작은 사이즈는 부족하고, 너무 큰 사이즈는 낭비 같아서 결국 '중간 사이즈'를 고른다. 이처럼 인간의 뇌는 극단이 아닌 적정한 균형점을 '좋은 선택'으로 인식한다. 협상가나 마케터는 이 심리를 이용해 중간 선택지를 '골디락스 지점'으로 설계한다. 그 결과, 사람들은 스스로 가장 합리적인 결정을 내렸다고 믿는다.

비즈니스에서 결과를 좌우하는 것은 '무엇을 제공하느냐?'보다 '어떻게 제시하느냐?'에서 갈린다. 고객에게 열 가지 옵션을 나열하는 것보다, 세 가지로 압축해 제안하는 쪽이 훨씬 빠르고 명확한 결정을 끌어낼 수 있다. 협상 테이블에서도 마찬가지다. 선택지는 자유를 의미하지만, 무작위의 자유는 혼란을 낳는다. 중요한 것은 상대에게 선택할 여지를 주되, 그 선택지를 전략적으로 설계하는 것이다. 기획안을 작성하거나, 제품 라인업을 구성하거나, 계약 조건을 제시할 때마다 스스로에게 물어보라. '지금 고객 앞에 몇 개의 선택지를 놓고 있는가?' 이 질문 하나로 설득이 아닌 선택의 구조를 만드는 협상이 시작된다.

레스토랑 메뉴판의 비밀

셰프인 여러분이 작은 레스토랑을 열었다고 상상해보자. 대표 메뉴는 3만 원짜리 세트다. 가장 자신 있는 요리이며, 이 세트를 중심으로 레스토랑의 이미지를 만들고 싶다. 그래서 음식 사진이 담긴 홍보물을 정성껏 준비하고, 손님에게는 "이 메뉴가 가장 인기 있습니다"라며 적극 추천한다. 하지만 손님들의 반응은 뜻밖이다. 많은 손님이 여전히 2만 원짜리 세트를 선택한다. 왜일까?

음식의 맛 때문도, 서비스 때문도 아니다. 이유는 단순하지만 본질적이다. 사람은 설득으로 움직이지 않는다. 선택의 구조에 따라 움직인다. 우리는 어떤 결정을 내릴 때 절대적인 기준으로 판단하지 않는다. 언제나 옆에 놓인 다른 선택지의 영향을 받는다. 심리학에서는 이를 '대비 효과 (comparison effect)'라고 부른다.

2개의 레스토랑을 떠올려보자. A레스토랑은 2만 원과 3만 원짜리 세트를 판다. B레스토랑은 여기에 4만 5,000원짜리 프리미엄 세트를 추가했다. 이 두 곳 중에서 손님이 3만 원짜리 메뉴를 선택할 확률이 더 높은 곳은 어디일까? 답은 B 레스토랑이다.

연인과 함께 온 고객이라면 가장 저렴한 2만 원짜리를 고르기 망설여진다. 그렇다고 4만 5,000원짜리는 부담스럽다. 결국 자연스럽게 '3만 원이 가장 무난하겠다'라는 결론에 이른다. 중간 가격대는 심리적으로 '합리적인 선택'처럼 보이기 때문이다. 흥미로운 점은 이 결정을 누구도 강요하지 않았다는 사실이다. 고객은 자신이 스스로 판단했다고 믿는다. 하지만 실제로는 셰프가 선택지를 설계했을 뿐이다.

이 원리는 레스토랑에만 적용되지 않는다. 협상, 마케팅, 조직 리더십, 그리고 일상적인 대화에서도 마찬가지다. 상대를 설득하기 위해 논리적으로 설명하는 일은 대부분 실패한다. 설득은 내가 옳다고 주장하는 행위이기 때문이다. 하지만 협상은 다르다. 협상이란 상대가 '이건 내 선택이다'라고 느끼게 만드는 과정이다.

자주 가는 참치 전문점은 2만 5,000원, 3만 7,000원, 5만 원짜리 세트를 판다. 이곳 고객의 90%는 3만 7,000원짜리를 주문한다. 셰프가 설득을 잘해서가 아니다. 단지 고객이 '가장 합리적'이라고 느끼는 선택 구조를 만들어놓았기 때문이다. 이 구조는 고객에게 통제당한다고 느끼게 하지 않는다. 오히려 '내가 스스로 선택했다'라는 자율성을 제공한다. 인간은 바로 이 자율성에서 만족을 느낀다.

설득은 상대를 바꾸려는 시도지만, 구조는 상대가 스스로 바뀌게 만드는 환경이다. 고객이 3만 원짜리 세트를 고르는 이유는 누군가의 설득 때문이 아니다. 그 선택을 자신이 내린 결정처럼 느꼈기 때문이다. 협상에서도 원리는 같다. 상대를 내 뜻대로 움직이려 하지 말고, 스스로 움직일 수 있는 구조를 설계하라.

협상 레볼루션

유능한 공인중개사의 협상법

전원주택을 찾는 고객이 부동산 사무실을 찾았다. 고객은 예산을 5억 원으로 정해두었고, 모던한 인테리어와 최신 자재, 잘 가꿔진 조경이 어우러진 집을 원했다. 단순한 거주 공간이 아니라 '삶의 질을 높여주는 집'을 찾고 있었다. 하지만 중개사가 보유한 매물은 5억 7천만 원이었다. 단도직입적인 설득은 통하지 않는다. "이 집이 훨씬 좋습니다"라는 말은 고객의 경계심을 높이고, "조금만 더 투자하시면 평생 후회 없습니다"라는 문장은 오히려 신뢰를 떨어뜨린다. 그렇다면 어떻게 해야 할까?

유능한 공인중개사는 말로 설득하지 않는다. 그는 고객이 스스로 선택하도록 판단의 순서를 설계한다. 먼저 4억 원대 매물을 보여준다. 사진으로 봤을 때는 괜찮았지만, 실제로 가보면 분위기가 전혀 다르다. 거실은 좁고, 자재는 오래됐으며, 정원은 방치되어 있었다. 고객의 표정은 금세 굳는다. "이건 좀 아닌데요." 이 반응은 실패가 아니다. 오히려 다음 선택의 기준이 세워지는 순간이다. 고객은 이제 '이 정도 수준은 안 된다'라는 마음속 잣대를 갖게 된다.

다음으로 7억 원대 매물을 보여준다. 현관에 들어서자마자 공간의 질감이 다르다. 바닥재와 조명, 주방의 빌트인 설비까지 완벽하게 어우러져 있다. 조경은 세련됐고, 거실 창 너머로 햇살이 부드럽게 들어온다. 고객의 감탄이 이어진다. 하지만 곧 표정이 복잡해진다. "좋긴 한데, 예산을 너무 넘네요." 이 말은 단순한 아쉬움이 아니다. 이미 '이런 집이 이상적이다'라는 기준이 마음속에 자리 잡았다는 신호다.

그리고 마지막으로 5억 7천만 원짜리 매물을 보여준다. 첫 번째보다 훨씬 낮고, 두 번째보다 약간 부족하지만, 현실적으로 감당할 수 있는 수준이다. 인테리어는 모던하고 자재도 신식이며, 정원은 크지 않지만 정돈되어 있다. 고객은 한동안 말이 없다. 머릿속에서 두 집이 번갈아 떠오른다. '이 정도면 충분히 괜찮은데', '조금만 더 쓰면 만족할 수 있겠는데' 하는 생각이 자연스럽게 든다. 그 순간, 결정은 이미 마음속에서 끝난 것이다.

공인중개사는 그저 옆에서 조용히 있었다. 추천하지 않았고, 설명도 덧붙이지 않았다. 고객이 스스로 비교하고 판단할 수 있도록 선택의 구조만 설계했을 뿐이다. 거래가 성사되는 순간, 고객은 '이건 제 선택이었습니다'라는 확신을 갖는다. 그리고 바로 그 확신이 만족을 만든다. 유능한 공인중개사는 집을 파는 사람이 아니다. 고객이 스스로 사고 싶게 만드는 사람이다. 설득은 상대를 바꾸려는 시도지만, 설계는 상대가 스스로 움직이게 만드는 기술이다. 고객이 지갑을 여는 이유는 누군가의 말 때문이 아니라, 자신이 내린 결정에 대한 확신 때문이다.

자기결정성 이론

사람은 누가 시켜서 움직이지 않는다. 스스로 원해야 움직인다. 아이에게 공부하라고 잔소리하면 오히려 더 하기 싫어지고, 직원에게 "이렇게 하라"고 지시하면 "왜 그래야 하냐?"라고 묻는다. 우리는 모두 자유롭게 선택하고 싶어 하는 존재이기 때문이다. 이 단순한 사실이 협상에서도 결정적인 차이를 만든다.

심리학자 에드워드 데시(Edward L. Deci)와 리처드 라이언(Richard M. Ryan)이 제시한 자기결정성 이론(Self-Determination Theory)[10]은 인간 행동의 단순하지만, 강력한 원리를 설명한다. 이 이론에 따르면, 사람은 외부의 압력이나 보상보다 내면의 자율성, 유능감, 관계성이 충족될 때 움직인다. 즉, 시켜서 하는 일은 오래가지 않지만, 스스로 선택한 일은 끝까지 책임진다. 이유는 다음과 같다.

첫째, 자율성(Autonomy) 때문이다. 사람은 자신이 '스스로 선택했다'라고 느낄 때 비로소 행동한다. 명령이나 지시에는 반발하지만, 선택에는 책임을 느낀다. 협상에서 "이게 가장 좋습니다"라는 말보다 "이 두 가지 중 어느 쪽이 더 나을까요?"라는 질문이 훨씬 강력한 이유가 여기에 있다. 후자는 상대에게 통제권을 넘기고, 결정의 주체임을 느끼게 한다. 그 순간, 상대는 더 이상 '설득당하는 사람'이 아니라 스스로 결정하는 사람이 된다.

둘째, 유능감(Competence)이다. 사람은 자신이 유능하다고 느낄 때 몰입한다. 아무리 좋은 제안이라도 "당신은 잘 몰라서 그래요"라는 뉘앙스가 담기면 거부감이 생긴다. 반면 "이 사안은 선생님의 판단이 중요합니다"라는 말은 전혀 다르게 작용한다. 상대의 능력을 인정하는 순간, 그는 방어적인 태도에서 협력적인 태도로 전환된다. 자신이 '필요한 존재'라는 확신이 행동의 원동력이 된다.

셋째, 관계성(Relatedness)이다. 사람은 자신이 존중받고 있다고 느낄 때 움직인다. "이건 당신을 위한 일입니다"라는 말보다 "이 일을 함께 해보죠"라는 표현이 훨씬 강력하다. 협상은 거래가 아니라 관계의 과정이다. 관계적 신뢰가 형성되면, 사람은 단기적인 이익보다 신뢰를 지키는 쪽을 선택한다. 상대가 '나를 존중하고 있다'라고 느끼는 순간, 대화는 이성의 싸움에서 감정의 연결로 바뀐다.

이 세 가지 욕구가 충족되면, 사람은 외부의 보상 없이도 스스로 움직인다. 설득이 불필요해지는 순간이다. 명령은 반발을 낳지만, 선택의 구조는 행동을 낳는다. "이 일을 꼭 해주세요"라고 말하는 대신, "이 일과 저 일 중 어느 쪽이 더 적합하다고 보세요?"라고 제안하라. 전자는 통제이고, 후자는 신뢰다. 자율성과 유능감, 관계성 위에서 이루어지는 제안은 상대가 스스로 움직이게 만든다.

강요된 합의는 시간이 지나면 사라지지만, 스스로 내린 결정은 책임으로 남는다. 협상의 성과는 협상 테이블 위가 아니라, 테이블을 떠난 뒤에 드러난다. 상대가 혼자 남았을 때도 '옳은 선택이었다'라고 확신한다면, 그것이야말로 성공한 협상이다.

***

케이크를 나누는 형제에게 자르기와 선택하기를 나눠주듯, 집안일하는 남편에게 시간의 여유를 주듯, 레스토랑 손님에게 세 가지 메뉴를 보여주듯, 집을 찾는 고객에게 비교의 맥락을 만들어주듯 상대가 스스로 선택했다고 느끼는 순간, 협상은 이미 성공한 것이다. 말이 아니라 구조가, 설득이 아니라 자율성이, 강요가 아니라 선택이 사람을 움직인다.

설득의 언어는 "이게 최선입니다", "이렇게 하셔야 합니다", "제 말을 믿으세요"다. 선택의 언어는 "어느 쪽이 더 나을까요?", "세 가지 중에서

협상 레볼루션

고민해보시겠어요?”, “선생님의 판단이 중요합니다”다. 같은 목표를 향해 가더라도 어떤 언어를 사용하느냐에 따라, 상대의 반응은 정반대가 된다.

협상의 기술은 말을 잘하는 것이 아니라, 선택의 구조를 잘 설계하는 것이다. 금융상품 세 가지를 배열하는 순서, 부동산 매물을 보여주는 순서, 레스토랑 메뉴판의 가격 구성. 이 모든 게 상대의 결정을 만드는 보이지 않는 설계다.

다음 협상을 준비할 때, 설득 논리를 다듬기 전에 먼저 해야 할 일이 있다. 상대가 선택할 수 있는 옵션을 만들고, 그 옵션들 사이의 관계를 설계하는 것이다. 그 설계가 정교할수록, 상대는 더 자연스럽게 당신이 원하는 방향으로 걸어간다. 그리고 그들은 그것이 자신의 선택이었다고 확신한다.

설득은 저항을 낳지만, 선택은 책임을 낳는다. 설득하려는 협상가는 매번 싸워야 하지만, 선택권을 설계하는 협상가는 상대가 스스로 움직이게 만든다. 이것이 협상에서 설득을 버리고, 선택권을 설계해야 하는 이유다.

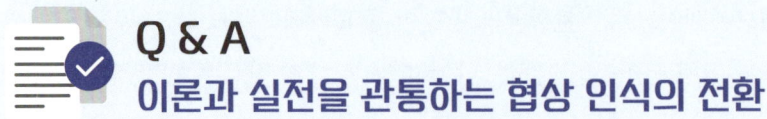

Q & A
이론과 실전을 관통하는 협상 인식의 전환

Q. 윈윈협상이 좋기는 한데, 현실에서는 이기는 협상을 해야 하는 것 아닌가?

A. 윈윈협상은 상대를 위한 양보가 아니라, 관계를 지속하며 장기적 이익을 지키기 위한 현실적인 전략이다.

그래서 '윈윈협상'은 현실과 동떨어진 이상적인 개념처럼 느껴진다. 하지만 더 중요한 것은 어떤 관계 속에서 이 협상이 이루어지는지를 구분하는 일이다. 상대와 다시 만날 일이 없는 일회성 거래라면, 이기는 협상을 해도 된다. 단기 거래에서는 상대가 손해를 보더라도 돌아올 불이익이 없기 때문이다. 관계가 없는 협상에서는 내가 이기는 것이 곧 효율적인 전략이다. 하지만 상대와 관계가 이어지는 협상이라면 이야기가 달라진다. 장기적으로 함께해야 하는 거래처, 같은 조직의 동료, 협력해야 하는 파트너와의 협상에서는 내가 이기는 협상이 오히려 손해가 된다.

한 번의 협상에서 내가 이겼다는 것은 상대가 졌다는 뜻이다. 그리고 상대는 잃은 만큼 다음 협상에서 반드시 되돌리려고 한다. 결국 단기적인 승리가 장기적인 손실로 돌아온다. 윈윈협상은 상대를 위해 양보하는 협상이 아니다. 나의 장기적인 이익을 지키기 위한 협상이다. 상대를 살려야 나도 지속적으로 이익을 얻을 수 있기 때문이다. 협상에서 중요한 것은 '이기느냐 지느냐'가 아니다. '다시 만날 사람이냐 아니냐'를 구분하는 일이다. 대부분의 협상은 다시 만나는 관계

위에서 이루어진다. 협상의 목적은 오늘의 결과를 얻는 데서 끝나지 않는다. 내일의 기회를 남기고, 다음 협상이 더 쉽게 풀리도록 만드는 데 있다. 윈윈협상은 이상적인 도덕이 아니다. 가장 현실적인 전략이다.

Q. 선택지를 만들어도, 상대가 제안한 선택지 안에서 결정하지 않으면 어떻게 할까?

A. 협상의 선택지는 상대를 제압하는 장치가 아니라, 상대가 스스로 선택하고 싶게 만드는 유도선이다.

문제는 상대가 아니라 선택지의 설계 방식에 있다. 많은 사람은 '세 가지 선택지를 만들어야 한다'라는 원칙만 기억한 채, 자신에게만 유리한 안을 3개로 포장해 제시한다. 하지만 이런 선택지는 이미 상대가 고를 이유를 잃은 선택지다. 선택지는 개수를 채우는 문제가 아니라, 상대가 고를 수 있도록 만드는 구조의 문제다. 선택지는 내가 원하는 결론으로 향하는 길이어야 하지만, 동시에 상대가 '이정도면 나도 괜찮다'라고 느낄 수 있어야 한다.

예를 들어 "단가 인하 10%, 15%, 20% 중에서 골라라"라는 것은 선택지를 준 것이 아니다. 압박의 형태만 바꾼 명령일 뿐이다. 그러나 "단가 인하 10% 대신 장기 계약", "인하 폭 5%로 줄이되 결제 조건 단축", "인하는 어렵지만 신규 납품 물량 증가"처럼 구조를 다양화하면 이야기가 달라진다. 이 경우 상대는 세 안 중 하나를 현실적인 합의점으로 받아들인다. 협상에서 선택지는 상대를 제압하기 위한 장치가 아니라, 상대를 움직이게 만드는 유도선이다. 상대가 선택하지 않는 이유는 그 안에서 자신에게 돌아오는 이익을 찾지 못했기 때문이다. 선택을 유도하고 싶다면, 먼저 상대가 선택하고 싶은 이유를 만들어야 한다.

Q. 협상의 전략과 협상의 기술은 어떻게 다른가?

A. 전략은 협상의 방향을 설계하는 일이고, 기술은 그 전략을 현장에서 구현하는 실행력이다.

전략은 '방향'을 정하는 일이고, 기술은 '방법'을 실행하는 일이다. 전략은 협상의 큰 그림을 그리고, 기술은 그 그림을 구체적으로 채워 넣는다. 전략은 '왜 협상을 하는가?', '어디로 가야 하는가?'를 결정한다. 협상에 임하기 전, 목표를 세우고, 상대를 분석하며, 전체 판을 설계하는 일이 전략이다. 예를 들어 "이번 협상은 가격 인하가 아니라 장기 파트너십 확보가 핵심이다"라고 정의하는 것이 전략이다. 반면, 기술은 어떻게 합의를 끌어낼 것인가에 초점을 둔다. 제안의 순서, 질문의 방식, 상대의 반응에 대한 대응력 같은 구체적 행동이 기술이다.

예를 들어 최초 제안을 통해 기준점을 선점하는 '앵커링', 상대의 말을 더 끌어내는 '경청' 등이 여기에 속한다. 기술은 현장에서 전략을 실현하는 실행 도구다. 전략이 협상의 설계도라면, 기술은 시공 능력이다. 전략 없이 기술만 쓰는 협상은 방향 없는 운전과 같고, 기술 없이 전략만 세우면 탁상공론으로 끝난다. 뛰어난 협상가는 전략으로 방향을 세우고, 기술로 실행을 완성한다.

PART II

Negotiation Model

PART II
Negotiation Model

협상을 잘하는 사람들을 보면 신기한 점이 있다. 아무리 복잡하고 어려운 상황에서도 침착하게 계획대로 이끌어간다. 마치 그들만의 비밀스러운 공식이 있는 것처럼 보인다. 사실 그렇다. 뛰어난 협상가들은 무작정 협상하지 않는다. 명확한 체계와 프로세스를 따라 움직인다.

많은 사람이 협상에서 막막함을 느끼는 이유도 여기에 있다. 체계 없이 즉흥적으로 접근하기 때문이다. "일단 만나서 이야기해보자", "그때 가서 생각해보자"라는 식으로 덤비다가 결국 당황하게 된다. 상대가 예상치 못한 말을 하면 어떻게 반응해야 할지 모르고, 협상이 어디로 흘러가는지도 파악하지 못한다. 그러다 원하지 않는 결과에 떠밀려 합의하거나 아예 협상이 결렬되고 만다.

협상에는 분명한 단계와 절차가 있다. 준비해야 할 것들, 확인해야 할 요소들, 따라야 할 순서가 존재한다. 이 체계를 이해하고 활용하면, 협상은 더 이상 막연하고 두려운 일이 아니다. 예측 가능하고, 관리 가능한 프로세스가 된다. 마치 요리 레시피를 따르듯, 단계별로 차근차근 진행하면 원하는 결과를 얻을 수 있다.

제4강
데이터로 분석하고, 숫자로 증명하라

Q. 말보다 숫자가 강력한 이유는 무엇인가?

협상에서 가장 강력한 무기는 감정이 아니라 데이터다. "그냥 믿어달라"거나 "우리가 손해를 본다"라는 막연한 말로는 상대의 선택을 이끌어낼 수 없다. 뛰어난 협상가들은 모든 판단의 근거를 구체적인 숫자와 객관적인 자료로 제시한다. 데이터는 주관적인 인식을 객관적인 기준으로 바꾸고, 감정의 충돌을 논리의 대화로 전환하는 힘을 발휘한다.

그렇다면 왜 많은 협상가가 데이터를 제대로 활용하지 못할까? 이유는 간단하다. 데이터를 수집하는 일과 협상에서 효과적으로 사용하는 일은 전혀 다른 문제이기 때문이다. 아무리 정교한 분석 자료를 준비해도, 상대가 받아들이지 않으면 아무 소용이 없다. 데이터 기반 협상의 핵심은 숫자 자체에 있는 것이 아니다. 그 숫자를 통해 상대의 판단 기준을 어떻게 바꾸느냐에 있다. 단순히 자료를 나열하는 것이 아니라, 상대가 그 데이터를 자신의 결정 근거로 받아들이도록 만드는 전략적 설계가 필요하다.

〈스토브리그〉 속 명장면

드라마 〈스토브리그〉[11]에 만년 최하위 프로야구팀 드림즈가 등장한다. 만년 최하위에 머물던 프로야구팀 드림즈에 새로 부임한 백승수 단장이 내놓은 첫 번째 개혁안은 모두를 놀라게 했다. 팀의 간판선수이자 4번 타자인 임동규를 트레이드하겠다는 결정이었다.

프런트 직원들의 반발은 거셌다. 하지만 백 단장은 감정적 대립에 휘둘리지 않고, 냉철한 데이터로 협상의 주도권을 잡았다. 그의 첫 번째 전략은 상대의 주장을 정면으로 부정하지 않으면서, 더 중요한 지표로 논리를 뒤집는 것이었다. "임동규의 타율은 높습니다"라고 먼저 인정한 뒤 "하지만 결승타는 팀 내 3위에 불과해요"라며 화려한 개인 성적 뒤에 숨은 승부처 약점을 데이터로 보여주었다.

더 놀라운 점은 백 단장이 미래 변수까지 계산에 넣었다는 사실이다. "구장 펜스를 연장하면 임동규의 홈런 12개가 파울로 바뀝니다"라며 구체적인 수치로 성적 하락을 예측했다. 협상에서 가장 강력한 무기는 상대가 예측하지 못한 정보다. 백 단장은 구장 시설 변경이라는 환경 변화를 미리 반영해 협상의 주도권을 쥐었다.

하지만 진짜 승부수는 따로 있었다. "임동규가 팀을 망치고 있어요"라며, 과거 에이스 강두기를 내보냈던 전력을 근거로 들었다. 수치로 표현하기 어려운 팀 분위기와 인간관계까지 협상 카드로 활용하며, 백 단장은 정량 데이터와 정성 데이터를 결합한 논리를 구축했다. 마케팅팀이 "프랜차이즈 스타를 포기할 수 없다"라며 반대했지만, 그는 이미 '강두기 복귀'라는 더 나은 대안을 준비하고 있었다. 단순히 빼앗는 것이 아니라, 모두가 이익을 얻는 시나리오를 제시하는 협상의 정석이었다.

결국 임동규와 고교 지명권을 강두기, 김관식과 맞바꾸는 2대2 트레이드가 성사됐다. 백 단장은 마지막에 가장 객관적이고 논쟁의 여지가 없는 지표를 꺼냈다. "WAR로 보면 강두기 7.5, 임동규 6.2입니다. 완벽한 이득 트레이드죠." 상대가 더는 반박할 수 없도록 만드는 결정타였다.

드라마 〈스토브리그〉의 이 장면은 데이터 기반 협상의 교본이다. 감정적 충돌을 피하고, 객관적 근거로 판단을 이끌어내는 방식. 현재 데이터뿐 아니라 미래 예측까지 포함한 종합적 분석. 여기에 상대에게 더 나은 대안을 제시하는 전략적 사고까지. 백승수 단장의 협상 방식은 단순한 스포츠 드라마의 연출을 넘어 현실의 비즈니스 협상에서도 그대로 적용할 수 있는 실전 지침이다.

감정 기반 협상 vs 데이터 기반 협상

협상 테이블에서 "터무니없다", "말이 안 된다", "상식적으로 생각해봐라" 같은 표현이 나오는 순간, 협상은 감정의 늪에 빠진다. 각자가 자신의 주관적 기준으로 상대를 판단하기 때문에 접점을 찾기 어렵다. 반면 "시장 평균가는 이렇고, 경쟁사 조건은 이렇습니다"처럼 구체적인 숫자를 제시하면, 협상은 감정의 충돌에서 이성적인 문제 해결의 과정으로 바뀐다.

한국의 중견 제조업체가 독일 기업과 기술 도입 협상을 진행한 사례는 말과 데이터의 차이를 극명하게 보여준다. 독일 기업은 기술료로 매출의 8%를 요구했다. 한국 기업 대표는 처음에 "너무 비싸다. 우리는 중소기업이라서 어렵다"라고 감정에 호소했지만, 상대는 단 한 치도 물러서지 않았다.

협상 전략을 바꿔 데이터를 준비했다. 동일 업종 기술 도입 사례 20건을 조사한 결과, 평균 기술료는 매출의 4.2%였다. 자사의 매출 규모와 시장 여건을 분석한 결과, 적정 기술료는 5% 이하로 판단됐다. 이 자료를 근거로 재협상에 나섰다.

"독일 기업의 기술력은 인정하지만, 동일 업종의 평균 기술료는 4.2%입니다. 여기 20개 기업의 계약서 데이터가 있습니다. 우리가 제안하는 4.5%도 평균보다 높은 수준입니다." 한국 기업은 이렇게 근거를 제시했다. 독일 기업은 이 데이터를 반박하지 못했고, 결국 4.8%로 합의가 이루어졌다. 감정이 아니라 숫자가 협상의 방향을 결정지은 순간이었다.

데이터는 협상가에게 세 가지를 준다. 첫째는 확신이다. 막연한 추측이 아니라 검증된 사실을 바탕으로 말하기 때문에 목소리에 흔들림이 없다. 둘째는 영향력이다. 객관적 근거를 앞세우면 감정적 주장은 힘을 잃고, 대화는 본질로 수렴된다. 셋째는 존중이다. 철저히 준비된 협상가는 태도에서 드러나고, 그런 준비는 상대의 태도까지 바꿔놓는다. 데이터는 단지 수치가 아니라, 협상가의 신뢰를 구성하는 구조다.

숫자의 힘

숫자는 협상에서 세 가지 강력한 기능을 한다.

첫째, 정당성 확보다. 주관적인 주장은 쉽게 반박당하지만, 객관적인 데이터는 논리적으로 반박하기 어렵다. "비싸다"라는 말 대신 "시장 평균보다 23% 높다"라고 말하면, 상대는 그 주장을 감정이 아니라 논리로 검토해야 한다.

예를 들어 공급업체가 "원자재 가격이 올라서 단가를 올려야 합니다"라고 주장할 때, "업계 평균 원자재 상승률은 5%인데, 귀사는 15% 인상을 요구하십니다. 이 10%포인트 차이는 어디서 발생합니까?"라고 묻는다면, 상대는 구체적으로 설명해야 한다. 막연한 주장이 정확한 질문 앞에서 무력해지는 순간이다.

둘째, 상대의 요구 조건을 현실적으로 조정하게 만든다. 예를 들어 협력업체가 "최근 물류비가 올라 납품 단가를 10% 인상해야 한다"라고 주장할 때, 이렇게 반문할 수 있다. "지난 1년간 평균 물류비 인상률은 3.2%이고, 귀사의 경쟁사 두 곳은 각각 3.5%와 4% 수준이었습니다. 그런데 왜 귀사만 10%를 요구하시나요?" 이 질문 앞에서 상대는 자신의 요구를 다시 계산하게 된다. 막연한 주장은 숫자 앞에서 힘을 잃는다. 숫자는 상대의 입장을 무너뜨리기보다, 스스로 낮추게 만든다. 이 순간 협상의 흐름은 '요구하는 쪽'에서 '설명해야 하는 쪽'으로 넘어간다. 데이터는 말보다 조용하지만, 말보다 강하게 협상의 분위기를 바꾼다.

같은 맥락에서, 거래처가 "요즘 다들 가격을 올리고 있어요"라고 말할 때 이렇게 대응할 수 있다. "그렇다면 어느 업체가 얼마를 인상했는지 알려주실 수 있을까요? 제가 조사한 바로는 주요 3개 업체 모두 5% 이내로 조정했습니다." 이 한마디로 협상의 무게 중심은 데이터가 있는 쪽으로 기운다. 숫자는 주장보다 정확하고, 감정보다 신뢰할 만하며, 협상의 주도권을 조용히 가져오는 가장 확실한 수단이다.

셋째, 데이터는 합의의 기준을 만든다. 협상에서 가장 어려운 순간은 양측이 서로 다른 기준을 고집할 때다. 한쪽은 "이 정도면 적당하다"라고 말하고, 다른 쪽은 "그건 말이 안 된다"라고 반박한다. 이런 평행선 위에서 대화는 감정에 기울고, 접점은 멀어진다.

이때 필요한 것이 제3의 기준이다. 시장 조사 자료, 경쟁사 조건, 업계 평균처럼 객관적인 데이터는 양측 모두가 수긍할 수 있는 기준점이 된다. "우리는 이게 적당하다고 봅니다"라는 주장 앞에 "업계 표준은 이렇습니다"라는 팩트를 놓으면, 대화는 주장에서 조정으로 바뀐다.

데이터는 누가 옳으냐를 따지지 않는다. 다만 어느 쪽이 더 현실에 가

정당성 확보   요구 조건의 현실적 조정   합의의 객관적 기준 마련

까운지를 보여줄 뿐이다. 그래서 숫자는 감정을 걷어내고, 협상을 이성적인 토론의 장으로 이끈다.

효과적인 데이터 제시

협상에서 데이터를 효과적으로 활용하려면 세 가지 원칙이 필요하다.

첫째, 출처가 명확한 데이터여야 한다. 데이터의 설득력은 수치 자체보다 그것이 어디서 나왔는가에 달려 있다. 정부 통계, 공신력 있는 리서치 기관, 업계 공인 기관의 자료처럼 검증된 출처를 사용하는 것이 기본이다. 출처가 모호하거나 편향된 기관의 자료는 오히려 협상의 신뢰를 떨어뜨린다. "이 수치는 통계청 2024년 자료입니다", "한국무역협회가 발표한 업계 리포트입니다"처럼 출처를 정확히 밝히는 것만으로도 신뢰도를 높일 수 있다. 상대가 데이터를 의심하는 순간, 그 숫자는 더 이상 무기가 아니다. 좋은 데이터는 수치가 아니라 믿을 만한 출처에서 시작된다.

둘째, 데이터는 상대가 이해하기 쉬운 형태로 가공해야 한다. 복잡한 통계표보다 핵심 수치만 간단명료하게 정리한 자료가 훨씬 효과적이다. 그래프나 차트를 활용하면 시각적 이해도를 높일 수 있고, A4 한 장에 핵심 지표 3~5개만 담아 제시하는 것이 수십 페이지짜리 보고서보다 설득력이 있을 수 있다. 중요한 것은 많은 정보를 보여주는 것이 아니라, 상대가 바로 이해하고 판단할 수 있도록 구조화하는 일이다. 데이터는 전달되는 순간부터 의미가 있다. 상대가 이해하지 못하면, 아무리 정확한 수치도 협상에서는 무력하다.

셋째, 데이터는 타이밍이 핵심이다. 협상 초반부터 모든 자료를 쏟아내면 상대는 방어적으로 반응하기 쉽다. 효과적인 순간은 따로 있다. 상대의 주장에 논리적 빈틈이 드러났을 때, 그 지점을 조용히 파고드는 것이 좋다. 예를 들어, 상대가 "우리 조건이 충분히 합리적입니다"라고 말한 직후 "그런데 시장 데이터를 보면 조금 다릅니다"라고 말하며 근거를 제시하면, 가장 강한 인상을 남길 수 있다. 데이터는 양이 아니라 순간의 전략이다. 언제 꺼내느냐가 무엇을 말하느냐보다 중요할 때가 많다.

한 부동산 개발업체가 임대료 협상을 진행한 사례다. 건물주가 임대료를 30% 인상하겠다고 통보하자, 개발업체는 즉시 반박하지 않고 시장 조사를 실시했다. 반경 1km 내 유사 건물 15곳의 임대료를 조사한 결과, 평균 임대료는 현재보다 12% 높은 수준이었다. 협상 자리에서 개발업체는 "30% 인상은 시장 상황과 맞지 않습니다"라며 데이터를 제시했다. "같은 조건의 건물 15곳을 조사한 결과, 평균 임대료는 제곱미터당 2만 3,000원입니다. 그런데 건물주님이 요구하신 금액은 제곱미터당 2만 8,000원으로, 시장 평균보다 22% 높습니다"라고 구체적으로 설명했다. 건물주도 이 데이터를 무시할 수 없었고, 결국 양측은 15% 인상으로 합의했다.

상대 데이터의 검증과 대응

상대가 제시하는 숫자도 철저히 검증해야 한다. 협상에서는 왜곡되거나 편향된 데이터가 제시되는 경우가 적지 않기 때문이다. 따라서 데이터의 출처, 조사 방법, 표본 크기, 조사 시점 등을 꼼꼼히 확인해야 한다. 숫자라는 외형만 믿고 넘기면, 협상의 주도권을 빼앗기기 쉽다. 겉보기에 객관적으로 보이더라도, 들여다보면 의도된 숫자일 수 있다.

특히 주의해야 할 것은 선별된 데이터다. 협상에서는 자신에게 유리한 부분만 발췌하거나, 전체 맥락을 생략한 채 특정 수치만 강조하는 경우가 적지 않다. 이럴 때는 "전체 데이터를 확인할 수 있을까요?" 또는 "다른 조건들은 어떻게 되나요?"처럼 추가 정보를 요청해야 한다. 일부 수치에 끌려가기보다 전체 그림을 확인하려는 태도가 협상의 균형을 지킨다. 또한, 오래된 자료나 특수한 상황에서 수집된 데이터일 수도 있다. "이 데이터는 언제 조사된 건가요?", "조사 당시 시장 상황에 특이점은 없었나요?" 같은 질문을 통해 그 수치가 지금도 유효한지를 반드시 확인해야 한다.

실제 사례를 보자. 한 소프트웨어 개발사가 고객사와 유지보수 계약 협상을 진행했다. 고객사는 "업계 평균 유지보수 비용은 개발비의 10%입니다"라며 자료를 제시했다. 그러나 개발사가 출처를 확인해보니, 이 자료는 5년 전 온프레미스(설치형) 소프트웨어 기준이었다. 개발사는 곧바로 반박했다. "이 자료는 2020년 조사 결과로, 현재 클라우드 기반 시스템에는 적용하기 어렵습니다. 2025년 클라우드 소프트웨어 유지보수 평균은 15%입니다." 최신 데이터를 제시하자 고객사도 더 이상 밀어붙이지 못했고 결국 13%에 합의했다.

데이터 검증은 단순한 방어 수단이 아니다. 상대가 제시한 자료에서 허점을 짚는 순간, 협상의 흐름이 바뀐다. "귀사 자료는 특정 조건에서만 유효한 것으로 보입니다"라고 지적하면, 상대는 태도를 고치고 협상은 균형을 되찾는다.

숫자를 제시하는 방식

뛰어난 협상가들은 단순히 숫자를 제시하지 않는다. 같은 수치라도 어떻게 말하느냐에 따라 상대의 판단이 달라진다는 프레이밍 효과(Framing Effect)[12]를 활용한다. 동일한 정보라도 표현 방식에 따라 인식과 선택이 달라지는 현상이다.

예를 들어 '30% 할인'과 '정가의 70%'는 계산상 같지만, 심리적 효과는 전혀 다르다. 협상에서도 '비용을 20% 절감하겠다'라는 표현은 '기존 비용의 80%만 받겠다'보다 긍정적으로 들린다. 앞의 표현은 '얼마나 줄였는가?'에, 뒤의 표현은 '얼마나 남았는가?'에 초점이 맞춰져 있기 때문이다.

시간 프레이밍도 유용하다. '월 100만 원'보다 '하루 3만 3,000원'이 부담이 덜하게 느껴진다. 반대로 큰 금액의 가치를 강조하려면 '연간 1억 2천만 원의 효과'처럼 표현하는 것이 효과적이다. 컨설팅 비용을 제안할 때도 "월 500만 원입니다"보다 "하루 16만 원으로 전문가 팀이 상주합니다"라고 말하면 훨씬 합리적으로 들린다.

숫자의 프레이밍 효과

비교 기준도 중요하다. 절대 수치보다 상대적 비교가 더 설득력 있다. "우리 제품은 경쟁사보다 30% 저렴합니다", "업계 평균보다 25% 높은 성능을 보입니다"처럼 기준점을 함께 제시하면 상대가 판단하기 쉬워진다. "수수료는 15%입니다"보다 "업계 평균 18%보다 3%포인트 낮은 15%입니다"라고 말하는 쪽이 훨씬 매력적으로 들린다.

순서도 프레이밍이다. "초기 투자 비용이 1억 원이 필요하지만, 연간 3천만 원씩 절감됩니다"보다 "연간 3천만 원씩 절감되며, 초기 투자 비용은 1억 원입니다"가 더 긍정적으로 들린다. 사람은 먼저 들은 정보에 더 큰 영향을 받기 때문이다.

데이터 기반 협상의 주의사항

비즈니스 협상은 대개 복잡한 이해관계가 얽혀 있어 데이터만으로는 충분하지 않다. 숫자로 설명할 수 없는 가치들이 오히려 더 결정적인 역할을 한다. 신뢰, 장기적 관계, 브랜드 이미지, 리스크처럼 수치화하기 어려운 요소들도 협상의 방향과 결과에 깊은 영향을 미친다.

앞서 백승수 단장이 "임동규가 팀을 망치고 있다"라며 팀 분위기를 언급한 것처럼, 정량 데이터와 정성 데이터를 함께 활용하는 것이 가장 강력하다. "이 업체는 납기 준수율이 95%입니다"라는 수치에 "그리고 지난 3년간 단 한 번도 품질 클레임이 없었습니다"라는 정성적 정보를 더하면, 상대는 숫자만 볼 때보다 훨씬 더 신뢰감을 느낀다. 데이터는 근거를 제공하고, 정성적 정보는 맥락을 완성한다.

또한 데이터가 지나치게 많거나 복잡하면 오히려 역효과를 낳을 수 있다. 상대가 이해하지 못하거나 압박감을 느끼면 감정적으로 반발할 수 있기 때문이다. 핵심적이고 직관적인 데이터를 선별해 제시하는 것이 중요하다. 10개의 평범한 수치보다 3개의 결정적 지표가 훨씬 더 강하게 작용한다. 데이터는 많을수록 좋은 것이 아니라, 잘 추린 것이 강하다.

데이터는 협상의 도구이지 목적이 아니다. 상대를 눌러 이기기 위한 무기가 아니라, 상호 이해와 합리적 합의를 이끌어내는 공통의 언어로 쓰여야 한다. 중요한 것은 숫자로 상대를 압도하는 것이 아니라, 데이터를 통해 객관적인 기준을 세우고 그 위에서 함께 이익이 되는 해법을 찾는 일이다. 협상은 싸움이 아니라 조율이며, 데이터는 그 조율을 가능하게 하는 가장 이성적인 수단이다.

***

숫자는 거짓말을 하지 않는다. 하지만 숫자를 다루는 사람은 거짓말을 할 수 있다. 결국 협상의 신뢰는 데이터 자체보다 그것을 어떻게 쓰느냐에 달려 있다. 정직하고 정확한 데이터를 바탕으로 한 협상만이 지속 가능한 관계를 만들고, 상호 만족스러운 결과로 이어진다.

백승수 단장처럼 WAR(Wins Above Replacement)로 트레이드의 가치를 증명하고, 독일 기업과의 협상에서 업계 평균 4.2%를 근거로 제시하며, 임대료 협상에서 15곳의 시장 조사를 통해 합리적 수준을 찾아낸 것처럼, 데이터는 협상의 언어이자 무기이며 신뢰의 토대다. 숫자는 감정을 가라앉히고, 주관을 객관으로 전환한다. 잘 준비된 데이터는 협상의 흐름을 바꾸고, 상대의 판단 기준을 현실적으로 조정하게 만든다.

협상은 말의 예술이 아니라 숫자의 과학이다. "제 생각에는", "아마도", "대충"이라는 말로 시작하는 협상가는 신뢰를 잃고, "시장 조사 결과", "지난 3년간의 데이터", "업계 표준에 따르면"으로 시작하는 협상가는 존중을 얻는다. 말은 관점이지만, 숫자는 기준이다. 협상에서 신뢰는 말이 아니라 근거에서 나온다.

협상 테이블에서 가장 무서운 사람은 목소리가 큰 사람이 아니다. 조용히 앉아 있다가 정확한 숫자 하나로 상황을 뒤집는 사람이다. 감정으로 밀어붙이는 협상가는 순간의 승리를 얻을지 몰라도, 데이터로 논리를 구축하는 협상가는 지속 가능한 합의를 만든다.

제5강
예측 가능한 협상을 이끌어라

Q. 협상력이란 궁극적으로 어떤 능력을 말하는가?

협상을 잘하는 사람은 무엇이 다를까? 말을 잘해서? 순발력이 뛰어나서? 아니면 타고난 감각이 있어서일까?

미국의 한 연구기관이 협상 전문가들을 대상으로 설문[13]한 결과, '협상을 잘하려면 어떻게 해야 하나요?'라는 질문에 다양한 답이 나왔다. 경험, 기술, 인맥 등 여러 요소가 언급됐지만, 가장 많이 나온 대답은 단 하나, '준비'였다. 협상 테이블 위에서의 능력보다, 테이블에 앉기 전 어떤 준비를 했는지가 결과를 결정한다는 뜻이다.

그렇다. 협상력은 말솜씨나 즉흥적 순발력이 아니라, 얼마나 치밀하게 준비하고 전략을 세웠는가에 달려 있다. 상대를 꺾는 기술이 아니라, 상황을 주도할 수 있는 계획이 진짜 협상력을 만든다.

준비의 미학

전문가들이 '준비'를 가장 중요하게 꼽은 이유는 협상 테이블에서 벌어지는 대화가 전체의 극히 일부분이기 때문이다. 협상은 마치 빙산과 같다. 수면 위로 드러난 10%의 대화 이면에는 90%의 준비가 숨어 있다. 성공하는 협상가들에게는 한 가지 공통점이 있다. 그들은 협상 테이블에 앉기 전에 이미 승부를 결정짓는 대부분의 작업을 끝내놓는다. 철저한 사전 분석, 명확한 목표 설정, 현실적인 대안 마련 없이 이루어지는 대화는 그저 소모적인 말싸움에 불과하다. 준비 없는 협상가는 말싸움을 하고, 준비된 협상가는 결과를 만든다.

상대의 입장과 이익을 면밀히 분석하고, 자신의 목표를 명확히 설정하며, 다양한 시나리오를 예상해 대응 방안을 마련해야 한다. 이런 철저한 사

10% 대화와 90% 준비

전 준비가 협상 성공의 핵심이다. 준비가 잘된 협상가는 어떤 변수가 발생해도 당황하지 않는다. 이미 예상했던 흐름 속에 있기 때문이다. 반면 준비되지 않은 협상가는 즉흥적으로 대응하다가 흐름을 놓치고, 중요한 순간에 실수를 범한다. 협상장에서의 여유와 자신감은 말재주에서 나오는 것이 아니라, 준비에서 나온다.

협상 준비는 단순히 자료를 모으는 일이 아니다. 상대가 무엇을 원하고, 무엇을 양보할 수 없으며, 어떤 대안이 가능한지를 체계적으로 분석하는 전략적 과정이다. 상대의 배경과 이해관계, 제약 조건을 파악하는 능력, 자신의 목표를 명확히 하고 협상 가능한 범위를 설정하는 능력, 그리고 다양한 전개 상황을 미리 가정해 각 시나리오에 맞는 대응 방안을 마련하는 능력. 이 모든 것이 준비의 핵심이다. 철저한 준비는 협상에서의 우위를 확보하는 가장 확실한 방법이다.

예측 가능한 협상

협상력을 결정짓는 가장 실질적인 능력은 '예측 가능한 협상'을 만들어내는 역량이다. 예측 가능한 협상이란 즉흥적 반응이나 우발적 상황에 휘둘리지 않고, 사전에 준비된 전략과 정보에 따라 협상의 흐름과 결과를 어느 정도 계획하고 관리할 수 있는 상황을 말한다.

여기서 '통제한다'라는 것은 상대를 조종하거나 억누른다는 의미가 아니라, 협상 전개를 단계별로 이해하고, 예상되는 변수에 맞춘 대응 방안을 준비하며, 협상의 흐름을 능동적으로 설계한다는 뜻이다. 이런 협상가는 테이블 위에서 단순히 반응하는 것이 아니라, 흐름을 설계하고 방향을 주도하는 사람이다. 예측 가능한 협상은 우연이 아닌, 전략과 준비의 결과다.

예를 들어 공급업체와 가격 협상을 한다고 하자. 예측 가능한 협상을 준비하는 협상가는 머릿속에 이미 시나리오를 그려놓는다. "상대는 첫 미팅에서 높은 단가를 제시할 것이다. 나는 시장 평균가 데이터를 근거로 대응할 것이다. 그러면 상대는 품질 차이를 강조할 수 있다. 그때 나는 장기 계약과 물량 보장을 카드로 꺼내 협상의 균형을 맞출 것이다." 이처럼 가능한 흐름을 사전에 예측하고, 각 단계에 맞는 대응을 준비해둔다.

반면 준비되지 않은 협상가는 상대의 예상 밖 제안에 당황한다. "그건 생각 못 했는데요", "본사에 확인해보겠습니다" 같은 말로 시간을 끌게 되고, 흐름은 곧 상대의 손에 넘어간다. 예측 가능한 협상은 이런 돌발 상황을 최소화하고, 협상 전개를 주도하는 데 결정적인 역할을 한다.

협상력이란 협상의 흐름을 이해하고, 무엇을 준비하며, 어떻게 계획할지를 실제로 실행할 수 있는 종합적인 능력이다. 상대의 입장과 상황을 깊이 있게 분석하고, 자신이 원하는 바를 명확히 하며, 갈등이 생길 수 있는 지점을 예측해 그에 맞는 대응책을 마련하는 힘이다. 또한 협상의 각 단계에서 어떤 전략을 써야 하는지 판단하고, 그 전략을 자연스럽게 연결해나가는 감각까지 포함된다. 이런 준비와 실행 능력이 갖춰졌을 때, 협상은 즉흥적인 반응이 아니라 예측 가능한 과정이 되며, 결과 역시 운이 아닌 구조적으로 설계된 결론이 된다.

기술보다 중요한 프로세스

물론 협상을 잘하려면 협상의 원리와 기술도 알아야 한다. BATNA(Best Alternative to a Negotiated Agreement), 앵커링 효과(Anchoring Effect), 높게 요구하기(Aim High), ZOPA(Zone of Possible Agreement), 창조적 대안(Creative Option) 등 다양한 개념과 실무 기법들은 협상의 이해를 넓히고, 전략적 선택을 가능하게 해주는 유용한 도구들이다.

하지만 이런 원리와 기술만으로는 예측 가능한 협상을 이끌어내는 데 한계가 있다. 기법들을 아무리 많이 알고 있어도 그것들을 언제, 어떤 순서로, 어떤 맥락에서 써야 할지 모르면 오히려 상황을 악화시킬 수 있다. 마치 좋은 재료는 많지만, 레시피 없이 무작정 요리하는 것과 같다. 아무리 질 좋은 재료라도 조합이 어설프면 맛없는 요리가 되듯, 뛰어난 협상 기술도 타이밍과 맥락이 잘못되면 협상을 어그러뜨릴 수 있다.

예를 들어, 협상 초반에 BATNA를 너무 일찍 드러내면 협상력이 약해지고, 앵커링 효과를 활용할 타이밍을 놓치면 주도권을 잃는다. 창조적인 대안을 제시해야 할 순간에 단순한 가격 협상만 고집하면 협상은 쉽게 교착 상태에 빠진다. 중요한 것은 기법을 얼마나 많이 아느냐가 아니라, 언제, 어떻게, 어떤 상황에서 그것을 활용하느냐다. 같은 도구라도 타이밍과 방식에 따라 전혀 다른 결과를 만든다. 협상은 단순한 기술의 나열이 아니라, 전략적으로 운용해야 하는 흐름의 예술이다.

그래서 기술보다 중요한 것이 협상의 '프로세스'다. 협상은 단순한 대화가 아니라 명확한 단계와 흐름으로 구성된 과정이며, 단계마다 달성해야 할 목표와 집중해야 할 포인트, 적절히 활용할 전략이 다르다. 어떤 이슈를 먼저 꺼낼지, 어떤 주제를 나중에 다룰지, 언제 어떤 전략을 쓸지, 그리고 상대의 반응에 따라 어떤 순서로 조정할지를 판단하려면 전체 흐름에 대한 이해가 필요하다. 프로세스를 안다는 것은 단순히 기술 몇 가지를 아는 것과는 다르다. 상대의 움직임을 읽고, 그에 맞는 대응을 미리 준비하며, 협상의 흐름을 스스로 설계할 수 있는 기반이 된다.

협상의 기술이 각각의 구슬이라면, 프로세스는 그 구슬을 꿰어내는 실이다. 아무리 좋은 구슬들이 있어도, 실이 없다면 목걸이는 완성되지 않는다. 기술이 아무리 많아도 그것들이 맥락 없이 흩어져 있으면 협상은 산만해지고 예측할 수 없는 방향으로 흐른다.

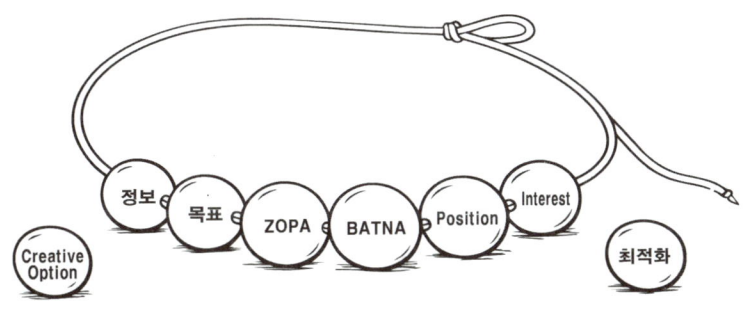

협상의 원리와 기술을 적절한 프로세스로 연결하라

하지만 프로세스를 바탕으로 기술을 연결하면, 하나의 전략적 흐름이 생기고, 그 흐름 속에서 예측 가능한 협상이 가능해진다. 결국 뛰어난 협상가는 많은 기술을 가진 사람이 아니라, 그 기술을 언제, 어떻게 꿰어 사용할지를 아는 사람이다.

비즈니스 협상의 Flow

"첫 미팅에서 합의하지 못했어요. 협상이 실패한 건가요?"

이런 질문을 자주 받는다. 답은 "No"다. 오히려 첫 미팅에서 쉽게 합의되는 협상이 더 위험할 수 있다. 한쪽이 지나치게 양보했거나, 충분한 탐색 없이 서둘러 결정했을 가능성이 크기 때문이다.

비즈니스 협상은 한두 번의 미팅으로 끝나지 않는다. 협상은 단계적으로 발전하며, 보통 세 차례 이상의 라운드를 거쳐야 합의에 이르는 경우가 많다. 협상은 단순히 조건을 맞추는 일이 아니다. 서로의 입장을 확인하고, 손실을 인식하며, 새로운 가치를 함께 만들어가는 복합적인 과정이다.

중소기업이 해외 대형 바이어와 공급 계약을 추진한 사례가 이 과정을 잘 보여준다.

첫 번째 협상에서 바이어는 "가격을 20% 이상 낮추지 않으면 거래는 불가능하다"라며 강경한 입장을 내세웠다. 이에 기업은 자사의 생산 원가와 최소 이익률을 근거로 맞섰고, 협상은 평행선을 그었다. 협상 초기에 주장이 팽팽히 맞서는 전형적인 장면이다.

"저희 원가 구조상 20% 인하는 어렵습니다."
"그러면 거래가 어렵겠네요. 다른 업체들은 가능하다고 합니다."
"품질이 다릅니다. 저희 제품의 불량률은 업계 최저입니다."
"품질도 중요하지만, 가격 경쟁력이 없으면 의미가 없습니다."

이런 대화가 오가는 것이 첫 번째 협상이다. 양측 모두 자기 입장만 강조했을 뿐, 상대의 제약을 이해하려 하지 않았다. 강경한 입장 차이만 확인됐고, 구체적인 합의점은 찾지 못했다. 결국 첫 번째 협상은 그렇게 끝났다.

두 번째 협상에서는 새로운 시도가 필요했다. 기업은 납품 조건을 가격 이슈와 분리해 접근했다. "가격 인하는 어렵지만, 물류 비용을 절감할 수 있는 공동 창고 운영 방안을 함께 검토하자"라는 제안을 내놓았다. 바이어도 관심을 보였고, 양측은 가격 문제를 잠시 유보한 채 다른 가능성을 탐색했다.

"물류비를 줄이면 결과적으로 귀사의 구매 단가도 낮아집니다."
"흥미롭네요. 구체적으로 어떤 방식인가요?"
"저희가 현지 창고를 운영하면서 재고 관리까지 책임지겠습니다."
"그럼 우리는 필요할 때마다 소량 발주가 가능하겠군요."

이 장면은 협상의 방향이 바뀐 전환점이었다. 가격이라는 하나의 기준에서 벗어나, 물류·재고·납기 등 여러 조건을 함께 따져 보기 시작했다. 다만, 구체적인 숫자에 대한 합의에는 아직 이르지 못했다.

세 번째 협상에서 드디어 객관적인 자료가 등장했다. 기업은 국제 원자재 시세, 경쟁사 가격표, 품질 인증 데이터를 제시하며, 자사 제안이 시장 평균과 비교해 합리적이라는 점을 입증했다. 바이어 역시 본사 결재를 받기 위해 객관적인 기준이 필요했다.

"국제 원자재 가격은 지난 6개월간 12% 상승했습니다. 여기 데이터가 있습니다."

"경쟁사 A는 품질 등급이 우리보다 낮습니다. 여기 인증 기준을 비교해 보시죠."

"물류 협력으로 귀사가 절감할 수 있는 비용은 연간 50만 달러입니다."

양측은 가격 인하 폭을 7%로 조정하고, 대신 물류 협력 방안과 장기 계약 조건을 추가하는 선에서 합의했다. 주장이 충돌하던 협상은 객관적인 근거 위에서 정리됐고, 합의는 자연스럽게 도출됐다.

사례가 보여주듯 협상은 뚜렷한 세 단계를 거친다. 이제 각 단계의 특징을 조금 더 자세히 살펴보자.

경쟁과 탐색의 단계

협상의 출발 단계에서 당사자들은 본능적으로 경쟁 모드에 들어간다. 각자의 이익을 최대화하려는 욕구가 앞서며, 상대를 설득하고, 이기려는 태도를 보인다. 이 시점에서 상대는 협력 파트너가 아니라 경쟁자로 인식된다. 동시에 당사자들은 자기 입장에서 사고하기 때문에 결국 주장이 충돌하는 상황으로 흐른다.

예를 들어 공급업체와 처음으로 가격을 협상할 때를 생각해보자.

"저희는 단가 1,000원을 제시합니다."
"그 가격으로는 어렵습니다. 최소 1,300원은 받아야 합니다."

협상 레볼루션

"경쟁사는 900원에도 공급 가능하다고 합니다."

"그러면 경쟁사와 거래하시죠. 우리는 품질이 다릅니다."

첫 번째 협상에서는 강경한 입장 차이만 드러날 뿐, 구체적인 합의점은 나오지 않는다. 하지만 이 단계가 의미 없는 것은 아니다. 첫 번째 협상은 본질적으로 정보를 수집하는 과정이다.

질문과 응답, 제안과 거절을 반복하며, 서로의 입장과 한계선을 탐색하는 시간이 시작된다. 누가 더 많은 정보를 확보하고, 누가 더 정확히 상대의 의도를 읽어내느냐가 이후 협상의 주도권을 좌우한다. 상대가 어떤 근거로 주장하는지, 어떤 부분에서 목소리가 높아지는지, 어떤 조건에 관심을 보이는지를 주의 깊게 관찰해야 한다.

"가격이 가장 중요하다"라고 말하지만, 실제로는 납기가 더 중요할 수 있다. "이 조건이 아니면 안 된다"라고 강하게 주장하지만, 실제로는 협상의 여지가 남아 있을 수 있다. 첫 번째 협상에서는 상대의 말 뒤에 숨은 의도를 읽어내는 것이 핵심이다.

그러나 첫 번째 협상은 보통 강경한 입장 차이를 확인하는 데 그친다. 서로가 원하는 바와 양보할 수 없는 선은 드러나지만, 구체적인 합의점까지 도달하지는 못한다. 이것이 정상이다. 오히려 첫 번째 협상에서 쉽게 합의되는 것이 이상한 일이다.

인식 전환과 창의적 접근

첫 번째 협상이 결렬된 뒤, 양측은 각자의 입장을 다시 들여다보게 된다.

"저 가격으로 정말 다른 공급처를 찾을 수 있을까?"
"이 거래를 놓치면 다음 분기 매출에 공백이 생기는데…."
"협상이 길어지면서 벌써 한 달이 지났다. 기회비용이 너무 크다."

협상이 지연되고 두 번째 협상에 이르면, 양측은 점차 현실적인 손실을 체감하기 시작한다. 협상 지연으로 인한 기회비용과 관계 악화에 따른 장기적 부담이 눈에 보이기 시작하면서, '계속 대립하면 모두 손해'라는 인식이 생긴다. 이 손실 인식의 순간이 협상의 중요한 전환점이다. 경쟁 모드에서 벗어나, 상대를 협력 가능한 파트너로 보기 시작하는 지점이다.

동시에 합의 가능성을 열기 위해서는 새로운 접근 방식이 필요해진다. 서로의 주장만으로는 교차점을 찾기 어렵기 때문에 시선을 바꾸고 생각의 방향을 확장하는 노력이 요구된다. 여기서 말하는 '창의적 사고'는 단순히 아이디어를 떠올리는 일이 아니다. 문제를 깊이 파고들고, 다른 가능성을 넓게 살피는 과정을 함께 수행해야 한다.

가능성을 넓히기 위해 다양한 시도를 떠올려본다.

'가격만 조정할 게 아니라 납기나 물량, 결제 조건, 품질 기준, 부가 서비스 등 여러 조건을 함께 고려하면 어떨까?', '단기 계약이 아니라, 장기적인 파트너십으로 접근하면?', '가격은 유지하되, 물류비를 공동 부담하는 방식은?' 이런 식으로 협상 테이블 위에 더 많은 옵션이 올라오고, 논의의 지평이 넓어진다.

그다음에는 선택지를 좁히는 과정이 이어진다.

"물류 공동 부담은 법적으로 복잡하니 제외하자."
"품질 기준 조정은 양측 모두 리스크가 크니 보류하자."
"납기 조정과 장기 계약은 현실적으로 가능하다."

이처럼 협상 테이블에 올린 다양한 옵션을 하나씩 검토하며, 실행 가능한 대안만 남긴다.

이 과정을 거치며 양측은 첫 번째 협상보다 한 걸음 가까워진다. 상호 이해의 폭은 넓어지고, 새로운 가능성도 탐색 된다. 하지만 아직 구체적으로 합의하기에는 부족하다. 손실을 줄여야 한다는 공감대는 생겼지만, 어떤 조건과 방식으로 문제를 풀지는 여전히 과제로 남는다.

두 번째 협상의 핵심은 하나의 변수에 집착하지 않는 것이다. 가격만 고집하면 협상은 결국 제로섬 게임이 된다. 한쪽이 얻으면 다른 쪽은 잃는다. 하지만 여러 조건을 조합하면 서로 이익을 얻을 수 있다. 예를 들어, 가격은 다소 양보하되 물량을 늘리고, 납기는 여유를 주되 결제 조건을 조정하는 방식이다. 이런 패키지 접근이 두 번째 협상의 전략이다.

객관적 합의의 완성

세 번째 협상 단계에 이르면 양측의 입장이 충분히 드러나고, 손실을 피해야 한다는 공감대도 형성되어 있다. 이제는 실제로 실행 가능한 대안과 조건을 찾는 작업이 본격적으로 시작된다. 이 시점에서 협상은 각자의 주장에 머물지 않고, 객관적인 기준을 바탕으로 해결책을 모색하는 단계로 전환된다.

객관적인 데이터, 시장 기준, 그리고 상호 검증된 원칙들이 대화의 중심에 놓이면서 양측은 공통의 언어를 갖게 된다. "우리가 생각하기에 적정하다"라는 주관적 주장이 아니라, "시장 조사 결과 평균이 이렇습니다", "업계 표준은 이렇습니다", "제3의 기관이 인증한 데이터는 이렇습니다"와 같은 객관적인 근거가 협상의 기준이 된다.

객관적인 데이터는 감정을 배제하고 이성적인 판단을 가능하게 한다. "당신이 터무니없는 요구를 한다"라는 주관적 비난보다, "이 자료에 따르면 시장 평균보다 23% 높습니다"라는 객관적인 지적이 훨씬 더 설득력 있다. 상대도 이런 근거는 쉽게 반박하기 어렵다. 데이터는 감정을 말하지 않고, 거짓말도 하지 않기 때문이다.

여기서 중요한 것은 단순한 타협이 아니다. 협상의 목표는 공동의 이익을 새롭게 설계하는 데 있다. 가격 조정만이 아니라, 공동 마케팅, 장기 계약, 리스크 분담 같은 창의적인 옵션들이 논의된다. 최종적으로는 어느 한쪽만 이기는 협상이 아니라, 양측 모두가 만족할 수 있는 결과에 도달한다. 주관이 충돌하던 협상이 객관적인 기준 위에서 정리되며, 합의는 자연스럽게 도출된다.

세 번째 협상의 핵심은 '우리가 동의할 수 있는 객관적인 기준을 찾자'라는 데 있다. 그 기준은 시장 평균일 수도 있고, 업계 표준이나 제삼자의 감정 결과일 수도 있다. 중요한 것은 양측 모두 그 기준을 신뢰하고, 받아들일 수 있어야 한다는 점이다.

왜 3단계를 거쳐야 하는가?

협상이 이처럼 세 단계 이상을 거쳐야 하는 데는 세 가지 근본적인 이유가 있다.

첫째, 사람은 즉시 태도를 바꾸기 어렵다. 첫 번째 협상에서 강경한 입장을 내세우고, 두 번째 협상에서 손실을 자각하더라도, 어느 정도 시간이

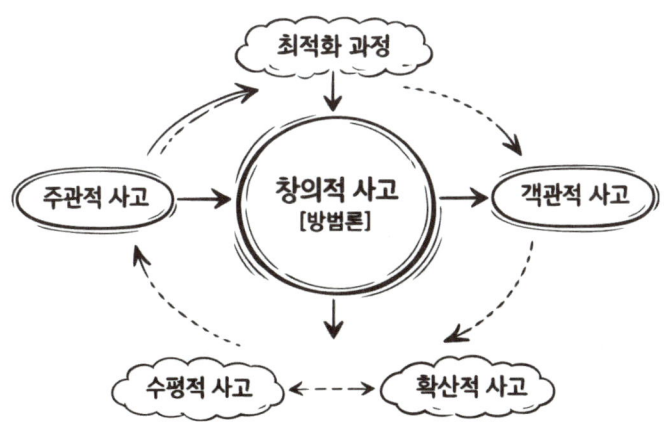

협상 진행에 따라 발생되는 사고 과정

지나야 비로소 스스로 입장을 조정할 심리적 여유가 생긴다. '어제 저렇게 강하게 말했는데, 오늘 바로 양보하면 약해 보인다'라는 저항감이 작용한다. 며칠이나 몇 주가 지나야 '상황을 다시 검토한 결과'라는 명분으로 태도를 바꿀 수 있다.

둘째, 여러 차례의 대화를 거치면서 상대의 숨겨진 의도와 제약 조건이 점차 드러난다. 첫 번째 협상에서는 겉으로 드러난 요구사항만 보인다. 하지만 협상이 이어지다 보면, "사실은 가격보다 납기가 더 급하다", "예산 승인은 이번 달까지다", "상사를 설득하려면 객관적 근거가 필요하다"처럼 말속에 감춰졌던 조건들이 하나둘 드러난다. 이렇게 축적된 정보를 바탕으로 현실적이고 실행 가능한 대안을 설계할 수 있다.

셋째, 처음에는 적대적 경쟁자처럼 보였던 상대가 반복된 소통을 거치며 협력 가능한 파트너로 바뀐다. 첫 만남에서는 서로를 경계하고 의심하지만, 두세 번 만나 대화를 나누다 보면 '이 사람도 나름의 어려움이 있구나', '악의적이라기보다는 단지 입장이 다른 것뿐이구나'라는 이해가 생긴다. 이런 관계의 질적 변화가 있어야 비로소 합의에 이를 수 있다. 신뢰는 하루아침에 생기지 않는다. 시간과 경험이 쌓여야 비로소 형성된다.

따라서 협상가는 인내심을 가지고 협상을 이어가야 한다. 첫 번째 만남에서 협상이 결렬되는 것은 실패가 아니라 정상적인 흐름이다. 경쟁과 견제를 지나 손실을 인식하고, 마침내 합의에 이르는 과정을 이해할 때 협상가는 비로소 주도권을 잡고 원하는 결과를 설계할 수 있다. 협상이란 시간과 정보, 그리고 관계가 함께 성숙해가는 과정이다.

프로세스를 설계하라

협상은 즉흥 연주가 아니라 악보를 보고 연주하는 교향악이다. 각 악장이 있고, 악장마다 템포와 분위기가 다르다. 1악장은 빠르고 강렬하게, 2악장은 느리고 서정적으로, 3악장은 웅장하고 극적으로. 협상도 마찬가지다. 단계마다 리듬이 있고 전략이 다르다.

첫 번째 협상에서 결렬되더라도 당황하지 말라. 그것은 정상적인 과정이다. 오히려 상대의 입장과 한계를 파악하는 귀중한 기회다. 첫 번째 협상을 마치고 나면 이렇게 정리해야 한다. '상대가 가장 강조한 것은 무엇이었나?', '어떤 부분에서 양보 가능성을 보였나?', '우리가 놓친 정보는 무엇인가?'

두 번째 협상을 준비할 때는 창의적 옵션을 미리 설계하라. 가격만 고집하지 말고, 납기, 물량, 결제 조건, 부가 서비스 등 다양한 변수를 조합한 대안들을 준비하라. 최소 3~5개의 패키지 제안을 만들어두면, 협상 테이블에서 유연하게 대응할 수 있다. "A안이 안 되면 B안은 어떤가요?", "C안과 D안을 조합하면 어떨까요?"라고 말할 수 있다.

세 번째 협상에서는 객관적 데이터를 준비하라. 시장 조사, 경쟁사 사례, 업계 표준 등 상대가 반박할 수 없는 근거들을 확보하라. 출처가 명확하고 신뢰할 수 있는 자료여야 한다. '제가 조사한 바로는'이 아니라 '한국 무역협회 보고서에 따르면', '정부 통계청 자료를 보면'처럼 공신력 있는 출처를 명시해야 설득력이 높아진다.

이 세 단계를 미리 설계하고 준비하는 협상가는 협상 테이블에서 흔들리지 않는다. 상대가 예상 밖의 반응을 보여도 당황하지 않는다. 이미 시나리오를 준비했기 때문이다. 협상이 길어져도 조급해하지 않는다. 단계마다 달성해야 할 목표가 명확하기 때문이다.

***

준비되지 않은 협상가는 매 순간 상대의 반응에 휘둘린다. "예상과 다른데 어떡하지?", "이건 생각 못 했는데", "본사에 확인해봐야겠다" 같은 말을 반복하며 수세에 몰린다. 반면, 준비된 협상가는 다르다. "예상한 시나리오 A가 나왔네. 그러면 대응 전략 A로 가자", "시나리오 B는 아직 안 나왔으니 다음 미팅까지 보류하자"라고 말한다. 이처럼 상황을 미리 그려본 사람은 흔들리지 않고 침착하게 대응한다.

협상의 성패는 협상 테이블에서 갈리는 것이 아니다. 성패는 협상 전날 밤, 아니 그 며칠 전부터 이미 결정된다. 상대를 조사하고, 시나리오를 작성하며, 데이터를 준비하고, 대안을 설계하는 그 과정에서 결과는 이미 기울어진다.

우연에 의존하지 마라. 준비로 성패를 가늠하라. 임기응변에 기대지 마라. 설계된 프로세스로 이끌어라. 상대의 반응에 휘둘리지 마라. 여러분이 계획한 흐름으로 협상하라. 그것이 협상을 예측 가능한 과정으로 만드는 유일한 길이다.

제6강

8-Block으로 완성하라

Q. 협상 준비는 어떻게 체계화할 수 있을까?

협상 준비가 중요하다는 사실은 누구나 안다. 하지만 '무엇을', '어떤 순서로' 준비해야 하는지에 대한 명확한 가이드가 없다면 준비는 막연해진다. 체크리스트 없이 여행 가방을 싸면 중요한 물건을 빠뜨리듯, 체계 없이 협상을 준비하면 핵심을 놓치게 된다.

기존의 협상 방식은 대부분 인간의 직관, 경험, 그리고 상황에 대한 개인적인 해석에 기반한다. 주로 직접적인 대화와 협의를 통해 진행되며, 협상 당사자들은 자신들의 입장과 이해관계를 드러내고, 상호 간에 유리한 지점을 찾기 위해 노력한다. 이러한 방식은 유연하게 조정이 가능하고, 매우 역동적이라는 장점이 있다.

하지만 기술의 발전과 급변하는 비즈니스 환경은 기존 협상 방식의 한계를 점점 더 분명하게 드러낸다. 데이터는 폭발적으로 늘어나고, 비즈니스 이슈는 갈수록 복잡해지면서 모든 정보를 정확히 이해하고 분석하는 일이 점점 어려워지고 있다. 게다가 기존 방식은 감정, 편견, 과도한 확신 같은 인간적 요인으로 인해 최적의 결정을 방해하는 경우도 적지 않다.

에잇블록협상모델이란

이런 한계를 극복하기 위해 '에잇블록협상모델'을 개발했다. 이 모델은 프로세스 중심의 데이터 기반 협상 방법론이다. 협상 준비부터 실행까지의 전 과정을 8개의 블록으로 구조화해 협상가가 무엇을 언제 어떻게 준비해야 하는지를 명확하게 안내한다.

프로세스 중심의 접근은 협상의 일관성을 유지하고 공정성을 높이는 데 중요한 역할을 한다. 표준화된 절차를 따르면 결과의 편향을 줄일 수 있고, 단계별 접근은 협상의 효율성을 높이며 객관적이고 합리적인 의사결정을 가능하게 만든다.

또한 데이터 기반 협상은 각 단계에서 정보를 수집하고 분석해 최선의 결과를 이끌어내는 데 집중한다. 예컨대 초기 단계에서는 상대의 협상력, 요구사항, 전략에 대한 데이터를 분석해서 전략 수립의 기초를 마련한다. 이 과정은 협상의 흐름을 개선하고, 결과를 지속적으로 최적화하는 데 기여한다.

8개의 블록은 단순한 체크리스트가 아니다. 각 블록은 순차적으로 연결되어 있으며, 앞 단계의 결과가 다음 단계의 입력값이 되는 통합적인 프로세스다. 예를 들어, Block 1에서 수집한 정보는 Block 2의 목표 설정에 영향을 주고, Block 3에서 정의한 ZOPA는 Block 4의 BATNA와 상호 검토된다. Block 5에서 파악한 욕구는 Block 6의 창조적 대안으로 구체화되며, Block 7에서 설정한 최적 범위는 Block 8의 최종안으로 이어진다.

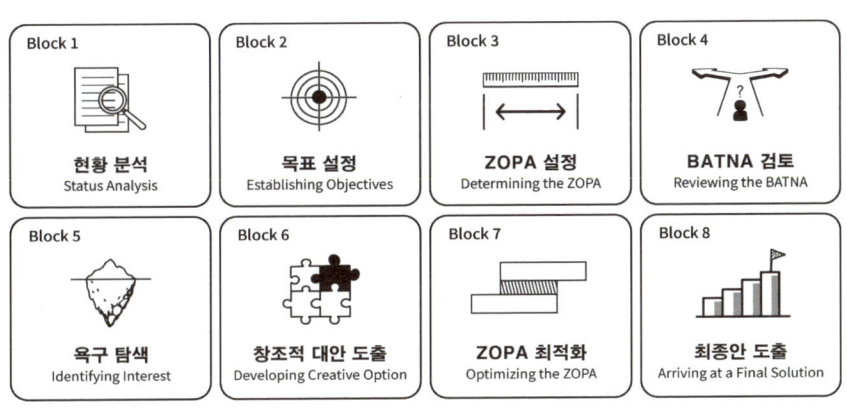

에잇블록협상모델

'에잇블록협상모델(8-Block Negotiation Model)'은 대한민국 특허청에 등록된 등록상표입니다(제40-2458489호). 본 모델의 명칭 및 구조는 저작권 및 상표권법의 보호를 받습니다. 무단 사용, 복제, 변형 및 상업적 이용을 금합니다.

또한 8개의 블록은 고정된 단계(step)가 아니라, 유연하게 조합 가능한 모듈이다. 협상의 성격과 상황에 따라 어떤 블록은 생략하거나, 순서를 조정하거나, 집중도를 달리할 수 있다. 협상 도중 새로운 정보가 등장하면 이미 완료한 블록으로 되돌아가 다시 검토할 수도 있다.

예를 들어, 단순한 가격 협상에서는 Block 5(욕구 탐색)를 간소화하고,

Block 3(ZOPA 설정)과 Block 7(ZOPA 최적화)에 집중할 수 있다. 반면, 복잡한 파트너십 협상에서는 Block 5(욕구 탐색)와 Block 6(창조적 대안 도출)에 더 많은 시간을 투자해야 한다. 이러한 유연성 때문에 '단계'가 아닌 '블록'이라는 용어를 사용한다. 협상가는 레고를 조립하듯, 자신이 처한 상황에 맞게 8개의 블록을 선택적으로 구성해 가장 효과적인 협상 과정을 설계할 수 있다.

그렇다면 왜 8개의 블록으로 구성됐는가?

협상 준비는 크게 네 단계로 나눌 수 있다. 정보 수집 단계(Block 1~2), 범위 설정 단계(Block 3~4), 가치 창출 단계(Block 5~6), 실행 준비 단계(Block 7~8). 이 네 단계를 더 세분화하면 정확히 8개의 핵심 활동이 도출된다. 단계가 더 많으면 협상 준비가 지나치게 복잡해지고, 더 적으면 전략 수립이 허술해진다. 8-Block은 협상 준비에 필요충분조건을 모두 갖춘 균형 있는 구조다.

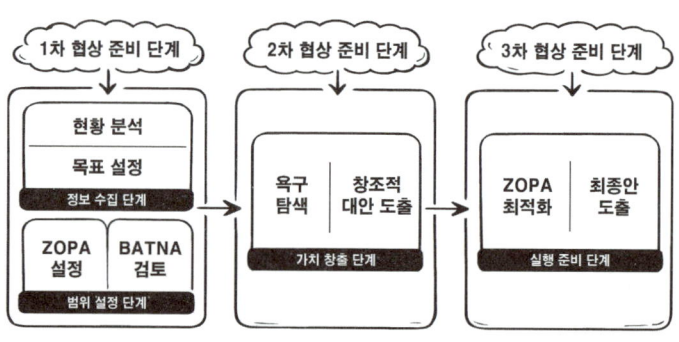

에잇 블록 협상 모델의 전개 과정

이제 중소 제조업체 A사가 대기업 B사와 부품 공급 계약을 협상하는 실제 사례를 에잇블록협상모델로 살펴보자. A사는 자동차 부품을 생산하는 중소기업이고, B사는 연 매출 5조 원 규모의 완성차 제조사다. B사는 신모델 출시를 앞두고 핵심 부품 공급업체를 선정하고 있으며, A사를 포함해 3개의 업체가 경쟁하고 있다.

Block 1. 현황 분석(Status Analysis)

비즈니스 협상의 첫 단계는 현황 분석이다. 이 과정은 전체 전략을 설계하고 협상의 방향을 설정하는 데 핵심적인 역할을 한다. 현황 분석은 상대와 이해관계자의 목표, 기대, 입장을 깊이 파악하는 데서 출발한다. 이를 통해 협상가는 잠재적인 기회와 위협을 식별하고 분석할 수 있다.

현황 분석은 협상의 출발점이다. 협상 상황을 정확히 이해하고 그에 맞는 전략을 수립하는 기반이 된다. 단순한 문제 해결을 넘어, 새로운 기회를 발굴하는 창의적 사고의 출발선이며, 결국 협상의 성패를 가르는 중요한 전제 조건이 된다.

현황 분석은 네 가지 항목으로 구성된다.

1. 상대방 분석(Counterparty Analysis)

A사의 협상 담당자는 협상을 준비하며 가장 먼저 B사를 분석했다. 현재 B사는 세 곳의 공급업체 중 하나를 선택해야 하는 상황이다. A사는 B사의 내부 구조와 각 부서의 우선순위를 파악했다. 구매팀은 가격에 민감하지만, 생산팀은 품질과 안정적인 공급을 더 중시한다는 정보를 확보한 것이다. 또한 B사의 과거 협상 사례를 분석한 결과, 초반에는 강경한 태도를 보이지만 최종적으로는 품질을 우선시하는 경향이 있다는 패턴도 확인할 수 있었다.

상대방 분석은 상대의 입장, 협상 목표, 강점과 약점, 그리고 사용할 수 있는 전략을 종합적으로 파악하는 과정이다. 이 분석을 통해 협상가는 상대의 행동을 예측하고, 이에 적합한 대응 전략을 마련할 수 있다. 특히 과거 협상 사례, 의사결정 방식, 조직 문화를 살펴보면, 협상 과정에서 어떤 흐름이 전개될지 좀 더 정밀하게 예측할 수 있다.

2. 이해관계자 분석(Stakeholder Analysis)

B사 내부에는 다양한 이해관계자가 존재한다. 구매팀장은 가격을 중시하고, 생산본부장은 품질과 납기를 우선한다. 재무팀은 결제 조건에 민감하며, 최고경영진은 장기적인 전략을 중요하게 생각한다. A사는 이들의 요구와 관심사를 각각 파악하고, 누가 최종 의사결정권을 가졌는지를 확인했다. 그 결과, 실질적인 결정권자가 생산본부장이라는 사실이 핵심 정보로 떠올랐다.

이해관계자 분석은 협상에 영향을 미치는 모든 인물의 입장과 요구를 체계적으로 파악하는 일이다. 이를 통해 각기 다른 이해관계자들의 이익과 우선순위를 고려한 대응 전략을 세울 수 있다. 현대의 협상은 단순한 일대일 상황이 아니다. 다양한 입장과 권한이 얽혀 있는 다층적인 구조다. 협상의 성패는 이 구조를 얼마나 명확히 이해하고 활용하느냐에 달려 있다.

3. 기회요인 분석(Opportunity Factor Analysis)

B사의 신모델 출시로 향후 3년간 부품 수요는 연간 50만 개에서 80만 개로 늘어날 전망이다. 여기에 더해 B사가 해외 공장 건설을 추진 중이라는 점도 A사에게는 유리하게 작용할 수 있다. A사는 해외 진출 경험이 있어 국내 기반만 있는 경쟁사 두 곳에 비해 차별화된 강점을 갖는다.

기회요인 분석은 협상 과정에서 우위를 점할 수 있는 외부 조건이나 가능성을 파악하는 일이다. 이런 기회를 잘 활용하면 협상은 단순한 조건 조율이 아닌, 공동의 이익을 창출하는 과정으로 확장될 수 있다. 시장 환경의 변화, 기술의 발전, 규제 변화 등 외부 환경은 새로운 가능성을 만들어내는 핵심 요소다. 협상가는 이런 기회를 포착해 전략적으로 활용할 줄 알아야 한다.

4. 위협요인 분석(Threat Factor Analysis)

경쟁사 두 곳은 A사보다 10% 낮은 가격을 제시하고 있다. 게다가 B사 구매팀은 최근 본사로부터 원가 절감 목표를 강하게 압박받고 있다. A사 내부에도 약점이 있다. 생산 설비가 노후화되어 대량 증산 시 품질 리스크가 발생할 수 있다는 점이다.

위협요인 분석은 협상에서 불리하게 작용할 수 있는 외부와 내부 요인을 미리 파악하고, 이에 대한 대응 전략을 마련하는 작업이다. 위협을 사전에 인지하면 불리한 상황을 최소화할 수 있을 뿐 아니라, 때로는 이를 기회로 전환할 수도 있다. 예컨대 가격 경쟁이 불리할 경우, 품질과 납기 안정성 같은 비가격 요소로 협상의 중심을 전환하는 전략이 가능하다. 중요한 것은 위협을 피하는 것이 아니라, 그것을 관리하고 활용하는 능력이다.

Block 2. 목표 설정(Establishing Objectives)

협상을 성공적으로 이끌기 위해 두 번째로 준비해야 할 항목은 목표 설정이다. 협상은 목표를 달성하기 위한 수단이기 때문이다. 목표가 있어야 전략이 세워진다. 명확한 목표를 설정하는 일은 건축에 비유하면 설계도를 그리는 일이다. 설계도 없이 건물을 짓는다면 구조적으로 불안할 수밖에 없고, 자원과 시간도 낭비된다. 결국 목적에 맞지 않는 결과로 이어진다.

목표 설정에는 두 가지 원칙이 있다. 첫째, 구체적이고 측정 가능해야 한다. 예를 들어 '좋은 조건으로 계약한다'라는 목표는 추상적이다. 대신 '단가 1,200원, 연간 물량 50만 개, 납기 45일'처럼 수치로 명확하게 표현해야 한다. 그래야 협상 테이블에서 판단 기준이 된다. 둘째, 우선순위가 분명해야 한다. 가격, 납기, 품질, 결제 조건 중 무엇이 가장 중요한가? 모든 것이 중요하다고 말하면 아무것도 중요하지 않은 것과 같다. 우선순위가 없으면 무엇을 양보하고 무엇을 지켜야 할지 판단할 수 없다.

목표 설정은 세 단계를 거쳐 완성한다.

1. 협상 안건 도출

먼저 이번 협상에서 다룰 수 있는 모든 안건을 빠짐없이 정리해야 한다. A사는 주요 안건으로 단가, 연간 물량, 계약 기간, 납기 조건을 정했다. 부가 안건으로는 결제 조건, 품질 보증 범위, 기술 지원, 해외 공장 협력을 포함했다. 숨은 안건으로는 설비 투자 지원, 공동 R&D, 독점 공급권까지 준비했다.

협상은 가격만 다루는 자리가 아니다. 안건이 다양할수록 협상의 유연성이 높아진다. 가격에서 양보하더라도 다른 조건에서 가치를 확보할 수 있기 때문이다. 핵심은 눈에 보이는 안건만이 아니라, 상대에게 바로 드러내지 않을 숨은 어젠다까지 발굴하는 일이다.

2. 우선순위 설정

안건을 모두 정리했다면, 이제 현황 분석을 바탕으로 중요도 순서를 매겨야 한다. A사는 1순위로 장기 계약 확보(3년), 2순위로 최소 이익률 유지(15%), 3순위로 해외 공장 공동 진출 기회를 설정했다.

주목할 점은 A사에게 가격이 최우선이 아니라는 것이다. 이 기업이 진짜 중요하게 여긴 것은 안정적인 물량 확보와 해외 진출 기회였다. 우선순위가 명확해지자 전략의 방향도 뚜렷해졌다. 덜 중요한 안건은 과감히 양보하고, 더 중요한 안건에는 집중함으로써 양측 모두 만족할 수 있는 협상을 이끌 수 있게 된 것이다.

3. 최종 목표 수립

안건과 우선순위를 정리했다면, 이제 안건별로 구체적인 목표 수치를 설정할 차례다. A사는 단가 1,200원(시장가 대비 5% 프리미엄), 연간 물량 50만 개(3년 계약 기준), 납기 45일(업계 표준 60일보다 단축), 결제 조건 60일(현금 흐름 고려), 특별 조건으로 해외 공장 우선 공급권 확보를 최종 목표로 설정했다.

협상 안건 도출   우선순위 설정   최종 목표 수립

목표 설정의 세 단계

이 목표들은 모두 구체적인 숫자로 표현되어 있어 달성 여부를 명확히 판단할 수 있다. 협상이 끝나면 이 기준으로 성과를 평가한다. 이 단계에서 유념할 점은 무리한 욕심이 아니라, 실현 가능한 목표를 합리적으로 설정하는 일이다.

Block 3. ZOPA 설정(Determining the ZOPA)

ZOPA는 '합의 가능 영역'을 뜻하며, 주로 가격 협상에서 활용된다. 협상에 앞서 목표가격(Target Price), 희망가격(Desired Price), 결렬가격(Walk Away Price)을 설정하고, 상대의 ZOPA를 추정함으로써 협상을 보다 주도적이고 예측 가능하게 이끌 수 있다.

ZOPA 설정은 수치를 다루는 작업이므로 수학적 사고가 필요하다. 각 항목의 값을 정할 때는 단순한 어림짐작이나 기대가 아니라, 데이터를 바탕으로 최대한 객관적인 근거를 마련해야 한다.

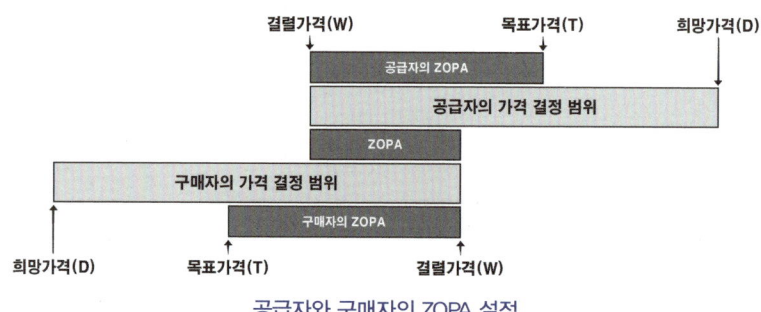

공급자와 구매자의 ZOPA 설정

1. 목표가격(Target Price)

목표가격은 협상에서 도달하고자 하는 기준점이다. 단순한 바람이 아니라, 전략의 중심축이 된다. A사는 이번 협상에서 목표가격을 1,200원으로 설정했다. 이 수치는 시장 평균인 1,140원보다 5% 높지만, A사의 기술력과 품질을 고려하면 정당한 수준이다.

초기 정보가 부족한 상황에서는 약간 낙관적인 수치를 잡는 경우가 많다. 협상이 진행되며 추가 정보를 얻고, 상대의 반응을 살피면서 조정하면 된다. 목표가격은 단순히 숫자가 아니라, 전략 수립과 판단의 기준이 된다.

2. 희망가격(Desired Price)

공급자는 목표보다 높은 가격을, 구매자는 목표보다 낮은 가격을 제시하는 것이 일반적이다. A사의 희망가격 1,300원 역시 같은 맥락이다. 이는 협상의 기준점을 선점하려는 앵커링 효과를 노린 전략이자, 양보의 여지를 남겨두기 위한 계산된 신호다.

하지만 주의할 점이 있다. 희망가격이 목표가격과 지나치게 벌어지면 오히려 역효과를 낳는다. 협상에 진정성이 없다는 인상을 줄 수 있고, 이후 우리가 내는 메시지의 신뢰성까지 해칠 수 있다. 상대도 우리만큼 충분한 사전 조사를 했다는 점을 잊지 말아야 한다.

3. 결렬가격(Walk Away Price)

결렬가격은 손해를 피하기 위한 마지막 기준선이다. 협상이 결렬되어도 손해를 보지 않으려면, 결렬가격을 반드시 정해두어야 한다. 이 선을 넘으면 협상을 중단하는 것이 더 이익이다. 공급자라면 최소 수익률이 기준이 된다. 원가, 운영비, 기회비용을 모두 고려해 손해를 보지 않는 최저가격을 계산해야 한다. 이 가격보다 낮으면 거래가 성사되어도 손해이므로, 협상을 결렬하고 다른 기회를 찾는 편이 낫다.

반대로 구매자에게 결렬가격은 BATNA가 기준이 된다. 협상이 결렬됐을 때 확보할 수 있는 차선책의 가치가, 곧 지불 가능한 최대 금액을 정한다. 예를 들어 다른 공급업체에서 동일 제품을 100만 원에 살 수 있다면, 현재 협상에서 100만 원을 넘길 이유는 없다. 결렬가격은 단순한 심리적 선이 아니다. 객관적인 대안을 바탕으로 한, 철저히 계산된 합리적 기준이다.

Block 4. BATNA 검토(Reviewing the BATNA)

BATNA는 협상이 결렬될 경우 선택할 수 있는 최선의 대안이다. BATNA가 있으면 우리는 어디까지 양보할 수 있고, 어느 지점에서 협상을 중단해야 하는지를 판단할 수 있다. 협상에서 흔들리지 않기 위한 기준선이자 자신 있게 협상 테이블에 앉을 수 있는 심리적, 전략적 기반이다.

A사는 세 가지 BATNA를 마련했다. 첫째, 중견 완성차 업체 C사와 단가 1,100원에 연 30만 개 공급 계약을 추진할 수 있다. 둘째, 기존 거래처 D사에 공급 물량을 확대해 단가 1,050원에 연 20만 개를 추가 공급할 수 있다. 셋째, 산업용 부품 시장에 진출해 단가 1,150원의 수익을 기대할 수 있으나, 신규 시장 개척이 필요하다. 이 중 가장 현실적이고 안정적인 대안은 C사와의 계약이다.

BATNA는 협상력의 원천이다. A사에게는 C사라는 실질적인 대안이 있기 때문에, B사의 과도한 요구에 끌려갈 이유가 없다. '귀사의 조건을 받아들이지 않아도 우리는 다른 선택지가 있다'라는 자신감이 생긴다. 반대로 BATNA가 약하거나 존재하지 않으면, 협상 테이블에서 불리한 조건을 수용할 수밖에 없다. 결국 BATNA의 질이 협상에서의 힘을 결정한다.

협상 결렬 시 최선의 대안 BATNA

또한 BATNA는 감정의 함정을 차단한다. 협상이 길어지면 '이번 기회를 놓치면 안 된다'라는 조급함, 또는 '여기까지 왔는데 포기할 수 없다'라는 매몰 비용의 심리에 휘둘리기 쉽다. 그러나 명확한 BATNA가 있으면, 현재 협상 조건이 대안보다 나은지 냉정하게 비교할 수 있다. 예를 들어 B사가 단가 1,080원을 제시한다면, A사는 즉시 C사의 1,100원과 비교해 거절을 결정할 수 있다. 감정이 아닌 데이터로 판단하게 되는 것이다.

좋은 BATNA는 협상에서 당당함을 주고, 나쁜 조건을 거부할 수 있게 해주며, 최악의 시나리오(WATNA, Worst Alternative To a Negotiated Agreement)를 예방하는 역할을 한다. 협상 전략의 출발점이 목표 설정이라면, 협상력의 실질적 기반은 바로 이 BATNA다. 상대를 분석하는 것만큼이나 자신의 대안을 치밀하게 준비하는 협상가만이 흔들리지 않고 협상의 주도권을 쥘 수 있다.

Block 5. 욕구 탐색(Identifying Interest)

협상에서 제일 중요하지만 가장 쉽게 간과되는 것이 있다. 바로 상대가 진짜 원하는 것이 무엇인지 파악하는 일이다. 많은 경우, 사람들이 겉으로 주장하는 요구(포지션)와 실제로 바라는 욕구(인터레스트)는 다르다. 이 차이를 정확히 읽어낼 수 있어야 협상의 돌파구를 찾을 수 있다. 포지션은 말 그대로 협상 테이블 위에 올려진 요구사항이고, 인터레스트는 그 요구가 생겨난 근본적인 이유다. 이 둘을 구분하지 못하면 수치와 주장에 갇혀 협상이 교착 상태에 빠지기 쉽다.

예를 들어 판매자와 구매자가 가격을 두고 충돌하고 있다고 해보자.

드러난 요구와 숨겨진 욕구

판매자는 높은 가격을, 구매자는 낮은 가격을 주장한다. 포지션만 보면 접점이 없어 보인다. 하지만 판매자의 인터레스트는 '이익 확보'이고, 구매자의 인터레스트는 '비용 절감'일 수 있다. 이 경우, 구매자가 대량 구매를 제안하거나 판매자가 부가 서비스를 제공한다면 양측 모두의 인터레스트를 충족시키는 합의점을 찾을 수 있다. 같은 맥락에서, 포지션은 단 하나지만 인터레스트는 다양할 수 있고, 그래서 더 유연한 협상이 가능하다.

앞의 사례에서 B사의 포지션은 "단가를 1,080원으로 낮춰달라"로 단순하고 명확했다. 그러나 A사는 이 숫자에만 집중하지 않고, B사의 속내를 파악하고자 했다. Block 1의 현황 분석 결과를 활용하니 그 이유가 보이기 시작했다. B사 구매팀은 올해 강도 높은 원가 절감 목표에 직면해 있었고, 분기별 예산 집행 압박이 심했다. 생산팀은 공급 안정성과 품질 확보를 중요시했으며, 경영진은 신모델 성공과 함께 해외 진출을 전략적으로 추진하고 있었다. 겉으로는 단가 인하 하나만 요구했지만, 실제 인터레스트는 세 가지(예산 부담 완화. 안정적 품질 확보. 해외 진출 파트너 확보)였다.

A사 또한 마찬가지였다. A사의 포지션은 '단가 1,200원 유지'였지만, 그 배경에는 설비 투자 회수, 대기업 거래 실적 확보, 해외 진출 기반 마련이라는 세 가지 인터레스트가 존재했다. 결국 양측의 포지션은 충돌하지만, 인터레스트는 겹쳤다. 양측 모두 장기적 안정성과 해외 확장을 원했다. 이 교집합이 창의적인 대안 설계의 출발점이 된다. 단가 협상이 교착 상태에 빠졌을 때 장기 계약, 결제 조건 조정, 해외 공장 공동 대응 등의 방식으로 새로운 해법을 찾을 수 있는 이유다.

이처럼 협상에서 포지션과 인터레스트를 구분하는 능력은 창의적인 해결책을 가능하게 하는 출발점이다. 단순히 "얼마를 줄 수 있느냐?"가 아니라 "왜 그 가격이 필요한가?", "가격 외에 중요한 것은 무엇인가?", "이 협상을 통해 장기적으로 무엇을 얻고 싶은가?" 같은 질문을 던져야 한다. 이런 질문은 상대의 숨겨진 욕구를 드러내고, 협상을 단순한 조건 교환이 아닌 상호 이익을 설계하는 창의적인 과정으로 전환한다. 숫자만 보지 말고, 그 숫자 뒤에 있는 사람의 욕구를 읽어야 한다.

Block 6. 창조적 대안 도출(Developing Creative Option)

창조적 대안이란 협상 과정에서 쌍방의 이익을 동시에 만족시키는 새로운 해결책을 말한다. 단순한 양보나 타협을 넘어 기존에 없던 방식으로 가치를 창출하는 접근이다. 협상이 '누가 더 많이 가져가느냐?'라는 게임이 아니라, '어떻게 더 큰 파이를 만들 수 있느냐?'라는 공동 설계가 되는 순간이다.

에잇블록협상모델에서 Block 5는 '진단'의 단계이고, Block 6은 '처방'의 단계다. 예를 들어, 상대가 "단가를 20% 낮춰달라"라고 요구하는 것은 단순한 포지션이다. Block 5에서는 그 요구 뒤에 있는 진짜 이유, 즉 "분기별 예산 부담을 줄이고 싶다"라는 인터레스트를 찾아낸다. 그리고 Block 6에서는 그 욕구를 해결하면서도 우리의 핵심 목표를 지킬 수 있는 대안을 설계한다. "가격은 그대로 두되, 분기별로 나눠서 청구하자", "1년 차는 할인하고, 2~3년 차는 정상가로 하되 장기 계약으로 안정성을 주자" 같은 제안이 여기에 해당한다.

Block 5에서 정리한 A사와 B사의 인터레스트를 좀 더 구체적으로 살펴보자. B사는 분기별 예산 부담을 줄이고, 안정적인 품질을 확보하며, 해외 진출에 함께할 파트너를 원했다. 반면 A사는 장기적인 계약을 통해 안정적인 매출을 확보하고, 설비 투자에 따른 리스크를 분산하며, 해외 시장에 진입할 기회를 찾고 있었다. 양측의 포지션은 달랐지만, 인터레스트는 공통분모가 있었다. 바로 '장기적 안정성'과 '해외 진출'이다. 이 두 가지 교집합은 단순한 타협이 아니라, 창조적 대안을 도출할 수 있는 출발점이 된다. 협상이 전환점을 맞이하는 순간은 바로 이런 공통의 이해를 바탕으로 새로운 가치를 함께 설계할 때다.

1. 창조적 대안을 도출하는 네 가지 방법

1) 연결고리를 찾아라(Find a Bridge)

양측이 모두 원하는 공통의 이익을 발견하고, 이를 충족시키는 새로운 대안을 만드는 접근법이다. A사와 B사는 모두 해외 진출과 장기적 안정성을 원한다. A사는 이런 대안을 제시할 수 있다. "3년 독점 공급 계약을 체결하고, B사가 베트남 공장을 설립할 때 A사가 현지 우선 공급권을 확보하는 것은 어떻습니까?"

이 제안은 가격 갈등을 전략적 파트너십으로 전환한다. B사는 단가를 1,150원으로 조정하더라도, 3년간 물량 안정성을 확보하고 해외 진출 시 검증된 파트너를 얻는다. A사는 즉각적인 단가 양보를 하지만, 장기 계약으로 설비 투자 리스크를 줄이고 해외 시장 진출의 발판을 마련한다. 현재의 100원 단가 차이보다 향후 3년간 확보되는 물량과 해외 시장 기회의 가치가 더 크다.

2) 조건을 걸어라(Set Conditions)

미래의 불확실성을 조건으로 설정하고, 상황에 따라 다른 기준을 적용하는 접근법이다. 이 방식의 핵심은 리스크를 함께 나누는 데 있다. 예를 들어, "물량이 연 60만 개를 넘으면 단가를 1,180원으로, 50만 개 이하이면 1,200원을 적용합니다"라는 기준을 세운다.

B사는 신모델이 성공해 물량이 늘어나면 단가 혜택을 받고, A사는 총 매출이 증가하므로 손해가 아니다. 다음과 같이 또 다른 조건부 대안도 가능하다. "품질 불량률이 0.5% 이하를 유지하면 단가 1,200원을 보장하되, 0.5%를 초과하면 패널티를 부과합니다." B사는 품질을 보장받고, A사는 품질 관리에 더욱 집중하게 된다.

3) 파이를 키워라(Expand the Pie)

협상 테이블 위에 더 많은 안건을 올려놓아 양측이 교환할 수 있는 가치를 늘리는 접근법이다. A사는 이렇게 제안할 수 있다. "단가는 1,200원을 유지하되, 품질 보증 기간을 1년에서 2년으로 연장하고, 긴급 물량 요청 시 7일 내 납품을 보장하며, 무상 기술 지원 및 공동 품질 개선 프로그램을 운영하고, B사 전담 고객 지원팀을 별도로 운영하겠습니다."

B사는 단가로만 보면 목표보다 높지만, 전체로 보면 훨씬 더 많은 가치를 얻게 된다. 품질 보증 연장은 리스크 감소, 긴급 납품 보장은 생산 차질 방지, 기술 지원은 품질 향상을 의미한다. 이 모든 요소를 금액으로 환산하면 단가 100원 차이보다 훨씬 큰 가치를 가진다. A사는 단가 1,200원을 지키면서도 장기적으로 B사와의 관계를 강화하고, 독점 공급 지위를 확보한다. 경쟁사들은 단가로만 경쟁하지만, A사는 토탈 솔루션으로 경쟁한다.

4) 파이를 나눠라(Split the Pie)

하나의 큰 안건을 여러 개의 작은 안건으로 나눠 각각 다른 조건을 적용하는 접근법이다. A사는 이렇게 제안할 수 있다. "1년 차는 단가 1,150원으로 시작해 B사의 초기 예산 부담을 줄이고, 2년 차는 1,200원, 3년 차는 1,220원으로 책정합니다. 3년 평균으로 계산하면 1,190원이 되어 저희 목표에 근접하고, B사는 초기 부담을 줄일 수 있습니다."

이는 시간축으로 파이를 나눈 것이다. B사의 '지금 당장 예산 부담이 크다'라는 문제를 해결하면서도, A사의 '목표가를 달성해야 한다'라는 요구도 충족시킨다. 제품별로 나누는 것도 가능하다. "기본 제품은 단가 1,180원, 프리미엄 사양 제품은 1,250원으로 공급합니다." 물량별로도 나눌 수 있다. "연 50만 개까지는 단가 1,200원, 50만 개 초과분은 1,150원을 적용합니다."

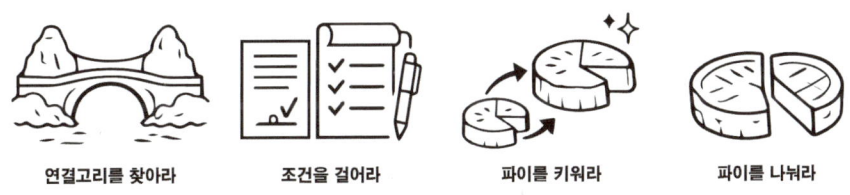

연결고리를 찾아라   조건을 걸어라   파이를 키워라   파이를 나눠라

창조적 대안을 도출하는 네 가지 방법

이 네 가지 방법은 각각 단독으로 사용할 수도 있지만, 함께 활용했을 때 훨씬 더 강력한 효과를 발휘한다. A사는 연결고리(Find a Bridge)로 해외 공동 진출이라는 큰 틀을 만들고, 조건 설정(Set Conditions)으로 물량에 따른 단가 차등을 적용하며, 파이 확장(Expand the Pie)으로 품질 보증과 기술 지원을 추가하고, 파이 분할(Split the Pie)로 연차별 단가를 조정하는 통합 제안을 만들 수 있다.

예컨대, "3년 독점 계약을 체결하되, 1년 차는 단가 1,150원으로 시작해 예산 부담을 줄이고, 물량이 연 60만 개를 초과하면 1,180원으로 조정하며, 품질 보증 2년 연장과 베트남 공장 우선 공급권을 보장합니다"와 같은 방식이다. 이처럼 여러 방식을 조화롭게 엮으면, 단순한 가격 타협이 아니라 양측의 다층적 욕구를 동시에 충족시키는 입체적인 해법을 만들어낼 수 있다.

Block 7. ZOPA 최적화(Optimizing the ZOPA)

ZOPA 최적화는 협상 과정에서 확보한 정보를 바탕으로, 양 당사자 사이의 합의 가능 영역을 정밀하게 재설계하는 작업이다. 이는 상대의 결렬가격과 우리의 결렬가격 사이, 그리고 양측의 인터레스트가 겹치는 지점을 의미한다. ZOPA는 단순한 이론이 아니라, 협상의 성공 가능성을 판단하는 핵심 기준이며, 최종 합의안을 구성하는 데 필요한 설계 도구다.

Block 3에서 설정한 초기 ZOPA를 다시 살펴보자. A사는 희망가 1,300원, 목표가 1,200원, 결렬가는 1,100원이었고, B사는 희망가 1,000원, 목표가 1,100원, 결렬가는 1,200원으로 추정됐다. 이때 ZOPA는 1,100원에서 1,200원 사이였다.

하지만 Block 4와 5를 거치며 협상 환경이 달라졌다. B사의 BATNA 분석 결과, 경쟁업체 E사가 1,080원을 제시했지만 품질과 역량이 불안정하다는 점이 드러났고, A사의 BATNA인 C사와의 계약은 1,100원으로 확정됐다. 또한, B사의 핵심 관심사가 단순한 가격 인하가 아닌 분기별 예산 부담 완화라는 사실도 확인됐다. 이에 따라 협상 항목은 단가뿐 아니라 결제 조건, 계약 기간, 물량 구조 등 다양한 정량적 요소로 확장됐다. 이제 ZOPA는 단가의 범위를 넘어선 다차원 정량 구조로 최적화될 필요가 있다.

시나리오 1은 시차별 단가 구조다. 1년 차 단가를 1,150원으로 시작하고, 이후 점진적으로 상승시켜 3년 평균 단가를 1,190원으로 설정한다. 이 방식은 B사의 초기 예산 부담을 줄이면서도 A사는 평균 목표 단가를 달성할 수 있다.

시나리오 2는 물량 연동 단가 구조다. 기본 물량 50만 개까지는 단가 1,200원을 적용하고, 초과분은 1,150원을 적용한다. 물량이 늘수록 B사는 단가 인하 혜택을 얻고, A사는 추가 물량을 통해 수익을 개선한다.

시나리오 3은 결제 조건 조정 구조다. 단가를 1,180원으로 설정하되, 결제 기한을 60일에서 90일로 연장한다. 이 구조는 B사의 분기별 현금 흐름 부담을 줄여주고, A사에게는 안정적인 현금 유입과 장기 거래 관계의 기반이 된다.

ZOPA를 이렇게 최적화하면 A사는 단순히 1,100원에서 1,200원 사이에서 단가를 결정하는 것이 아니라, 어떤 정량적 구조가 양측 모두에게 가장 합리적인지를 판단할 수 있게 된다.

ZOPA 최적화는 협상 과정에서 세 가지 중요한 효과를 가져온다.

첫째, 상호 만족도를 높인다. ZOPA 최적화를 통해 양측의 결렬가격과 목표가격을 명확히 파악하면, 합의 가능한 범위 내에서 최적의 조건을 도출할 수 있다. 이 과정은 양측 모두 '공정하게 합의됐다'라는 인식을 갖게 하며, 협상 결과에 대한 만족도를 높여준다.

둘째, 협상 과정을 더 효율적으로 만든다. ZOPA가 명확해지면 협상 범위가 분명해지고, 불필요한 논쟁을 줄일 수 있다. 덕분에 핵심 쟁점에 집중할 수 있고, 시간과 자원을 효과적으로 사용할 수 있다. 이는 협상을 단축하고, 성과를 높이는 결과로 이어진다.

셋째, 충돌과 결렬의 가능성을 줄인다. ZOPA 최적화를 통해 상대의 요구와 제약을 객관적으로 파악할 수 있다. 비현실적인 요구는 초기에 걸러지고, 실현 가능한 조건 안에서 협상이 이루어진다. 이 과정은 협상 결렬의 위험을 낮추고, 오해와 갈등을 예방하는 데 기여한다.

상호 만족도 향상   협상 효율성 향상   충돌 가능성 감소

ZOPA 최적화의 효과

Block 8. 최종안 도출(Arriving at a Final Solution)

최종안을 준비하는 단계에서는 상대가 수용할 수 있는 합리적이고 공정한 선택지를 제시해야 한다. 상대의 기대를 존중하면서도, 자신의 목표를 실현할 수 있는 결과를 설계하는 노력이 중요하다. 이를 위해서는 일방적 요구나 공격적인 태도보다, 상호 존중의 자세로 접근하는 것이 바람직하다.

A사는 협상 테이블에 올릴 세 가지 최종안을 준비했다.

최종안 A는 가격 구조화 방식이다. A사가 가장 선호하는 안이다. 1년 차에는 단가 1,150원에 물량 50만 개로 시작하고, 2년 차에는 1,200원에 60만 개, 3년 차에는 1,220원에 70만 개를 제안한다. 결제 조건은 60일이며, 품질 보증은 업계 표준인 1년이다. 이 방안의 장점은 B사의 초기 예산 부담을 줄이면서 A사가 평균 목표 단가를 달성할 수 있다는 점이다. 단점은 물량 증가에 따른 생산 및 공급 리스크가 존재한다는 점이다.

최종안 B는 프리미엄 가치 제안이다. 단가는 3년간 1,200원으로 고정하고, 물량은 연간 50만 개로 유지한다. 결제 조건은 60일이다. 대신, 품질 보증은 업계 최고 수준인 2년으로 연장하고, 긴급 납품은 7일 이내 보장한다. 기술 지원도 무상으로 제공한다. 이 안의 장점은 A사가 목표 단가를 지키면서도 B사의 품질 리스크를 최소화할 수 있다는 점이다. 단점은 B사 구매팀을 설득하는 데 시간이 걸릴 수 있다는 점이다.

최종안 C는 전략적 파트너십 구축안이다. A사가 장기적으로 선호하는 방식이다. 단가는 1,180원으로 3년간 고정하고, 1년 차에는 물량 50만 개로 시작하되 이후 2~3년 차 물량 증가 시 재협상을 조건으로 한다. 3년간 독점 공급 계약을 체결하고, 결제 조건은 60일이다. B사가 해외 공장을 설립할 경우, A사는 우선 공급권을 확보하며, 양사는 공동 R&D 프로그램을 운영하고 비용을 분담한다. B사는 A사의 설비 투자 비용 중 30%를 지원한다. 이 안의 장점은 양측의 핵심 인터레스트를 모두 충족시키며, 장기적 신뢰 기반의 파트너십을 구축할 수 있다는 점이다. 단점은 조건이 다소 복잡해 합의까지 시간이 더 소요될 수 있다는 점이다.

협상은 합의로 끝나지 않는다. 실행으로 완성된다. 아무리 협상 테이블에서 좋은 조건을 이끌어냈다고 해도, 최종안이 제대로 설계되지 않으면 실행 단계에서 무너진다. 공정하지 않은 안은 한쪽의 불만을 키워 관계를 악화시키고, 현실성이 떨어지는 안은 실행되지 못한 채 약속 불이행으로 이어진다. 유연성이 부족하면 환경 변화에 대응하지 못해 협상을 반복하게 되고, 명확하지 않으면 해석의 차이로 분쟁이 생긴다. 지속 가능하지 않으면 단기 성과에 그치고, 장기적인 협력 관계는 물거품이 된다.

바람직한 최종안은 다섯 가지 특징을 갖춰야 한다.

첫째, 공정성이다. 최종안은 당사자들의 요구와 이익을 균형 있게 반영해야 한다. 누구의 이익도 과도하게 우위에 서지 않도록 조율되어야 하며, 결과에 대한 상호 만족이 중요하다. 예를 들어, A사와 B사가 협력 계약을 체결할 경우, 양사의 기여도와 위험을 고려한 공정한 이익 분배가 이루어져야 한다.

둘째, 현실성이다. 최종안은 실행 가능한 조건이어야 한다. 아무리 좋은 아이디어라도 시장 상황이나 기업 역량을 벗어나면 실현되지 못하고 분쟁으로 이어질 수 있다. 현실적인 제약을 반영한 실천 가능한 안이 되어야 한다.

| 공정성 | 현실성 | 유연성 | 명확성 | 지속 가능성 |

바람직한 최종안의 다섯 가지 특징

셋째, 유연성이다. 협상 이후 상황은 변할 수 있다. 따라서 최종안은 새로운 정보나 조건 변화에 따라 조정할 수 있는 여지를 남겨야 한다. 필요시 재협상이 가능하도록 조항을 설계하는 것이 바람직하다.

넷째, 명확성이다. 모호한 표현은 오해를 낳는다. 각 조항의 의미, 실행 방법, 시기 등이 명확히 규정되어야 한다. 당사자들이 동일한 이해를 바탕으로 실행 계획을 세울 수 있어야 한다.

다섯째, 지속 가능성이다. 최종안은 일회성 거래로 끝나서는 안 된다. 장기적인 관점에서 안정적 관계를 이어갈 수 있는 구조를 담아야 하며, 미래의 협력 기반을 만드는 출발점이 되어야 한다.

**

에잇블록협상모델은 협상 준비의 나침반이다. 무엇을, 언제, 어떻게 준비해야 하는지 명확한 방향을 제시한다.

협상은 막연한 감이나 경험에 의존하는 일이 아니다. 준비의 깊이와 체계가 곧 협상가의 역량을 가른다. 숙련된 협상가와 초보 협상가의 차이는 타고난 재능이 아니라, 얼마나 치밀하게 준비했는가에 달려 있다. 8-Block은 바로 그 준비를 위한 체계를 제공한다.

8개의 블록을 순서대로 채워가다 보면, 처음에는 복잡해 보이던 협상 상황이 점차 명확해진다. 어디서 양보하고 어디서 버틸지, 상대에게 무엇을 제안하고 무엇을 요구할지, 협상이 결렬될 경우 어떤 대응이 필요한지

등이 선명해진다. Block 1에서 수집한 정보는 Block 2의 목표 설정으로 이어지고, Block 3의 ZOPA는 Block 4의 BATNA로 검증된다. Block 5에서 파악한 욕구는 Block 6의 창조적 대안으로 구체화되며, Block 7에서 최적화된 조건은 Block 8의 최종안으로 완성된다.

다음 협상을 준비한다면, 8개의 블록을 펼쳐라. Block 1부터 Block 8까지 하나씩 채워가며, 협상 상황을 입체적으로 설계하라. 체계적으로 준비된 협상가는 협상 테이블 위에서 흔들리지 않는다. 그 순간, 여러분은 이미 성공한 협상을 시작한 것이다.

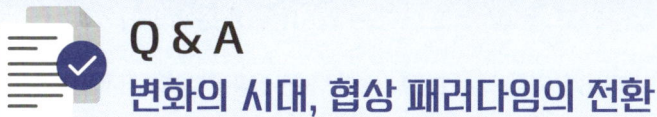

Q & A
변화의 시대, 협상 패러다임의 전환

Q. 협상력이란 어떤 능력을 말하는 것인가?

A. 협상력은 말솜씨가 아니라 철저한 준비와 전략적 설계로 결과를 통제하는 능력이다.

협상력은 한두 마디로 상대를 설득하는 재치나 순간적인 언변 능력을 뜻하지 않는다. 협상은 우연한 대화가 아니라 철저히 준비된 과정이며, 협상력은 타고난 감각이 아니라 협상의 구조를 이해하고 단계적으로 설계할 수 있는 능력을 의미한다. 많은 사람은 협상을 '즉석 대응력'으로 여기지만, 실제로 결정적인 차이를 만드는 것은 말솜씨가 아니라 준비의 깊이다. 상대가 누구이며 무엇을 얻고자 하는지를 분석하지 않으면, 대화의 주도권이 처음부터 상대에게 넘어간다. 반면, 준비된 협상가는 가능한 시나리오를 예상하고 각 상황에 맞는 대응 방안을 미리 설계해둔다.

협상에는 명확한 프로세스가 있다. 목표를 세우고, 상대의 이해관계를 분석하며, 교환 가능한 조건을 구성하고, 협상의 범위와 한계를 정리한 뒤, 마지막으로 합의를 이끌어내는 순서를 따른다. 이 단계를 알고 움직이는 사람만이 협상을 통제할 수 있으며, 협상력은 바로 이 과정을 설계하고 실행하는 능력에서 비롯된다. 협상가는 감정에 휘둘리지 않고, 즉흥적으로 반응하지 않으며, 준비된 전략 안에서 판단한다. 협상에서 우연은 없다. 준비한 만큼 예측할 수 있고, 설계한 만큼 얻는다. 협상력은 타고나는 재능이 아니라, 배우고 훈련을 통해 체득할 수 있는 실천 능력이다.

Q. 논리적으로 접근하고, 감정에 호소하는 협상은 왜 문제인가?

A. 상대의 자발적 합의를 이끌지 못하고, 신뢰 대신 방어만 남기기 때문이다.

논리로 설득하고 감정으로 공감시키면 협상이 잘될 것 같지만, 현실에서는 대부분 실패한다. 협상은 논리의 게임이 아니라, 합의의 과정이기 때문이다. 논리로 상대를 이길 수는 있어도 합의는 얻지 못한다. 논리는 옳고 그름을 다투는 도구지만, 협상은 옳고 그름이 아니라 서로가 받아들일 수 있는 지점을 찾는 과정이다. 논리로 상대를 몰아붙이면, 그는 '당신 말이 맞는다'라는 사실은 인정할 수 있어도 '그래서 따르겠다'라는 결정을 내리지는 않는다. 논리로 이기면 상대의 이성은 설득되지만, 감정은 닫힌다. 감정에 호소하는 방식도 마찬가지다. 감정은 일시적으로 상대의 마음을 움직일 수는 있지만, 그 감정이 식으면 신뢰도 함께 사라진다.

"우리 관계를 생각해보라"라는 식의 접근은 공감보다는 조작당하고 있다는 불쾌감을 남긴다. 감정은 설득의 도구가 아니라, 합의를 지탱하는 신뢰의 결과여야 한다. 논리와 감정을 동시에 사용하면 메시지는 흔들린다. "이게 가장 이익입니다"라고 논리로 접근하다가, "우리 관계를 생각해서라도…"라고 감정으로 덮으면, 상대는 '이익이 없으니 감정으로 포장하는구나'라고 느낀다. 협상은 논리와 감정을 교차시키는 기술이 아니라, 상대가 스스로 결정할 수 있는 구조를 설계하는 일이다. 협상의 목적은 말을 통해 이기는 것이 아니라, 구조를 통해 함께 도달하는 것이다.

Q. 상대의 행동을 예측한다는 게 어떻게 가능한가?

A. 상대의 이해관계와 행위 패턴을 분석하고, 다양한 시나리오와 데이터를 통해 가능한 행동 범위를 구조적으로 추론한다.

협상에서 '상대의 행동을 예측하라'라는 말은 마치 상대의 마음을 꿰뚫어 보라는 주문처럼 들린다. 하지만 협상가는 점쟁이가 아니다. 상대의 행동을 예측한다는 것은 직감이 아니라, 구조와 정보에 기반한 분석적 사고를 의미한다. 상대가 하는 말과 움직임, 제안의 순서에는 늘 일정한 패턴이 숨어 있으며, 이 패턴을 읽어내는 것이 예측의 출발점이다. 이를 위해 가장 먼저 해야 할 일은 상대의 이해관계를 해석하는 것이다. 그는 무엇을 얻으려 하고, 무엇을 지키려 하며, 무엇을 피하려 하는가? 이 세 가지 질문에 답할 수 있다면 그의 다음 행동은 이미 반쯤 보인 셈이다. 예컨대, 상대가 '가격 인하'에 집착한다면 그것이 단순한 비용 절감 목적이 아니라 상부 보고용 성과 지표 때문일 수 있다. 그 배경을 파악하면, 가격이 아닌 '성과 보존'의 대안을 제시해 협상의 흐름을 바꿀 수 있다.

협상가는 또한 다양한 시나리오를 설계해 행동을 미리 대비한다. '상대가 양보하지 않을 경우', '대안을 제시할 경우', '협상을 지연시킬 경우' 등 여러 흐름을 상정하고, 그에 맞는 대응을 준비한다. 준비된 협상가는 상대의 행동을 예측하기보다는, 예상 가능한 범위 안으로 유도한다. 예측에는 데이터도 중요하다. 과거 협상 기록, 결제 주기, 의사결정 구조 같은 모든 정보가 단서가 된다. 예측은 정답을 맞히는 기술이 아니라, 가능성을 좁히는 과정이다. 상대의 행동은 감으로 맞히는 게 아니라, 맥락과 구조로 읽어내는 것이다.

PART Ⅲ

Preparation

Preparation

'협상은 협상 테이블에서 이루어진다'라고 생각하는 사람들이 많다. 하지만 이는 협상에 대한 잘못된 인식이다. 협상은 테이블에 앉기 훨씬 전부터 시작된다. 뛰어난 협상가들이 현장에서 여유롭고, 자신감 있게 보이는 이유는 특별한 재능 때문이 아니라 철저한 준비 덕분이다.

대부분의 사람들은 준비 없이 협상을 시작한다. '만나서 이야기하면 되겠지', '상황을 보며 판단하자'라는 식으로 접근하고, 결국 예상치 못한 조건 앞에서 당황하거나, 자신이 원하는 바조차 명확히 말하지 못한 채 대화를 끌려가게 된다. 상대의 상황이나 입장을 이해하지 못한 채 즉흥적으로 대응하다 보면, 원하지 않는 합의에 이르거나 중요한 기회를 놓치기 쉽다.

반면 준비된 협상가는 목표가 분명하고, 상대의 인터레스트와 제약도 어느 정도 파악하고 있으며, 다양한 시나리오를 미리 가정하고 전략을 세워놓는다. 어떤 상황이 와도 침착하게 대응할 수 있는 이유다. 협상은 준비하는 사람이 이긴다. 말솜씨나 순발력만으로는 부족하다. 진짜 승부는 협상 테이블에 앉기 전, 준비 단계에서 이미 갈린다.

제7강
정보를 선별하고, 전략의 틀로 분석하라

Q. 협상 전에 어떤 정보를 수집해야 하는가?

협상에서 정보의 힘을 모르는 사람은 없다. 하지만 그 중요성을 실감하고 실천하는 사람은 많지 않다. 대부분은 '정보를 조사해야 한다'라는 말에 고개를 끄덕이지만, 막상 협상을 준비할 때는 무엇을, 어디서, 어떻게 조사해야 하는지조차 명확하지 않다. 그래서 시간을 들여 자료를 모으고도, 정작 협상 전략으로 연결되지 못하는 경우가 많다.

정보는 단순히 사실을 아는 것이 아니라, 내가 가진 힘을 어디에, 어떻게 써야 하는지를 알려주는 지도다. 상대가 뮤지컬을 좋아한다는 사실 하나가 값비싼 접대보다 더 큰 효과를 낼 수 있다. 고객의 월급이 얼마인지도 모르면서 월 50만 원짜리 보험 상품을 권유하는 컨설턴트가 있다면 신뢰를 얻기 어렵다. 두 영업사원이 같은 고객을 두고 경쟁할 때, 그 고객 기업과 대표

인물에 대해 더 많이 이해하고 있는 쪽이 거래를 성사시킬 확률이 높다.

협상 전 단계에서의 정보 조사는 단순한 준비가 아니라 전략의 설계 과정이다. 상대의 특징, 시장의 구조, 경쟁 구도, 주요 이해관계자, 조직의 의사결정 절차, 과거 거래 이력 등은 모두 전략의 기초가 된다. 하지만 모든 정보를 다 모을 수는 없다. 중요한 것은 무엇을 알아야 하고, 그것이 어떤 판단에 쓰일 것인가를 명확히 하는 일이다.

정보 조사의 심리학

사람은 누구나 불확실성을 싫어한다. 낯선 상황이나 모호한 조건에 놓이면, 가능한 한 빨리 결론을 내리고 싶어 한다. 심리학에서는 이를 '조기 결정(seizing)'과 '고착(freezing)'이라고 부른다. 한번 판단을 내리면 이후의 정보는 그 결론을 강화하는 방향으로만 받아들이는 경향이 생긴다. 협상에서도 마찬가지다. 상대가 어떤 사람인지, 어떤 조건을 제시할지 모르는 상황에서 사람들은 불안감을 해소하기 위해 서둘러 결론을 내리려고 한다. 그래서 "이 사람은 까다롭다", "가격은 절대 못 낮춘다" 같은 단정적인 가정으로 협상을 시작한다.

이때 사전 정보 조사는 불확실성을 통제하고, 인지적 안정감을 확보하는 과정이 된다. 충분한 정보를 확보한 사람은 감정적 불안을 줄이고, 상황을 좀 더 객관적으로 바라볼 수 있다. 이는 단순히 '마음의 여유'를 의미하는 것이 아니라, 판단의 질을 높이는 심리적 토대다. 정보가 많을수록 인간은 더 체계적이고, 논리적인 사고 체계를 작동시킨다. 반대로 정보가 부족하면 직관과 감정에 의존하게 되고, 이는 협상장에서 즉흥적 대응이나 방어적 반응으로 이어진다.

정보 조사는 또한 상대의 관점을 이해하는 출발점이다. 상대의 조직 구조, 의사결정 방식, 행동 패턴을 조사하는 것은 단순한 자료 수집이 아니라, '상대는 왜 그렇게 행동할까?'를 해석하려는 시도다. 심리학에서는 이를 '관점 취하기(perspective-taking)'라고 한다. 이는 단순히 상대의 입장을 아는 것을 넘어서, 그 사람의 눈으로 상황을 바라보고 판단하려는 능력이다. 관점 취하기는 협상에서 갈등을 줄이고, 창의적인 해결책을 찾는 핵심 요인으로 꼽힌다.[14]

하지만 정보가 많다고 해서 항상 좋은 판단으로 이어지지는 않는다. 사람은 자신이 보고 싶은 정보만 선택하는 '확증 편향(confirmation bias)'에 쉽게 빠진다. 그래서 협상가는 정보를 무작정 쌓는 대신, '선별'과 '구조화'를 통해 인지적 균형을 유지해야 한다. 조사 단계에서부터 "이 정보는 어떤 판단에 쓰일 수 있는가?", "이 사실은 상대의 행동을 예측하는 데 어떤 의미가 있는가?"를 끊임없이 묻는 습관이 필요하다.

협상에서 정보 조사는 단순한 준비 작업이 아니다. 생각의 틀을 세우는 심리적 훈련이다. 정보를 수집하는 과정에서 협상가는 자신의 편견을 점검하고, 상대의 시선을 경험하며, 논리적 사고의 구조를 다듬는다. 이 과정을 통해 협상은 감정의 대결이 아니라 사고의 대화로 바뀐다. 준비된 정보는 단순히 말할 내용을 만들어주는 것이 아니라, 판단의 방향과 행동의 기준을 세워준다. 그리고 그 기준이 바로, 협상의 질을 결정짓는 심리적 기반이다.

정보 조사의 네 가지 요소

협상을 준비한다고 하면 대부분 '정보 조사부터 해야 한다'라고 말한다. 시장 상황을 찾고, 상대의 조건을 알아보며, 관련 자료를 모으는 모든 활동을 그렇게 부른다. 하지만 현실에서 이 '정보 조사'라는 말은 너무 넓고 막연하게 쓰인다. 무엇을, 어디까지, 어떤 기준으로 조사해야 하는지 명확하지 않기 때문이다.

따라서 여기서는 앞서 이야기했던 에잇블록협상모델의 '현황 분석'이라는 용어를 사용해 더 자세히 살펴보도록 하겠다.

정보 조사가 그저 자료를 수집하는 데 그친다면, 현황 분석은 수집된 정보를 구조화하고 전략의 기초를 세우는 과정이다. 즉, 단순한 탐색이 아니라 협상의 방향을 설계하는 단계다.

현황 분석은 네 가지 요소로 이루어진다. 상대방 분석, 이해관계자 분석, 기회요인 분석, 위협요인 분석이다. 이 네 가지는 협상 환경을 내부-외부, 기회-위협의 두 축으로 교차 분석하는 프레임워크다. 상대와 이해관계자는 협상의 '내부 구조'를, 기회요인과 위협요인은 '외부 맥락'을 다룬다. 이를 통해 협상가는 감이 아닌 논리로 준비하고, 직관이 아닌 근거로 판단할 수 있게 된다.

1. 상대방 분석

상대방 분석은 협상 준비의 출발점이다. 상대가 어떤 목표를 가지고 있으며, 어떤 제약과 압박 속에서 움직이는지를 파악해야 협상의 논리와 전략을 세울 수 있다. 이 분석은 단순히 상대의 요구를 추측하는 데 그치지 않는다. 핵심은 '왜 그렇게 말할 수밖에 없는가?'를 이해하는 것이다. 상대의 입장뿐 아니라 그 배경까지 해석할 수 있어야 겉으로 드러난 요구 너머의 진짜 관심사와 협상의 여지를 포착할 수 있다.

상대방 분석은 재무제표, 사업보고서, 보도자료, 인터뷰 등 공개 자료와 평판, 과거 거래, 인사 이동 등의 간접 정보까지 폭넓게 조사하는 것으로 시작된다. 협상가는 이를 통해 상대 기업의 재무 상태, 구조, 시장 위치, 의사결정 방식, 제약 조건 등을 파악한다. 핵심은 상대가 왜 이 협상에 나서는지, 어떤 압박과 목표를 가졌는지를 이해하는 것이다. 이러한 분석을 통해 협상은 단순한 가격 논쟁을 넘어, 조건과 구조를 설계하는 방향으로 확장된다.

한 전자부품 업체는 해외 공급사와 단가 협상을 앞두고 있었다. 협상 전, 상대의 연례보고서와 현지 언론을 분석하던 중 그들이 신공정 설비 투자로 단기 현금 흐름이 불안정하다는 사실을 알아냈다. 여기서 협상팀은 중요한 통찰을 얻었다. 상대가 단가 인상을 요구하는 이유는 수익성보다 유동성 확보 때문이라는 것이다. 이에 단가 인상 대신 선급금 지급 조건을 완화하는 제안을 내놓았고, 상대는 자금 유동성 확보를 이유로 이를 받아들였다. 결국 가격이 아닌 구조를 바꾼 협상이었다. 이 사례는 상대방 분석이 단순히 약점을 찾는 것이 아니라, 상대의 필요를 이해하고 그에 맞는 해법을 설계하는 과정임을 보여준다.

2. 이해관계자 분석
이해관계자 분석은 협상에서 단순히 한 명의 상대가 아닌, 그 뒤에 있는 조직 전체의 의사결정 구조를 파악하는 과정이다. 협상가는 회의 참여자 명단, 이메일 참조 수신자, 조직도, 승인 절차, 회의 중 발언 패턴 등 다양한 단서를 바탕으로 누가 실질적인 영향력을 가졌는지, 각 부서가 무엇을 중시하는지를 분석해야 한다. 이는 단순히 누가 결정권자인지를 아는 것을 넘어, 조직 내부의 역학과 관점을 이해하는 작업이다.

실무적으로는 '이해관계자 지도'를 활용하는 것이 효과적이다. 상대 조직의 주요 인물들을 나열하고 각자의 역할, 관심사, 영향력의 크기, 제안에 대한 태도를 구조화해 시각화함으로써 누구를 통해 메시지를 전달할지, 어떤 부분을 강조할지를 전략적으로 판단할 수 있다. 예를 들어 구매팀에는 비용 효율성, 품질팀에는 안정성, 경영진에게는 장기적 전략 가치를 강조하는 식으로 메시지를 맞춤화하면 설득력을 높일 수 있다.

한 식품 기업이 대형마트와 납품 계약을 논의할 당시, 처음에는 구매팀 담당자와만 협상했다. 그러나 여러 차례 회의를 거치는 동안, 실제 결정권은 품질관리팀에 있다는 사실을 파악하게 됐다. 품질관리팀장은 과거 식품안전 사고를 겪은 이후 납품업체 선정에 매우 신중했으며, 가격보다는 위생관리 시스템과 납품 안정성을 최우선으로 고려하고 있었다.

이에 협상팀은 전략을 전면 수정했다. 가격 인하보다는 HACCP 인증 강화 계획, 실시간 재고 관리 시스템 구축, 비상시 대체 공급 체계 마련 등을 중심으로 제안서를 재작성했다. 그 결과 협상은 빠르게 타결됐고, 이후 추가 매장 입점 기회로까지 이어졌다. 겉으로 드러난 상대가 아닌, 실제로 결정을 움직이는 사람을 정확히 파악한 것이 협상의 흐름을 바꾼 결정적 전환점이었다.

3. 기회요인 분석

기회요인 분석은 협상에서 우리가 활용할 수 있는 유리한 포인트를 찾는 과정이다. 이는 단순히 상대의 약점을 파악하는 것이 아니라, 우리에게 유리하게 작용할 수 있는 시장 환경, 정책 변화, 기술 트렌드, 경쟁 상황 등을 폭넓게 살펴보는 것이다. 즉, 협상의 주도권을 확보할 수 있는 요인을 발견하고, 이를 전략적으로 활용하는 것이 핵심이다.

기회요인은 크게 두 가지 영역에서 나타난다. 하나는 시장 흐름, 정부 정책, 소비자 선호, 기술 변화, 산업 규제 등 외부 환경의 변화다. 다른 하나는 상대의 내부 상황이다. 예컨대 상대의 긴급한 일정, 자원 부족, 내부 과제, 경쟁사 압박 등도 협상의 기회가 될 수 있다.

그러나 기회요인을 발견하는 것만으로는 충분하지 않다. 그것을 협상 테이블 위에서 구체적인 조건으로 전환하는 전략이 필요하다. 예를 들어 정부 보조금 정책의 존재를 아는 것과 그것을 활용해 공동 프로젝트를 설계하고 제안하는 것은 전혀 다른 차원의 일이다. 특히 기회요인 분석은 상대방 분석과 결합할 때 더 큰 효과를 발휘한다. 상대의 인터레스트(예: 현금 흐름 개선)와 기회요인(예: 정부 지원금 프로그램)을 연결하면, 단순한 가격 양보가 아닌 상호 이익에 기반한 창조적 대안을 도출할 수 있다.

한 물류회사는 거래처와 운송 단가 인상을 두고 갈등을 겪고 있었다. 유류비 상승을 이유로 단가 인상을 요구했지만, 거래처는 예산 제약을 들어 이를 거절했고, 협상은 교착 상태에 빠졌다. 그러던 중 시장 조사를 통해 정부가 친환경 물류 지원 정책을 추진 중이며, 전기트럭 구매 시 최대 40%까지 보조금을 지원한다는 사실을 확인했다. 동시에, 거래처가 최근

ESG 경영을 강화하며 탄소중립 목표를 공식 발표했다는 점도 파악됐다.

이에 따라 협상팀은 전략을 전환했다. 단가 인상 요구를 철회하는 대신, 전기트럭 도입을 공동 프로젝트로 제안한 것이다. 정부 보조금을 함께 활용하고, 거래처는 물류 파트너사의 친환경 전환을 지원한 사례를 ESG 보고서에 반영할 수 있도록 했다. 결과적으로 양측은 단가를 유지하면서도 장기적으로는 비용 절감 효과를 얻었고, 거래처는 ESG 이미지 제고라는 부가 가치를 확보했다.

4. 위협요인 분석

위협요인 분석은 협상에서 우리에게 불리하게 작용할 수 있는 시장 환경, 내부 자원, 법적 리스크 등 다양한 요인을 사전에 파악하고, 이에 대한 대응 전략을 마련하는 단계다. 핵심은 최악의 상황을 가정하고 그에 대비한 대안, 최소 목표선, 결렬 시 선택지를 명확히 설정하는 것이다. 이는 협상이 흔들릴 때 기준점을 유지하는 데 도움을 준다.

발견한 위협요인은 단순히 인식에 그치지 않고, 계약 구조에 방어 조항으로 반영해야 한다. 예를 들어 환율 변동 조항이나 가격 재협상 조건 등은 피해를 최소화하고 협상의 지속 가능성을 높인다. 또한 위협요인은 이해관계자 분석과도 연결되어, 내부 반대 세력과 외부 환경 악화가 결합될 경우 협상에 미치는 영향을 예측하고 선제적으로 대응해야 한다.

한 IT 서비스 기업은 동남아시아의 한 국가에서 대형 고객사와 3년짜리 시스템 유지보수 계약을 추진 중이었다. 계약 금액은 약 200만 달러 규모였고, 협상은 거의 마무리 단계에 있었다. 그런데 협상팀이 현지 정치 상황을 모니터링하던 중, 총선을 앞두고 정국이 불안정하며 야당이 외환 통제 강화를 공약으로 내세우고 있다는 사실을 확인했다. 만약 환율이 급변하면, 원화 기준으로 계약 수익성이 크게 악화될 수 있었다. 이는 명백한 위협요인이었다.

협상팀은 계약 체결을 서두르는 대신, 계약서에 환율 변동 조정 조항을 추가했다. 계약 체결 시점 대비 환율이 10% 이상 변동할 경우, 분기별로 계약 금액을 자동 조정하는 방식이었다. 고객사는 처음에는 조항 추가를 거부했지만, 협상팀은 환율 급등 시 서비스 품질 유지가 어려워질 수 있다는 점을 강조하며 설득했다. 양측은 상한선과 하한선을 설정한 조정 조항에 합의했다.

몇 달 뒤 실제로 총선 결과에 따른 정책 불확실성으로 환율이 15% 급등했다. 그러나 회사는 계약 조항에 따라 금액을 조정받았고, 손실 없이 계약을 유지할 수 있었다. 만약 이 조항이 없었다면, 계약은 적자를 감수하거나 중도 해지를 협의해야 하는 상황을 겪게 됐을 것이다.

현황 분석의 네 가지 요소는 각각 따로 존재하지 않는다. 이들은 서로 연결되며, 전체 협상 전략을 유기적으로 구성한다. 상대방 분석에서 파악한 제약은 기회요인으로 전환될 수 있고, 이해관계자 분석에서 확인한 결정권자의 우선순위는 위협요인 대응 방식에 직접적인 영향을 미친다.

협상가는 이 네 가지 요소를 하나의 흐름으로 엮어야 한다. 상대방 분석으로 상대의 필요와 배경을 파악하고, 이해관계자 분석으로 누가 실제로 결정하며 무엇을 중시하는지 확인한다. 기회요인 분석으로 유리한 외부

환경을 포착하고, 위협요인 분석으로 잠재적 리스크에 대비하는 방안을
설계한다.

상대방 분석　　　이해관계자 분석　　　기회요인 분석　　　위협요인 분석

현황 분석 네 가지 요소

드라마 〈미생〉 속 명장면

오 차장은 중요한 거래처 접대를 앞두고 있었다. 상대는 업계에서 '가
장 까다로운 인물'로 알려진 민 대표였다. 소문에 따르면 그는 2차 접대를
당연하게 여기며, 2차가 없으면 이미 맺은 계약도 뒤집는다는 말까지 돌았
다. 오 차장은 난감했다. 아무리 큰 거래라도 자신이 용납할 수 없는 일은
하지 않는다는 원칙이 있었다. 하지만 팀 전체의 성패가 걸린 계약을 쉽게
포기할 수도 없었다. 신념과 현실 사이에서 깊은 고민이 이어졌다.

그는 단순한 '감'이 아니라, 정보에서 해답을 찾기로 했다. 오 차장은 민
대표에 대한 모든 공개 자료를 뒤졌다. 기사, 인터뷰, 사진, 주변 인물의 이
야기까지 샅샅이 살폈다. 그러던 중 한 잡지 기사에서 결정적인 단서를 발
견했다. 민 대표가 최근 아내와 함께 귀국했고, 접대 날짜는 공교롭게도
그들의 결혼기념일 무렵이었다. 게다가 민 대표가 아내에게 유독 약하다는
이야기까지 들을 수 있었다.

1. 상대방 분석	민 대표의 '2차 접대 요구'는 단순한 향락이 아니라, 상대의 태도를 시험하는 방식이었다. 그에게 진짜 중요한 것은 자신에 대한 존중과 배려였다.
2. 이해관계자 분석	민 대표뿐 아니라 그의 아내가 실질적인 영향력을 가지고 있었다. 아내의 감동이 곧 민 대표의 결정을 움직일 수 있다는 통찰을 얻었다.
3. 기회요인 분석	결혼기념일이라는 타이밍과 아내를 중시하는 민 대표의 성향이 맞물리며 새로운 접근의 가능성이 열렸다.
4. 위협요인 분석	2차를 거절하면 계약이 무산될 수 있고, 반대로 원칙을 꺾으면 팀 내 신뢰를 잃을 수 있었다. 양쪽 위험 사이에서 제3의 해법을 찾아야 했다.

오 차장의 현황 분석

그 순간, 전략이 떠올랐다. 오 차장은 '2차 접대' 대신, 민 대표의 아내를 중심에 둔 이벤트를 기획했다. 공식 접대가 끝난 후, 미리 양해를 구한 아내를 조용히 초대해 결혼기념일을 기념하는 작은 자리를 마련한 것이다. 민 대표는 예상치 못한 배려에 깊이 감동했고, 스스로 계약 물량을 2배로 늘리겠다는 뜻을 밝혔다.

이 사례는 정보가 어떻게 전략으로 전환되는지를 잘 보여준다. 만약 오 차장이 단지 '2차를 거부하겠다'라는 신념만 고수했다면, 협상은 원칙과 손실 사이의 딜레마로 끝났을 것이다. 하지만 그는 원칙을 지키면서도 성과를 낼 수 있는 해법을 네 가지 분석 요소를 통합하는 과정에서 찾아냈다.

"어떻게 그런 기발한 생각을 할 수 있었느냐?"라는 장그래의 질문에 오 차장은 이렇게 답했다.

"모든 건 자료 속에 있어. 앉으나 서나 자료 조사, 자료 속에 왕도가 있는 법이야."

위기를 기회로 바꾼 세기의 협상

1912년 미국 대통령 선거 유세를 앞둔 시어도어 루스벨트(Theodore Roosevelt) 캠프에서 조지 퍼킨스(George Perkins) 선거본부장은 심각한 문제를 발견했다. 선거용으로 제작된 홍보 팸플릿 300만 부에 실린 루스벨트의 사진에 'Copyright Moffett Studios, Chicago(모펫 스튜디오(시카고) 저작권 소유)'라는 문구가 인쇄되어 있었던 것이다. 선거에 집중하느라 사진의 저작권자에게 사용 허락을 받지 않고 인쇄를 진행한 치명적인 실수였다.

COPYRIGHT MOFFETT STUDIOS, CHICAGO

모펫 스튜디오 저작권 소유가 표시된 홍보 팸플릿

루스벨트는 미국의 제26대 대통령으로, 후임자 윌리엄 하워드 태프트(William Howard Taft) 대통령의 실망스러운 국정 운영에 반발해 정계에 복귀했다. 선거가 막바지로 접어들며 경쟁은 더욱 치열해졌고, 선거본부는 지방 유세를 통해 판세를 뒤집을 전략을 마련했다. 조지 퍼킨스 본부장은 루스벨트의 사진과 연설문이 담긴 홍보용 팸플릿을 대규모로 배포해 유권자들을 공략하고자 했다. 이미 인쇄된 팸플릿 300만 부는 화물 객차에 실려 전국 각지로 출발할 준비를 마친 상태였다.

만약 저작권 문제가 실제로 불거진다면, 이는 루스벨트 후보에게 정치적으로도, 재정적으로도 치명적인 타격이 될 수 있었다. 당시 저작권법에 따르면, 사진 저작권자는 무단 사용에 대해 한 장당 1달러를 청구할 수 있었고, 소송으로 이어질 경우 최대 300만 달러에 달하는 배상금이 발생할 수 있는 상황이었다.[15] 이는 선거 캠프가 감당할 수 없는 액수였다. 더 큰 문제는 시간이었다. 이미 제작된 300만 부의 팸플릿을 다시 인쇄하기에는 비용 부담도 막대했고, 선거 일정 역시 여유가 없었다. 해결책은 신속하면서 비용을 최소화해야만 했다.

가장 단순한 해결책은 팸플릿 없이 선거를 치르는 것이었다. 하지만 그것은 곧 대통령 당선을 포기하겠다는 말과 다르지 않았다. 당시에는 후보자의 메시지를 대중에게 전달할 수단이 거의 없었고, 지방 유세 현장에서 국민들에게 팸플릿을 직접 나눠주는 것이 유일한 방법이었다. 팸플릿 없이 선거를 치른다는 것은 오늘날 SNS나 유튜브 없이 선거를 치르겠다는 것과 같은 의미였다. 결국 남은 선택지는 하나였다. 저작권자에게 사진 사용료를 대폭 낮춰달라고 협상하는 수밖에 없었다.

하지만 퍼킨스는 전혀 다른 선택을 했다. 그는 모펫 스튜디오에 전보를 보냈다.

"선거 홍보 팸플릿 수백만 부의 커버에 루스벨트 후보의 사진을 인쇄해 배포할 계획입니다. 사진이 실리게 되면 전국적으로 귀사의 스튜디오를 알릴 수 있는 절호의 기회입니다. 귀사의 스튜디오 사진을 실어주는 대가로 얼마를 낼 용의가 있는지 확인 후, 즉시 답변 바랍니다(We are planning to distribute millions of pamphlets with Roosevelt's picture on the cover. It will be great publicity for the studio whose photograph we use. How much will you pay us to use yours? Respond immediately)."

스튜디오의 답변은 이랬다.

"이런 제안에 응해본 적은 없지만 250달러를 낼 용의가 있습니다(We've never done this before, but under the circumstances we'd be pleased to offer you $250)."

결국 조지 퍼킨스는 300만 달러의 잠재적 손실과 대통령 선거라는 중대한 위기를 단 한 통의 전보로 해결했다. 선거 캠페인은 차질 없이 진행됐고, 팸플릿은 그대로 전국에 배포됐다. 불가능해 보이던 상황을 어떻게 이렇게 간단히 해결할 수 있었을까? 퍼킨스의 선택은 단순한 기지가 아니라, 철저한 판단과 전략의 결과였다. 이 사례를 현황 분석의 네 가지 요소, 즉 상대방 분석, 이해관계자 분석, 기회요인 분석, 위협요인 분석 관점에서 다시 들여다보자.

1. 상대방 분석

퍼킨스가 가장 먼저 파악한 것은 상대의 실체였다. 모펫 스튜디오는 시카고의 중소 규모 스튜디오로, 대중적 인지도가 높지 않았다. 대형 스튜디오였다면 충분한 명성을 바탕으로 저작권료만을 추구했겠지만, 중소 스튜디오는 달랐다. 그들에게는 당장의 수익보다 향후 사업 확대를 위한 인지도 확보가 더 절실했다. 퍼킨스는 이 차이를 놓치지 않았다.

또한 저작권자의 입장에서 보면, 이미 촬영을 마친 사진에 대해 추가

협상 레볼루션

비용이 드는 것도 아니었다. 만약 팸플릿 300만 부에 스튜디오 이름이 노출된다면, 이는 당시 기준으로 상상할 수 없는 수준의 전국적 광고 효과였다. 퍼킨스는 저작권자가 진정으로 원하는 것이 무엇인지 꿰뚫어 봤다. 그는 상대가 돈보다는 장기적인 사업 기회를 원하고 있다는 점을 정확히 읽어냈다.

2. 이해관계자 분석

퍼킨스는 이 협상이 단순히 저작권자 개인과의 거래가 아니라, 더 넓은 이해관계가 얽힌 문제임을 명확히 인식하고 있었다. 만약 이 사안이 언론에 공개된다면, 루스벨트 캠프뿐 아니라 모펫 스튜디오에도 부담이 될 수 있었다. 대통령 후보와의 법적 분쟁은 중소 스튜디오에게 결코 긍정적인 브랜드 이미지로 작용하지 않는다. 오히려 업계에서 회피 대상이 될 수도 있었다.

또한 퍼킨스는 스튜디오 내부의 의사결정 구조를 간파했다. 이 협상은 법적 청구 문제가 아니라, 사업 기회를 둘러싼 전략적 판단의 문제로 전환될 가능성이 높았다. '전국적 노출 기회를 얼마에 살 것인가?'가 경영진의 핵심 고민이 될 것이며, 최종 판단은 법무팀이 아닌 비즈니스 관점에서 이루어질 것임을 퍼킨스는 예측했다. 그는 상대 조직 내의 결정 흐름을 분석하고, 그들이 어떻게 판단할지를 구조적으로 설계한 것이다.

3. 기회요인 분석

퍼킨스가 가장 창의적으로 활용한 것은 기회요인이었다. 일반적으로 보면, 대통령 후보의 사진을 급히 사용해야 하고, 그것도 300만 부의 팸플릿에 인쇄할 예정이라면 이는 협상에서 우리의 약점처럼 보인다. 상대는 이를 근거로 높은 저작권료를 요구할 수 있다고 판단할 가능성이 크다.

하지만 퍼킨스는 이 조건들을 정반대로 해석했다. 팸플릿 300만 부는 비용 부담이 아니라, 상대에게 제공할 수 있는 '기회'로 전환될 수 있는 자산이었다. 루스벨트라는 인물, 전국적인 유세, 그리고 그 과정에서 배포되는 팸플릿은 곧 '모펫 스튜디오'라는 이름이 전국적으로 알려질 수 있는 대규모 광고 매체가 되는 셈이었다. 퍼킨스는 저작권료를 두고 거래하는 대신, '전국 노출'이라는 가치를 중심으로 협상의 틀을 바꿨다. 그는 '무엇이 우리에게 유리한가?'를 넘어서, '그 유리함을 어떻게 협상의 제안으로 설계할 것인가'를 정확히 실행한 것이다.

4. 위협요인 분석

퍼킨스는 위협요인을 정확히 인식하고 있었다. 만약 저작권자가 법적 대응에 나서면, 사진 한 장당 1달러씩 총 300만 달러의 배상금을 요구할 수 있는 상황이었다. 시간도 없었다. 선거 일정은 촉박했고, 이미 인쇄된 팸플릿을 다시 제작할 여유도 없었다. 협상이 결렬되면 선거 전략 자체가 무너질 위기였다.

하지만 퍼킨스는 이 위협을 정면 돌파하지 않았다. 그는 사과하거나 변명하지 않았고, 저작권 침해라는 말도 꺼내지 않았다. 대신 새로운 프레임을 제시했다. 저작권료 협상이 아닌 '전국 광고 기회'라는 관점으로 논의를 전환해, 법적 대응을 고려할 명분 자체를 없앴다. 여기에 "즉시 답변 바랍니다(Respond immediately)"라는 문구를 추가해 상대가 장고 끝에 법률 자문을 받는 상황을 원천 차단했다. 퍼킨스는 위협을 피하는 대신, 그것이 작동할 구조 자체를 없애버렸다.

현황 분석의 네 가지 요소를 완성했다면, 협상 준비의 핵심 단계를 통과한 것이다. 이제 협상가는 '누가 상대인지', '누가 결정에 영향을 미치는지', '어떤 기회를 활용할 수 있는지', '무엇을 경계해야 하는지'를 분명히 이해하고 있다.

그러나 정보를 아는 것과 그것을 전략으로 전환하는 것은 전혀 다른 문제다. 수백 페이지에 달하는 조사 자료가 있어도, 그것이 협상 테이블에서 어떤 말과 행동으로 이어져야 하는지 모른다면 소용없다. 정보는 단순히 수집하는 것이 아니라, 연결하고 구조화하며 판단의 기준으로 재구성할 때 비로소 힘을 갖는다.

오 차장은 민 대표의 결혼기념일이라는 정보를 통해 원칙을 지키면서도 계약을 성사했고, 퍼킨스는 중소 스튜디오의 인지도 인터레스트를 간파해 300만 달러의 위기를 250달러의 기회로 바꿨다. 이들이 성공한 이유는 많은 정보를 갖고 있었기 때문이 아니라, 현황 분석의 네 가지 요소를 하나의 유기적인 전략으로 통합했기 때문이다.

협상 테이블에 앉기 전에 스스로한테 물어야 할 질문은 분명하다. '나는 지금 상대를 제대로 이해하고 있는가? 결정권자와 그 주변의 영향력을 파악했는가? 활용할 기회와 대비해야 할 위협을 명확히 준비했는가?' 이 질문에 자신 있게 '예'라고 답할 수 있다면, 이제 다음 단계로 나아갈 준비가 된 것이다. 이제 무엇을 얻을 것인가? 구체적인 목표를 설정할 차례다.

제8강
우선순위를 정하고, 수치로 계획하라

Q. 협상 목표는 어떻게 설정해야 하는가?

협상은 목표를 세우는 순간, 방향이 정해진다. 여기서 말하는 목표는 '좋은 조건을 받아내자'라는 막연한 바람이 아니다. 목표는 협상의 방향이자 판단의 기준이며, 협상가가 선택과 결정을 내리는 중심축이다. 목표가 흐릿하면 판단도 흐려지고, 감정이나 즉흥적인 상황에 쉽게 흔들린다. 반대로 목표가 명확할수록 협상의 흐름을 주도할 수 있다.

협상에는 항상 변수가 많다. 상대가 예상보다 강하게 나오거나, 갑작스러운 요구를 제시하기도 한다. 감정적 압박이 들어올 때 우선순위가 흔들리는 경우도 많다. 이때 목표가 정리되어 있지 않다면, 상황에 끌려 반응하게 되고, 중요한 것을 놓친 채 사소한 문제에 매몰되는 일이 반복된다.

그래서 목표에는 우선순위가 필요하다. 모든 것을 얻을 수는 없다. 협상은 선택의 연속이고, 선택은 기준이 있을 때 힘을 가진다. 무엇이 가장 중요한지, 무엇을 양보할 수 있는지, 무엇을 절대 놓쳐서는 안 되는지를 분명히 정하는 순간, 협상은 단순해지고 집중도가 높아진다.

목표 설정의 효과

한 회사의 두 팀이 비슷한 시기에 고객 서비스 개선 프로젝트를 시작했다. A팀 팀장은 킥오프 미팅에서 이렇게 말했다.

"우리 목표는 고객 만족도를 높이는 겁니다. 다들 열심히 해봅시다."

하지만 문제는 바로 거기서 시작됐다. '고객 만족도 향상'이라는 말이 팀원마다 다르게 해석됐기 때문이다. 어떤 이는 응답 속도 개선을, 어떤 이는 상담 품질을, 또 다른 이는 시스템 업그레이드를 우선과제로 삼았다. 목표가 모호하니 전략도 제각각이었다.

3개월 후, A팀은 우선순위가 정리되지 않아 회의 때마다 방향성 논쟁이 반복됐다. 프로젝트는 지연됐고, 예산도 초과됐다. 명확한 목표 없이 시작된 협업은 결국 혼선으로 이어졌다.

반면 B팀 팀장은 이렇게 계획했다.

"3개월 내에 고객 만족도를 75점에서 85점으로 올립니다. 이를 위해 응답 시간을 24시간에서 6시간으로 단축하고, 1차 해결률을 60%에서 80%로 높이겠습니다."

목표가 구체적이니 전략도 자연스럽게 정리됐다. 팀은 2개의 실행 그룹으로 나뉘어 각 과제에 집중했고, 매주 수치로 진행 상황을 점검하는 체계를 운영했다.

그 결과 B팀은 예정보다 2주 먼저 목표를 달성했고, 고객 만족도는 87점까지 상승했다. 명확한 목표가 빠른 실행과 성과로 이어진 것이다.

구체적인 목표는 협상 준비와 전략 수립의 방향을 제시한다. 막연히 '가격을 좀 낮춰달라'라는 식의 목표로는 무엇을 조사하고 어떤 근거를 마련해야 할지, 상대에게 어떤 주장을 펼쳐야 할지 전략을 세우기 어렵다. 반면 '현재 100만 원을 85만 원으로 15% 인하'라는 명확한 목표가 있다면, 시장 가격 조사, 경쟁사 견적 비교, 대량 구매 할인 근거 등 필요한 자료를 체계적으로 준비할 수 있고, 이를 바탕으로 구체적인 협상 전략을 구성할 수 있다.

목표는 방향을 잡아주고, 자원을 효율적으로 배분하게 하며, 전략 설계의 토대가 되고, 의사결정의 기준이 되며, 성과를 점검할 수 있는 척도가 된다. 목표가 없으면 협상이 성공했는지조차 판단하기 어렵다. '목표했던 가격을 달성했는가?', '핵심 조건을 확보했는가?'라는 질문을 통해 결과를 평가할 수 있고, 이를 바탕으로 다음 협상을 더 정교하게 준비하며 협상 역량을 지속적으로 향상시킬 수 있다.

목표 설정 3단계

효과적인 목표 설정은 단순한 결심이 아니라, 체계적인 과정을 통해 이루어진다. 협상 목표는 보통 세 단계에 걸쳐 설정된다.

1. 첫 번째 단계, 협상 안건을 도출하라

목표 설정의 첫 번째 단계는 이번 협상에서 다루어질 모든 안건을 빠짐없이 파악하는 것이다. 가격, 수량, 납기, 품질, 서비스, 결제 조건 등 눈에 보이는 항목은 물론, 상대가 직접 언급하지 않더라도 협상에 영향을 줄 수 있는 숨은 쟁점까지 찾아내야 한다.

많은 협상가가 가장 눈에 띄는 조건, 특히 가격이나 금액에만 집중하는 실수를 범한다. 그러나 협상은 단일 쟁점이 아니라 여러 요소가 얽힌 복합적인 과정이다. 계약 금액 못지않게 지불 조건이 중요할 수 있고, 납기가 품질보다 우선일 수도 있으며, 사후 서비스가 초기 가격보다 장기적으로 더 큰 가치를 가질 수도 있다.

또한 안건을 파악할 때는 표면적인 요구사항만 듣고 끝내지 말고, 그 이면에 있는 이해관계와 연결된 요소들을 함께 분석해두는 것이 중요하다.

예를 들어 소프트웨어 공급 계약이라면 단순히 라이선스 비용만 볼 것이 아니라, 유지보수 범위, 업데이트 주기, 기술 지원 응답 시간, 데이터 마이그레이션 지원, 교육 프로그램 제공, 계약 기간, 사용자 수 증가 시의 추가 비용 구조까지 포함해야 한다.

원자재 구매 계약이라면 단가 외에도 최소 주문 수량, 재고 보관 책임, 품질 불량 시의 반품 조건, 가격 변동 조정 메커니즘, 독점 공급 여부 등을 고려해야 한다.

부동산 임대차 계약이라면 월세뿐 아니라 관리비 항목의 범위, 수선 책임, 계약 갱신 조건, 중도 해지 조건, 권리금 문제, 시설 개선에 대한 투자 회수 조건까지 검토할 필요가 있다.

2. 두 번째 단계, 우선순위를 설정하라

안건을 모두 파악했다면, 다음 단계는 우선순위를 정하는 일이다. 협상에서 모든 항목이 똑같이 중요한 것은 아니다. 모든 것을 얻으려 하면 결국 아무것도 얻지 못한다. 핵심은 선택과 집중이다.

우선순위가 명확해야 협상 중에도 양보와 타협의 경계가 분명해지고, 전략적인 교환이 가능해진다. 반대로 우선순위 없이 협상에 임하면 상대의 제안에 즉흥적으로 반응하게 되고, 정작 중요한 것은 놓친 채 사소한 조건에 집착하는 실수를 하게 된다.

우선순위를 정할 때는 안건을 세 가지 범주로 나누는 방식이 효과적이다.

1) 핵심 목표(Must Have)

핵심 목표는 반드시 달성해야 하는 조건으로, 충족되지 않으면 협상 자체가 무의미해진다. 이는 협상의 존재 이유이자, 절대 타협할 수 없는 기준이다. 핵심 목표는 가능한 한 1~2개로 제한해야 하며, 너무 많아지면 우선순위의 의미가 사라지고 협상 결렬 가능성만 커진다.

핵심 목표를 정할 때는 '이 조건이 충족되지 않으면 협상 자체가 불필요하다'라는 기준을 적용해야 한다. 예를 들어, 원자재 구매 협상에서는 '톤당 단가 50만 원 이하 확보'가 될 수 있다. 이 기준을 넘으면 생산이 적자이기 때문에 협상을 지속할 의미가 없다. 소프트웨어 도입 협상이라면 '기존 시스템과의 완전한 호환성'이 핵심 목표일 수 있다. 호환이 되지 않으면 아무리 가격이 좋아도 도입 자체가 불가능하기 때문이다.

2) 조정 가능 목표(Nice to Have)

조정 가능 목표는 확보를 우선하되, 상황에 따라 양보할 수 있는 조건이다. 얻으면 좋지만, 얻지 못해도 협상 자체가 실패한 것은 아니다. 다른 조건과 교환 가능한 유연한 영역이며, 협상 전략에 여지를 만들어준다.

이 목표는 핵심 목표를 지키기 위한 완충 지대 역할을 한다. 상대가 강하게 압박할 때 이 항목들에서 양보함으로써, 핵심을 지킬 수 있다. 보통이 범주는 3~5개 정도로 정리하는 것이 적절하다.

예를 들어 원자재 구매 협상에서 조정 가능 목표는 '월 최소 주문량 20톤 이하', '결제 조건 60일 이내', '품질 불량률 1% 이하 보장'과 같은 조건들이다. 모두 중요하지만, 핵심 목표인 단가를 지키기 위해서라면 일부 조정이 가능하다.

소프트웨어 도입 협상에서는 '구축 기간 3개월 이내', '무상 교육 20시간 이상', '1년간 무상 기술 지원'이 조정 가능 목표가 될 수 있다. 이 역시 확보를 시도하되, 상황에 따라 교환할 수 있는 항목들이다.

3) 양보 카드(Trade-off)

양보 카드는 필요하면 내줄 수 있는 조건으로, 전략적으로 활용하는 도구다. 우리에게는 중요도가 낮지만, 상대에게는 가치가 클 수 있는 항목들로 구성된다. 협상은 주고받는 과정이며, 아무런 양보 없이 원하는 것을 얻기는 어렵다.

하지만 양보 카드를 미리 준비해두면, 덜 중요한 것을 내주고 더 중요한 것을 지킬 수 있다. 양보는 약함이 아니라 전략이다. 무엇을 양보할지 사전에 정해두면, 협상 중에도 당황하지 않고 계획된 양보를 실행할 수 있다. 3~4개 정도의 양보 카드를 준비해두는 것이 적절하다.

예를 들어 원자재 구매 협상에서 양보 카드는 '계약 기간 2년 연장', '물량 변동 통보 기한 30일 확대', '공급업체 로고를 제품 포장에 표기' 같은 항목이 될 수 있다. 이런 조건은 우리에게 큰 부담이 아니지만, 공급업체 입장에서는 공급 안정성이나 브랜드 노출 측면에서 의미 있는 가치가 된다.

소프트웨어 도입 협상에서는 '3년 장기 계약', '타 부서 도입 시 우선 협의', '성공 사례로의 활용 허용' 등이 대표적인 양보 카드다. 이처럼 상대에게 의미 있고, 우리에게는 상대적으로 중요도가 낮은 조건을 미리 설정해두면, 협상에서 효과적인 교환 수단으로 활용할 수 있다.

3. 세 번째 단계, 목표를 구체적인 수치로 표현하라

우선순위를 정했다면, 이제 각 목표를 구체적이고 측정 가능한 형태로 바꿔야 한다. '가격을 좀 낮춰달라', '빠른 납기를 받고 싶다', '좋은 조건으로 계약하고 싶다' 같은 표현은 목표가 아니다. 이런 막연한 바람은 무엇을 조사하고 어떤 근거를 마련해야 할지 방향을 잡지 못하게 만들고, 협상 중에도 요구 수용 여부를 판단할 기준이 되지 못한다.

목표는 반드시 숫자로 표현되어야 한다. 예를 들어 '현재 톤당 55만 원에서 50만 원으로 9% 인하', '납기를 8주에서 6주로 단축', '무상 AS 기간을 1년에서 3년으로 연장', '결제 조건을 선급 30%에서 15%로 조정'처럼 구체적인 수치가 들어가야 한다. 숫자는 표현의 모호함을 없애고, 목표의 달성 여부를 명확히 판단할 수 있도록 도와준다.

첫째, 준비의 방향이 명확해진다. '가격을 낮춰달라'라는 식의 목표로는 무엇을 조사하고, 어떤 근거를 마련해야 할지 알기 어렵다. 하지만 '9% 인하'처럼 구체적인 수치가 제시된 목표가 있으면, 시장 가격 조사, 경쟁 공급업체 견적 비교, 대량 구매 할인 사례, 원자재 가격 추이 등 실질적인 자료를 준비할 수 있다.

둘째, 상대에게 명확한 신호를 보낼 수 있다. 막연한 요구는 상대를 혼란스럽게 만들고, '도대체 얼마를 원하는 거지?'라는 의문만 남긴다. 하지만 구체적인 숫자가 제시되면, 상대는 요구의 범위를 정확히 이해하고 수용 가능 여부를 빠르게 판단할 수 있다. 이는 협상 시간을 줄이고, 불필요한 소모전을 피하는 데 도움이 된다.

셋째, 협상 중 판단의 기준이 생긴다. 상대가 "톤당 52만 원은 어떻습니까?"라고 제안했을 때, 목표가 '50만 원'이라면 곧바로 '2만 원이 높다'라고 인식할 수 있다. 이 차이를 받아들일 수 있는지, 아니면 다른 조건과 맞바꿀 수 있는지를 전략적으로 판단하게 된다. 숫자는 감정을 배제하고 협상을 이성적으로 이끄는 도구가 된다.

넷째, 성과 평가가 가능해진다. 협상이 끝난 뒤 '50만 원 목표 대비 51만 원에 합의했고, 대신 최소 주문량을 25톤에서 20톤으로 줄였다'라는 결과를 정확하게 평가할 수 있다. 이렇게 구체적인 기록이 남아 있으면, 다음 협상을 더 체계적으로 준비할 수 있고, 협상 기술도 지속적으로 발전시킬 수 있다.

정성적 목표도 측정 가능하게 만들어라

모든 목표를 반드시 수치로 표현할 수 있는 것은 아니다. 신뢰 구축, 장기적 관계 유지, 기업의 평판처럼 정성적인 목표도 협상에서 중요한 요소다. 특히 일회성 거래가 아니라 장기적인 협력 관계가 중요한 협상에서는 단기 조건 못지않게 관계의 질이 협상의 핵심이 될 수 있다.

정성적 목표는 그대로 두면 막연하지만, 관찰 가능한 행동이나 결과로 바꾸면 측정이 가능해진다. 예를 들어 '신뢰 관계 구축'이라는 목표는 '분기별 정기 미팅 3회 이상 진행', '주요 의사결정 시 48시간 내 피드백', '긴급 상황 발생 시 24시간 내 대응'처럼 구체적인 행동 기준으로 전환할 수 있다.

마찬가지로 '안정적 공급망 확보'는 '연간 납기 준수율 95% 이상', '품질 불량률 1% 이하', '긴급 주문 시 72시간 내 대응'과 같은 수치로 정의할 수 있다. '전략적 파트너십' 역시 '3년 계약 + 2년 연장 옵션 포함', '연간 거래액 전년 대비 10% 이상 증가', '공동 제품 개발 프로젝트 연 1건 이상'처럼 정량화할 수 있다.

협상 레볼루션

정성적 목표	vs	측정 가능한 목표
신뢰 관계 구축	vs	분기별 정기 미팅 3회 이상 진행 주요 의사결정 시 48시간 내 피드백 긴급 상황 발생 시 24시간 내 대응
안정적 공급망 확보	vs	연간 납기 준수율 95% 이상 품질 불량률 1% 이하 긴급 주문 시 72시간 내 대응
전략적 파트너십	vs	3년 계약 + 2년 연장 옵션 포함 연간 거래액 전년 대비 10% 이상 증가 공동 제품 개발 프로젝트 연 1건 이상

정성적 목표와 측정 가능한 목표

이처럼 정성적 목표도 구체적인 수치와 행동 기준으로 바꾸면 협상의 명확한 조건이 된다. 더 중요한 것은 정성적 목표와 정량적 목표 사이의 우선순위를 명확히 정해두는 일이다. 정성적 목표는 대개 장기적인 가치와 연결되기 때문에, 단기 이익과 충돌할 가능성이 있다. 이런 상황에 대비해 어느 쪽을 우선할지 미리 결정해두는 것이 협상 전략의 핵심이다.

목표 설정에 관한 심리학 이론들

목표를 세운다는 것은 단순히 계획을 작성하는 행위가 아니다. 심리학에서는 목표를 인간의 행동을 촉발하고 유지시키는 가장 강력한 동기로 본다. 목표는 행동의 출발점이며, 생각을 실제 행동으로 전환하게 만드는 에너지의 근원이다.

미국의 조직심리학자 에드윈 록(Edwin Locke)과 게리 레이섬(Gary Latham)은 25년에 걸친 연구를 통해 '목표 설정 이론(goal-setting theory)'[16]을 정립했다. 이들은 다양한 실험과 사례 분석을 통해 일관된 결론에 도달했다. 목표가 구체적이고 명확할수록 사람은 더 집중하고, 더 높은 성과를 내며, 더 오래 행동을 지속한다.

협상은 정보가 빠르게 오가는 환경이다. 상대의 제안, 새로운 조건, 시간적 압박이 겹치면서 매 순간 결정을 요구한다. 이때 목표는 뇌가 불필요한 판단을 줄이고, 중요한 것에 에너지를 집중하도록 돕는다. 심리학에서는 이를 '인지 부하 감소(cognitive load reduction)'라고 부른다. 우선순위와 목표가 명확하면, 뇌는 모든 정보를 동일하게 처리하려 하지 않는다. 무엇을 선택해야 하는지 이미 알고 있으므로 판단 속도는 빨라지고, 판단의 질 또한 높아진다.

목표는 감정을 통제하는 기능도 한다. 사람은 이익을 얻는 기쁨보다 손실을 피하려는 두려움을 더 크게 느낀다. 행동경제학에서는 이를 '손실 회피(loss aversion)'라고 부른다. 협상 과정에서 '이 조건을 놓칠지도 모른다'라는 불안은 판단을 흐리게 만든다. 그러나 '비수용 기준선'이 명확하면 흔들림이 줄어든다. '이 선을 넘으면 받아들이지 않는다'라는 기준이 있는 사람은 감정의 파도 속에서도 중심을 잃지 않는다. 목표는 상대를 제압하기 위한 무기가 아니라, 스스로를 지키는 '내적 나침반'이다.

목표는 협상 초반에 내가 무엇을 중시하는지를 스스로 각인시키는 역할도 한다. 심리학에서는 이를 '앵커링 효과'라고 한다. 처음 제시된 기준이 이후 판단 전체에 영향을 미치는 현상이다. 목표가 없으면 협상은 상대가 제시하는 숫자에 따라 끌려간다. 반면 내가 먼저 설정한 목표가 있다면, 그 숫자가 '앵커'가 되어 상대의 제안이 이를 충족하는지를 판단할 수 있다.

'내가 앵커가 되는 협상'은 쉽게 흔들리지 않는다.

또한 목표는 협상가에게 안정감과 자신감을 제공한다. 목표가 분명할수록 사람은 행동의 이유를 명확히 인식하고, 결과를 스스로 통제할 수 있다고 믿는다. 심리학에서는 이를 '자기 효능감(self-efficacy)'이라고 한다. 내가 무엇을 위해 협상하는지 알고 있다면 조급함이 줄고, 흔들림 없이 끝까지 방향을 유지할 수 있다.

목표 설정은 선택지를 제한하는 행위가 아니다. 오히려 판단의 기준을 세우고, 감정의 영향을 최소화하는 과정이다. 목표는 고집이 아니라 '전략적 기준점'이며, 협상가의 시선을 가장 중요한 곳에 머물게 한다. 목표를 세우는 순간, 협상가는 감정의 흐름에서 벗어나 '전략의 영역'으로 진입하게 된다.

애플의 협상

아이폰 출시 이전까지만 해도, 휴대폰 시장의 주도권은 제조사가 아니라 통신사가 쥐고 있었다. 어떤 기능을 넣을지, 어떤 앱을 선탑재할지, 소프트웨어 업데이트를 언제 진행할지까지 모두 통신사가 결정했다. 제조사는 기기만 공급하는 역할에 머물렀고, 사용자 경험은 철저히 통신사의 기준에 따라 정해졌다.

스티브 잡스(Steve Jobs)는 당시 산업 구조가 아이폰의 비전과 맞지 않는다는 점을 분명히 인식했다. 아이폰은 단순한 기계가 아니라, 사용자가 손에 쥐는 순간부터 소프트웨어를 사용하는 마지막 순간까지의 '전체 경험'이 하나의 제품이어야 했다. 하드웨어, 소프트웨어, 서비스는 따로 분리된 기능이 아니라, 하나로 통합된 '사용자 경험'으로 작동해야 했다.

애플은 먼저 협상에서 다루어질 모든 안건을 철저히 파악했다. 겉으로 드러난 항목은 단말기 가격, 수익 배분, 마케팅 비용 분담 등이었지만, 그 아래에는 더 본질적인 안건들이 숨어 있었다. '단말기 디자인 통제권'에는 통신사 로고 표시 여부가, '소프트웨어 통제권'에는 선탑재 앱과 업데이트 주도권이, '사용자 경험 통제권'에는 UI/UX 설계와 앱스토어 운영권이 포함됐다.

애플은 상향식으로는 기존 제조사들의 통신사 계약 조항을 분석했고, 하향식으로는 '사용자 경험을 완전히 통제하려면 무엇이 필요한가?'라는 질문에서 출발해 안건을 역산했다.

다음으로, 애플은 협상 목표를 세 층위로 구분했다. '핵심 목표'는 사용자 경험에 대한 완전한 통제권이었다. 통신사 로고 금지, 선탑재 앱 금지, 소프트웨어 업데이트의 독자적 진행, 앱스토어 운영권 100% 보유는 절대 양보할 수 없는 조건이었다. '조정 가능 목표'는 수익 배분, 마케팅 비용 분담, 독점 계약 기간 등으로, 협상의 여지를 남긴 항목들이었다. '양보 카드'는 통신사에 유리한 초기 수익 배분, 대규모 마케팅 비용 부담, 장기 독점 계약 등이었다.

마지막으로, 애플은 추상적인 목표를 구체적인 조건으로 전환했다. 핵심 목표는 분명했다. 통신사 로고 삽입은 절대 불가, 선탑재 앱 금지, 소프트웨어 업데이트는 애플이 독자적으로 진행, 앱스토어 운영권은 100% 애플이 보유한다는 원칙이었다.

조정 가능한 목표들도 수치로 정리했을 가능성이 크다. 예를 들어, 수익 배분에서 통신사 몫은 '이상 15% / 목표 20% / 결렬 25%', 독점 계약 기간은 '3년 / 4년 / 5년'과 같은 방식으로 설정했을 것이다.

이처럼 수치 기준이 명확하면, 협상팀은 통신사의 제안에 신속하게 대응할 수 있다. 로고 삽입 요구는 즉시 거절하고, 수익 배분 22% 제안은 다른 조건과 연계해 검토하며, 독점 계약 6년 제안에는 거절하거나 그에 상응하는 큰 양보를 요구할 수 있다.

결과적으로 아이폰은 통신사 로고 없이, 선탑재 앱 없이, 소프트웨어 업데이트도 애플이 직접 관리하는 방식으로 출시됐다.[17] 애플과 AT&T는 2007년부터 약 5년간 독점 계약을 체결했다.[18] 애플은 핵심 목표를 끝까지 지키되, 조정 가능한 영역에서는 유연하게 대응했다. 그 결과, 이번 협상은 단순한 제품 출시를 넘어 이동통신 산업의 구조 자체를 바꾸는 전환점이 됐다.

이번 사례는 목표 설정의 세 단계가 어떻게 작동하는지를 잘 보여준다. 애플은 먼저 안건을 빠짐없이 파악하고, 그중 우선순위를 명확히 설정한 뒤, 각 목표를 구체적인 조건으로 전환했다. 가장 중요한 것을 분명히 정하면, 나머지는 선택하거나 조정할 수 있는 대상으로 자연스럽게 정리된다.

협상 테이블에 앉는 순간, 수많은 제안과 반론이 쏟아진다. 상대는 예상치 못한 조건을 내밀고, 시간은 압박하며, 감정은 판단을 흐린다. 이 혼란 속에서 중심을 잡는 방법은 단 하나다. 협상 전에 이미 답을 정해두는 것이다.

먼저, 협상에서 다루어질 모든 안건을 빠짐없이 파악하라. 겉으로 드러난 항목뿐 아니라, 그 아래 숨어 있는 본질적인 안건까지 놓치지 말아야 한다. 다음으로, 그 안건들에 우선순위를 매겨야 한다. 무엇이 핵심이고, 무엇은 조정 가능하며, 무엇은 양보할 수 있는지를 명확히 구분하라. 마지막으로, 그 우선순위를 구체적인 수치로 전환하라. '좋은 조건'이 아니라 '단가 1,200원', '계약 기간 3년'처럼 측정 가능한 기준이어야 한다. 숫자가 있으면 상대의 제안을 즉시 판단할 수 있고, 어디까지 양보할 수 있는지도 분명해진다.

애플은 사용자 경험 통제권을 지키기 위해 5년 독점 계약을 통신사에 제공했다. 탁월한 협상가는 모든 것을 얻으려 하지 않는다. 가장 중요한 것 하나를 지키기 위해, 나머지는 전략적으로 내려놓는다. 협상의 성패는 테이블 위에서 결정되지 않는다. 테이블에 앉기 전, 안건을 파악하고 우선순위를 정하며 수치로 계획하는 그 순간, 이미 결정되어 있다.

제9강
협상 전에 'Plan B'부터 점검하라

Q. 상대적으로 힘이 약한데, 뭐부터 준비해야 할까?

'이번 협상이 결렬되면 나는 무엇을 할 것인가?' 이 질문에 답할 수 없다면, 협상 테이블에서 불리한 위치에 설 수밖에 없다. 협상에서 가장 중요한 능력은 말재주가 아니다. 협상이 결렬되더라도 선택할 수 있는 '대안'을 갖고 있느냐가 협상력을 결정한다.

대기업이 중소기업보다, 큰 나라가 작은 나라보다, 부장이 대리보다 협상을 잘한다고 생각하는가? 아니다. 협상력은 규모나 직급이 아니라 '대안의 개수'로 결정된다. 선택지가 많은 쪽이 유리한 게임이고, 협상이 깨져도 타격이 적은 쪽이 주도권을 갖는다.

하버드 법대 로저 피셔(Roger Fisher) 교수의 실험[19]은 이 원리를 잘 보여준다. 피셔 교수는 보스턴의 도요타 매장 7곳을 직접 방문해 동일한 조건을 제시하고, 각 딜러에게 "최저가를 봉투에 넣어달라"라고 요청했다. 그는 이렇게 말했다. "저는 오늘 모든 매장을 방문해 가장 낮은 가격을 제시한 곳에서 차량을 구매하겠습니다."

결과는 놀라웠다. 7개 견적 대부분이 예상보다 훨씬 낮았고, 일부는 공장도 가격보다도 저렴했다. 각 딜러는 서로 다른 재고 상황, 실적 압박, 판매 전략을 갖고 있었고, 피셔 교수는 7개의 실질적인 대안을 확보한 셈이었다. 그는 말로 설득하지 않았다. 대신 '당신 말고도 다른 선택지가 있다'라는 메시지를 행동으로 보여주었다. 그 한마디가 상대에게 최선의 조건을 끌어내는 강력한 힘이 됐다.

이것이 바로 BATNA, 즉 '협상이 결렬됐을 때 선택할 수 있는 최선의 대안'이 가진 힘이다. BATNA는 협상력의 원천이며, 협상 전략을 설계할 때 가장 먼저 점검해야 할 출발점이다.

BATNA = 협상을 깰 수 있는 힘

직장인 K대리는 회사에 대한 불만이 컸다. 그중에서도 연봉 문제에 가장 민감했다. 입사 당시에도 만족스럽지 않았지만, 취업이 급했기에 받아들였다. 그런데 최근 회사가 신입사원의 연봉을 인상하면서 그의 불만은 폭발했다. 결국 K대리는 감정을 억누르지 못하고 팀장을 찾아가 무리한 발언을 쏟아냈다.

"팀장님, 저는 입사 전에도 3년 경력이 있었고, 이 회사에 들어온 지도 곧 2년이 됩니다. 그런데 이제 막 들어온 신입사원과 제 연봉이 거의 같다는 것은 뭔가 잘못된 것 같습니다. 솔직히 이런 상황이라면 저도 다른 회사를 알아봐야 하지 않을까요?"

K대리는 나름의 연봉 협상 전략을 쓰고 있었다. 자신이 떠난다고 말하면 팀장이 잡을 것이라고 믿은 것이다. 그는 인간성도 좋고, 일도 곧잘 했다. 동료들 사이에서의 평판도 나쁘지 않았다. 하지만 그것만으로 팀장을 움직여 자신의 몸값을 올릴 수 있을까?

협상의 궁극적 목적은 최선의 의사결정이다. 내가 취할 수 있는 여러 대안 중 가장 좋은 쪽을 선택하는 일이다. 그러므로 선택지가 많은 쪽이 유리하기 마련이다. 다른 대안이 없다면 상대의 요구를 결국에는 수용할 수밖에 없다.

K대리의 문제는 BATNA가 없다는 점이었다. '어디 가도 이 정도는 받겠지' 하는 막연한 추측은 BATNA가 아니다. 구체적인 다른 회사의 채용 제안, 실제로 갈 수 있는 곳이 있어야 진짜 BATNA다. "회사 정책상 어쩔 수 없는 결정이다"라고 답변이 돌아온다면 K대리는 어떻게 할 것인가? 반대로 회사는 K대리를 대신할 대안을 얼마든지 마련할 수 있다. 당장 공백은 감수해야겠지만 새로 직원을 뽑으면 그만이다.

그 후로도 K대리의 불만은 잊을 만하면 터져 나왔다. 하지만 그때마다 성과는커녕 오히려 안 좋은 인상만 남겼고, K대리는 회사를 계속 다닐 수밖에 없었다.

BATNA가 약하면 협상에서 불리하다. 물론 협상 자체가 불가능한 것은 아니다. 하지만 원하는 것을 얻기는 어렵다. BATNA가 약하다는 사실을 인식하지 못하고 강하게 밀어붙이면, 협상은 결렬되거나 관계만 악화된다. 중요한 것은 자신의 BATNA를 정확히 파악하고, 그에 맞는 전략을 수립하는 것이다.

BATNA를 만드는 방법

BATNA가 약하거나 없다면, 이를 강화해야 한다. 방법은 크게 두 가지다.

첫째, 외부 대안을 확보하는 것이다. 가장 직접적인 방법은 다른 선택지를 실제로 만들어두는 일이다. K대리의 경우라면, 다른 회사의 채용 제안을 실제로 받아두는 것이다. '어디 가도 이 정도는 받겠지' 하는 막연한 추측 대신, "A사에서 연봉 10% 인상 조건으로 제안을 받았습니다"라는 구체적 근거를 갖고 협상 테이블에 앉아야 한다.

2006년, 한국 까르푸 매각 협상은 BATNA 전략이 어떻게 협상의 판을 바꿀 수 있는지 보여주는 좋은 사례다. 프랑스 유통회사 까르푸는 1996년에 한국으로 진출했지만, 10년간 적자를 면치 못했다. 결국 매각설이 나돌았고, 실패한 기업이라는 이미지 탓에 헐값에 처분될 위기에 놓였다. 당시 까르푸 인수에 관심을 보인 기업은 롯데마트 한 곳뿐이었다. 이런 상황에서는 별다른 대안이 없어 매각 측의 협상력이 약해질 수밖에 없다. 그러나 까르푸 협상팀은 이 구조적 약점을 예리하게 간파했다.

까르푸는 BATNA를 만들어 협상력을 끌어올리는 전략을 선택했다. 매장을 5곳 더 확장한 것이다. 철수를 앞둔 기업이 오히려 매장을 늘린다는 것은 이례적이었지만, 그 안에는 분명한 전략적 계산이 있었다. 매장 수가 늘어난 까르푸를 인수하면 롯데마트는 단숨에 업계 2위로 올라설 수 있었고, 이는 곧 업계 1위인 이마트에는 위협으로 작용했다.

결국 이마트가 인수전에 뛰어들었다. 이제 까르푸는 어느 쪽과 협상하든 대안을 갖게 됐고, 그만큼 협상력이 높아졌다. 그런데 이마트의 움직임은 한발 더 나아갔다. 당시 인수·합병 시장에 나온 월마트 코리아를 동시에 검토하고 있었던 것이다. 이마트 역시 협상이 결렬될 경우를 대비해 BATNA를 준비한 셈이다. 위기의식을 느낀 까르푸는 또 다른 후보인 이랜드를 협상 테이블에 끌어들였다. 결과적으로 까르푸는 이랜드 그룹에 높은 가격으로 회사를 매각하면서 협상을 성공적으로 마무리했다.[20] 실패한 기업도 BATNA를 만들면 헐값이 아닌 높은 가치를 받을 수 있다는 교훈을 주는 사례다.

스타 스포츠 선수들의 계약 협상도 같은 원리다. 손흥민이 2021년 토트넘과 계약을 연장할 당시에도 여러 빅클럽의 관심설이 끊이지 않았다. 2022년 음바페(Mbappé)가 레알 마드리드의 거액 제안을 거절하고 PSG에 잔류하기로 결정했을 때도, 두 구단 간 경쟁 구도가 그의 협상력을 극대화시켰다.[21] '나를 원하는 곳이 당신들 말고도 더 있다'는 메시지를 은연중에 흘려 협상력을 높이는 것이다.

2023년 11월, 샘 알트만(Sam Altman)의 OpenAI 복귀 협상은 BATNA의 힘을 극명하게 보여준 사례다. OpenAI 이사회가 그를 전격 해임했을 때,

많은 사람은 그의 시대가 끝났다고 생각했다. 하지만 상황은 정반대로 흘러갔다.

마이크로소프트 CEO 사티아 나델라(Satya Nadella)는 곧바로 알트만에게 "마이크로소프트에서 새로운 AI 연구 조직을 이끌어달라"라고 제안했다.[22] 이와 동시에 OpenAI 직원 700여 명은 "샘 알트만이 복귀하지 않으면 우리도 회사를 떠나겠다"라는 공개 서한을 발표했다.[23] 이 순간, 샘 알트만의 BATNA는 분명했다. 마이크로소프트라는 거대 플랫폼에서 AI 연구를 이어가고, OpenAI의 핵심 인력 대부분을 함께 데려갈 수 있는 선택지. 이 압도적인 대안을 앞에 두고, OpenAI 이사회는 불과 닷새 만에 그를 다시 CEO로 복귀시켰다.[24]

둘째, 내부 가치를 높여라. 외부 대안을 만들기 어렵다면, 상대에게 당신이 최선의 선택이 되도록 만들어야 한다. 다른 곳에서 찾을 수 없는 기술, 차별화된 서비스, 대체 불가능한 능력이 있다면, 당신 자체가 상대의 BATNA보다 더 나은 선택이 된다.

까르푸의 사례도 이 측면에서 이해할 수 있다. 철수를 앞두고도 매장을 5개 더 늘린 이유는 단순한 보여주기용이 아니었다. 10개 매장과 15개 매장은 인수자에게 전혀 다른 가치를 준다. 까르푸는 이렇게 내부 가치를 높여 인수 매력을 키웠고, 그 결과 인수 희망자가 늘어나면서 자연스럽게 BATNA가 생겼다.

샘 알트만 역시 단지 마이크로소프트의 제안을 받아 BATNA를 만든 것이 아니었다. 700명의 직원이 그의 복귀를 요구했고, 투자자들이 공개적으로 지지했다. 그는 업계에서 대체 불가능한 인물이라는 평판이 있었다. 이런 내부 가치가 있었기에 마이크로소프트라는 대안이 실질적인 힘을 가질 수 있었다.

중소기업이 대기업과 납품 계약을 맺고 싶다면, 독자적인 기술을 개발하거나 품질에서 분명한 차별화를 보여야 한다. 그래야 대기업이 '이 회사가 아니면 안 된다'라고 느낀다. 직장인이라면, 조직에서 '나만이 할 수 있는 일'을 만들어야 한다. 내가 떠나는 순간 조직이 흔들릴 수 있다는 인식, 그것이 내부 가치를 높이는 협상의 출발점이다.

BATNA가 약할 때 필요한 네 가지 전략

BATNA를 만들기 어렵다면, 협상의 접근 방식을 바꿔야 한다. BATNA가 약하다는 것은 대안이 부족하다는 뜻이므로, 이럴 때는 상대의 입장에서 생각하고 협력의 여지를 넓히는 전략이 더 효과적이다.

첫째, 장기적 관계로 프레임을 전환하라. BATNA가 약할 때 단기 조건으로 협상하면 불리하다. 이럴수록 장기적 가치에 초점을 맞춰야 한다. 한 소프트웨어 개발 중소기업은 대기업 고객사로부터 20% 단가 인하를 요구받았다. 이 고객사는 전체 매출의 40%를 차지했고, 대체 고객도 없었다. 중소기업은 단가 인하에 응하지 않고, 대신 '3년 계약을 5년으로 연장하되 단가는 동결하고, 시스템 장애 시 4시간 내 대응 보장과 연 2회 무상 업그레이드'를 제안했다. 고객사는 이를 수용했다. 협상의 초점을 단기 가격이 아닌 장기적 관계의 가치로 옮긴 결과다.

둘째, 상대의 리스크를 부각시켜라. BATNA가 약하더라도, 협상 상대 역시 리스크를 안고 있다. 이 점을 명확히 제시하면 협상의 균형을 일부 회복할 수 있다. 특수 부품 제조업체는 완성차 업체로부터 15% 단가 인하를 요구받았지만, 거절할 대안이 없었다. 대신 납품처를 바꾸면 6개월간 생산 라인이 멈춘다는 점을 강조했다. "저희가 공급을 중단하면 발생할 손실은 단가 절감액의 수십 배입니다. 단가는 유지하되, 품질 불량률을 0.5%에서 0.3%로 낮추겠습니다." 결국 양측은 5% 인하에 합의했다.

셋째, 비금전적 가치를 제안하라. 가격에서 밀릴 때는 금전 외의 가치를 제공해 균형을 맞춰야 한다. 한 중소 마케팅 에이전시는 대기업 광고주의 경쟁 입찰에서 가격 경쟁력이 떨어졌다. 대신 대표가 마케팅팀을 대상으로 분기별 트렌드 세미나를 무상으로 진행하고, 다른 프로젝트의 인사이트를 월간 리포트로 공유하겠다고 제안했다. 마케팅 팀장은 팀 역량 강화라는 추가 가치를 높이 평가했고, 결국 계약이 성사됐다.

넷째, 작은 개선을 쌓아라. BATNA가 약할수록 큰 변화를 기대하긴 어렵다. 이럴 때는 작은 양보를 하나씩 얻어내는 전략이 유효하다. 모든 조건에서 밀리더라도 한두 가지 핵심 항목은 반드시 지키거나, 작더라도 개선을 이끌어내야 한다. 이렇게 확보한 작은 변화는 다음 협상의 기준점이 된다.

BATNA가 약할 때의 핵심은 현실을 인정하되 포기하지 않는 것이다. 협상의 프레임을 바꾸고, 상대의 리스크를 환기시키며, 금전 외 가치를 제안하고, 작은 개선을 축적하라. BATNA가 약하더라도 전략이 있다면 일방적인 양보는 피할 수 있다.

BATNA 설계 3단계

BATNA는 우연히 생기는 것이 아니라, 의도적으로 설계하는 것이다. 협상을 준비할 때는 우선 협상이 결렬될 경우 선택할 수 있는 모든 대안을 폭넓게 나열하는 작업부터 시작해야 한다.

이때 현실 가능성부터 따질 필요는 없다. 다른 공급업체와의 거래, 내부 생산 설비 구축, 대체 원자재 사용 등 가능한 모든 방안을 적어본 뒤, 각 대안의 실행 가능성과 예상 효과를 평가해나간다. 중요한 것은 '협상이 깨져도 우리가 선택할 길은 있다'라는 확신을 갖는 것이다.

이렇게 도출된 여러 가능성 중 가장 현실적이고 가치 있는 선택지를 BATNA로 정한 뒤에는 이를 실행 가능한 수준으로 구체화해야 한다. 단순히 '다른 공급업체를 찾겠다'라는 생각만으로는 부족하다. 실제로 잠재 공급처와 접촉하고, 견적을 확보해두는 등 행동으로 옮겨야 한다. 까르푸가 이마트를 협상 테이블에 끌어들이기 위해 실제 매장을 확대했던 것처럼 BATNA는 행동을 통해 실체를 가져야 협상력으로 이어진다.

완성된 BATNA는 협상에서 직접 드러내기보다는 은근한 시그널로 활용하는 편이 더 효과적이다. 예를 들어, 축구 선수의 에이전트가 '다른 구단과도 협상 중'이라고 언론에 흘리는 방식이다. 상대가 자연스럽게 BATNA의 존재를 인식하게 만드는 것이 중요하다.

무엇보다 BATNA는 협상 타결 여부를 판단하는 내부 기준이 된다. 상대의 제안이 BATNA보다 낮다면 합의하고, 그렇지 않다면 협상을 중단해야 한다. 이 기준이 명확할 때, 협상가는 감정에 휘둘리지 않고 합리적인 결정을 내릴 수 있다.

상대에게 BATNA를 제공하는 전략

1999년 AT&T의 미디어원 인수전은 BATNA의 전략적 효용을 잘 보여주는 사례다. 당시 미디어원은 이미 컴캐스트와 600억 달러 규모의 인수 계약을 체결한 상태였다. 그런데 AT&T가 더 유리한 조건을 제시하며 인수전에 뛰어들자, 미디어원은 기존 계약을 파기하고 AT&T의 제안을 받아들였다.[25]

AT&T가 주목한 것은 단순히 더 높은 가격이 아니었다. AT&T는 케이블망 인프라 확보를, 컴캐스트는 고객 기반 확대를 원했다. 즉, 같은 회사를 바라보는 두 기업의 전략적 목적이 달랐다. 이를 간파한 AT&T는 단순한 가격 경쟁 대신, 협상 구조 자체를 재설계했다.

AT&T는 컴캐스트가 진정으로 원하는 '고객 기반'에 주목했다. 경쟁을 계속하기보다는 "우리가 미디어원을 인수하면, 당신은 고객 200만 명을 확보할 기회를 얻게 됩니다"라는 새로운 제안을 내놓았다. 컴캐스트는 미디어원의 고객 중 75만 명을 즉시 확보하고, 나머지 125만 명을 순차적으로 인수할 수 있는 옵션을 제공받았다. 여기에 계약 파기로 인한 보상금 15억 달러까지 더해졌다.

컴캐스트 입장에서는 불확실한 경쟁을 계속하기보다는, 확실한 고객과 현금을 확보하고 물러나는 것이 훨씬 합리적이었다. 결국 AT&T는 자신이 원하는 인프라를 확보했고, 컴캐스트는 200만 명의 고객과 현금 15억 달러를 손에 넣었으며, 미디어원은 더 높은 가격에 매각될 수 있었다.[26]

BATNA는 단순히 내가 다른 선택지를 갖고 있다는 사실만을 의미하지 않는다. 오히려 상대에게도 더 나은 대안을 보여줌으로써, 그들이 자발적으로 나에게 유리한 방향으로 움직이도록 유도하는 전략이다.

WATNA, 최악의 시나리오를 준비하라

협상을 준비할 때 우리는 흔히 BATNA, 즉 '협상이 결렬될 경우 선택할 수 있는 최선의 대안'에 집중한다. 좋은 BATNA는 협상에서 강한 입장을 만들어주고, 때로는 타협하지 않고 물러설 수 있는 자신감을 준다.

하지만 협상에는 BATNA만큼 중요한 또 하나의 개념이 있다. 바로 WATNA, '협상이 깨졌을 때 맞이할 최악의 시나리오'다. WATNA는 내가 감수해야 할 리스크를 직면하게 하고, 협상의 마지노선을 설정하는 기준이 된다.

BATNA가 희망의 영역이라면, WATNA는 현실을 직시하는 도구다. 양쪽을 함께 고려해야만 협상가는 감정에 흔들리지 않고, 냉정하게 '지금 이 조건이 받아들일 만한가?'를 판단할 수 있다.

2008년 글로벌 금융위기 당시, 미국 정부는 파산 직전의 대형 금융기관들과 구제금융 협상을 벌였다. 이때 정부가 설정한 BATNA는 '금융기관을 파산시키고 시장 원리에 맡긴다'라는 것이었다.[27]

하지만 정부가 마주한 WATNA는 훨씬 더 끔찍했다. 금융 시스템 전체의 붕괴, 대공황 수준의 경제 위기, 그리고 그에 따른 사회적 혼란까지 불가피한 결과로 예상됐다. 이 WATNA 앞에서 정부는 사실상 선택의 여지가 없었다. 금융기관들의 무리한 요구도 상당 부분 수용할 수밖에 없었다.

이 사례는 협상에서 WATNA를 고려하지 않은 판단이 얼마나 위험한지를 잘 보여준다. BATNA만 보고 '우리는 언제든 협상을 거부할 수 있다'라고 믿는 것은 착각일 수 있다. 협상을 거부했을 때 맞닥뜨릴 '최악의 결과'까지 함께 평가해야, 비로소 현실적인 협상 전략이 세워진다.

한 제조업체가 주요 원자재 공급업체로부터 30% 가격 인상 요구를 받았다. 이때 제조업체가 설정한 BATNA는 '다른 공급업체를 찾는 것'이었다.

그러나 WATNA를 분석해보니 상황은 달랐다. 새로운 공급업체의 품질이 안정되기까지 6개월이 걸리고, 그 기간에 생산 중단으로 인한 매출 손실이 50억 원, 주요 고객사와의 계약 위반에 따른 위약금이 20억 원으로 예상됐다. 총 70억 원 이상의 손실을 감수해야 하는 상황이었다.

이 분석 이후 제조업체는 전략을 수정했다. 30% 인상을 거부하되, '15% 인상 수용, 계약 기간 3년 연장, 그 기간에 대체 공급선 확보'라는 절충안을 제시했다. 공급업체는 장기 계약이 주는 안정성을 고려해 이 조건을 받아들였다.

협상 레볼루션

제조업체는 WATNA를 정확히 파악했기 때문에, 감정적으로 거부하거나, 반대로 일방적으로 양보하는 실수를 피할 수 있었다. WATNA는 '어디까지 양보할 수 있는가?'를 알려주는 현실의 하한선이다.

협상은 BATNA와 WATNA 사이에서 이루어진다. BATNA는 '이 정도면 협상을 중단하고 대안으로 가겠다'라는 상한선이고, WATNA는 '이보다 나쁘면 어떤 조건이라도 받아들이겠다'라는 하한선이다. BATNA만 보면 지나치게 낙관적이 되어 협상 기회를 놓칠 수 있고, WATNA만 보면 비관에 빠져 과도하게 양보할 수 있다. 두 가지를 함께 고려할 때, 현실적이고 균형 잡힌 협상 전략이 가능해진다.

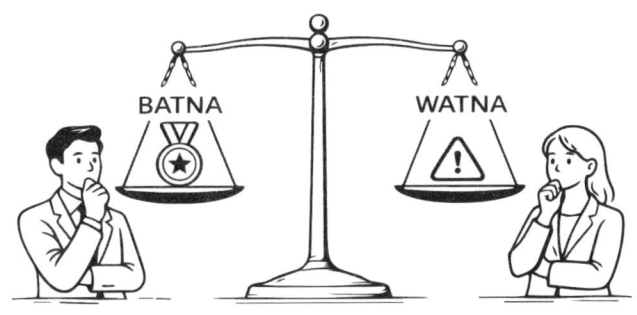

BATNA와 WATNA를 모두 고려하라

협상을 준비할 때 가장 먼저 던져야 할 질문은 '나는 무엇을 원하는가?'가 아니다. 진짜 중요한 질문은 '이 협상이 깨지면 나는 무엇을 할 것인가?', 그리고 '그때 맞이할 최악의 상황은 무엇인가?'다.

이 질문들이 바로 BATNA와 WATNA를 점검하는 출발점이다. BATNA가 강하면 협상에서 훨씬 당당해진다. 원하는 것을 분명히 요구할 수 있고,

필요하다면 협상을 중단할 수 있는 자신감도 생긴다. BATNA가 약하다고 해서 협상이 불가능한 것은 아니다. 다만, 그 약점을 직시하고 그에 맞는 전략을 세워야 한다. 예를 들어, 협상의 프레임을 단기 조건에서 장기 관계로 전환하거나, 상대의 리스크를 부각시키고, 금전 외 가치를 제공하는 방식으로 균형을 만들어야 한다.

그리고 반드시 WATNA도 함께 고려해야 한다. 최악의 시나리오를 분석해야 협상의 긴급성이 보이고, 어디까지 양보할 수 있는지를 판단할 수 있다. BATNA만 보고 낙관하면 협상의 타이밍을 놓치고, WATNA만 보고 비관하면 필요 이상으로 양보하게 된다. 두 가지를 함께 고려할 때만 현실적이고 균형 잡힌 판단이 가능하다.

협상 테이블에 앉기 전에 반드시 Plan B를 점검하라. 협상이 결렬될 경우 선택할 수 있는 최선의 대안(BATNA)과 맞이하게 될 최악의 시나리오 (WATNA)를 모두 분석해야 한다. 이 둘 사이의 간격이 곧 당신의 협상 공간이다.

BATNA와 WATNA를 확보했다면, 다음 단계는 ZOPA, 즉 합의 가능 영역을 파악하는 일이다. 내 목표와 한계, 그리고 상대의 조건을 비교하며, 서로가 수용할 수 있는 현실적 접점을 찾아야 한다. 협상은 논리가 아니라 구조의 싸움이다. 준비된 협상가는 이미 테이블에 앉기 전에 승부의 윤곽을 그리고 있다.

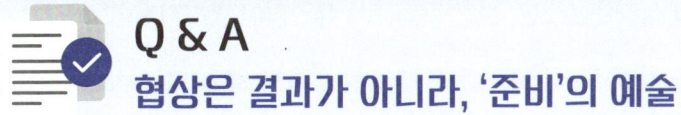

Q & A
협상은 결과가 아니라, '준비'의 예술

Q. 데이터가 부족하거나 공개가 안 된 상황이라면 어떻게 정보를 파악할 수 있을까?

A. 데이터가 부족할수록 먼저 듣고 물으며 관찰하고, 대화를 통해 살아 있는 정보를 만들어내야 한다.

협상 전에 정보를 충분히 확보하지 못했다고 해서 협상이 불가능한 것은 아니다. 준비된 정보가 없다면, 첫 번째 협상은 결론을 내기 위한 자리가 아니라 정보를 수집하기 위한 '탐색 협상'이 되어야 한다. 정보가 부족할수록 먼저 듣고, 관찰하며, 묻는 능력이 중요해진다. 상대의 말투, 표정, 단어 선택, 반응 속도 같은 비언어적 신호는 숫자보다 더 정확한 단서가 된다. 상대가 반복해서 강조하는 표현, 회피하는 주제 속에는 실제 이해관계가 숨어 있다. 눈앞에 데이터가 없어도 상대의 언어와 행동은 살아 있는 데이터다. "이 조건은 왜 중요하신가요?"와 같은 열린 질문은 상대가 스스로 핵심 정보를 드러내도록 만든다. 단호하게 선을 긋는 지점, 모호하게 대답하는 부분이 바로 협상의 경계선이다.

직접적인 정보가 없더라도 업계 평균, 과거 거래, 시장 흐름 등을 바탕으로 가정 시나리오를 세우고, 제안을 던져 그 반응을 통해 역으로 정보를 추론할 수 있다. 협상에서 신뢰는 또 다른 정보 채널이다. 상대가 신뢰를 느끼면 스스로 더 많은 이야기를 꺼내게 되고, 그 안에 숫자로는 드러나지 않는 맥락이 담겨 있다. 협상가는 이미 주어진 정보에만 의존하지 않는다. 오히려 정보를 만들어내고, 대화 속에서 퍼즐처럼 조립해나가는 사람이다.

Q. 목표를 미리 설정해놓으면, 협상 과정에서 유연함이 떨어지는 것 아닌가?

A. 명확한 목표가 있을 때 비로소 변화에 흔들리지 않고 전략적으로 유연하게 대응할 수 있다.

협상에서 목표를 세워두면 융통성이 줄어든다고 생각하는 사람들이 많다. 그러나 실제로는 그 반대다. 명확한 목표를 가진 사람만이 상황에 따라 전략적으로 움직일 수 있다. 방향이 없으면 외부 변수에 흔들릴 수밖에 없고, 기준이 있어야 변화 속에서도 중심을 잡을 수 있다. 협상은 수많은 변수가 동시에 작동하는 복잡한 과정이다. 상대의 태도, 정보의 흐름, 제안 조건 등이 협상 도중 계속 바뀌기 때문에, 목표 없이 임하면 즉흥적인 판단에 의존하게 되고, 결국 상대의 흐름에 휩쓸리게 된다. 반면 목표가 있는 사람은 새로운 정보가 등장하더라도 그 의미를 해석할 기준이 있다.

다만 목표는 고정된 결론이 아니라, 움직일 수 있는 기준선이어야 한다. 목표가격이 10이라면, 10을 중심으로 어디까지 조정할 수 있는지를 판단하는 기준이 된다. 목표가 있어야 양보의 폭도 설계할 수 있고, 대안도 구조화할 수 있다. 또한 목표는 협상의 '결론'이 아니라 '출발점'이다. 협상이 진행되며 새로운 사실이 드러나면, 그에 맞게 목표를 조정하는 것이 전략적 사고다. 목표를 수정하는 것은 흔들리는 게 아니라 진화하는 것이다. 목표가 없는 사람은 상대의 논리에 끌려가지만, 목표가 있는 사람은 협상의 흐름 속에서도 자신의 판단 기준을 지킬 수 있다. 협상에서 유연함이란 기준 없이 움직이는 게 아니라, 기준 위에서 전략적으로 조정하는 힘이다.

협상 레볼루션

Q. 현실적으로 우리가 을인데, 어떻게 갑을 상대로 협상을 잘할 수 있을까?

A. 협상은 지위의 싸움이 아니라 필요의 균형이며, 을은 판을 새로 짜는 방식으로 협상의 주도권을 만들 수 있다.

"우리는 을인데, 갑이 정하면 따라야지, 협상이 무슨 소용이야?" 많은 사람이 이렇게 말한다. 하지만 곱씹어 볼 일이다. 상대가 정말 절대적인 갑이라면, 애초에 우리와 협상을 고민할 이유조차 없다. 그가 협상 테이블에 앉았다는 사실 자체가 이미 우리를 '필요로 한다'라는 증거다. 협상은 지위에서 시작되지 않는다. 협상은 서로의 필요가 교차하는 지점에서 비로소 시작된다. 을에게 협상이 어렵게 느껴지는 이유는 힘이 없어서가 아니라, 조건을 제시할 자격이 없다고 스스로 믿기 때문이다.

을이라서 협상이 안 되는 게 아니다. 협상력이 없어서 안 되는 것이다. 갑이 만든 틀 안에서만 움직이면 을은 언제나 밀릴 수밖에 없다. 그러나 그 틀을 넘어 다른 기준과 흐름을 제시할 수 있다면, 협상의 흐름은 바뀐다. 갑은 이미 가진 것을 지키려고 하지만 을은 조건도, 관계도, 기회도 처음부터 새롭게 설계할 수 있다. 갑에게 협상은 '방어의 기술'이지만, 을에게 협상은 '확장의 기회'다. 을이기 때문에 아무것도 할 수 없는 게 아니라, 을이기 때문에 더 치밀하게 협상을 준비해야 한다.

Strategy

Strategy

같은 조건, 같은 상황에서도 어떤 사람은 원하는 결과를 얻고, 어떤 사람은 실패한다. 그 차이는 무엇일까? 바로 전략이다. 협상에서 전략이란 목표를 달성하기 위한 구체적인 접근 방식과 실행 계획을 뜻한다. 전략 없이 협상하는 것은 지도 없이 미지의 땅을 헤매는 것과 같다.

많은 사람은 협상에서 즉흥적으로 행동한다. 상대의 말에 단순히 반응만 하고, 자신만의 일관된 방향성이 없다. '일단 시작해보고, 상황을 봐서 판단하자'라는 식이다. 하지만 이런 방식으로는 협상의 주도권을 잡을 수 없다. 상대의 흐름에 끌려다니며, 결국 원하지 않는 방향으로 흘러간다. 협상이 끝나고 나서야 '그때 이렇게 했어야 했는데'라며 뒤늦은 후회를 한다.

탁월한 협상가는 항상 전략적으로 사고한다. 협상 전에 여러 시나리오를 그리고, 각 상황에 어떻게 대응할지 미리 계획한다. 언제 양보하고 언제 강하게 나갈지, 어떤 순서로 의제를 다룰지, 상대의 반응에 따라 어떻게 전술을 바꿀지까지 고려한다. 이런 전략적 접근이 있어야 협상을 주도하고 원하는 결과를 얻을 수 있다. 협상은 운에 맡기는 도박이 아니라, 치밀한 계획과 실행으로 승부하는 게임이다.

제10강
ZOPA를 설정하고, 추정하라

Q. 가격 협상! 무엇을 준비하고, 어떻게 실행해야 할까?

사람들은 크고 작은 가격 협상을 일상에서 끊임없이 겪는다. 시장에서 물건을 살 때, 중고거래를 할 때, 집 계약 과정에서 보증금을 조율할 때까지 협상은 언제나 우리 곁에 있다.

겉으로 보기에는 모두 제각각의 방식으로 협상하는 것처럼 보인다. 어떤 사람은 처음부터 큰 폭의 값을 부르고, 다른 사람은 상대의 눈치를 살피며 조심스럽게 접근한다. 누군가는 감정에 호소하고, 또 어떤 사람은 숫자와 논리로 맞선다.

그러나 자세히 들여다보면, 협상 방식은 놀라울 만큼 유사한 패턴을 따른다. 상대가 제시하는 첫 가격이 기준점이 되고, 작은 양보가 오가며, 최종 합의는 각자 마음속에 그려둔 하한선과 상한선 사이 어딘가에서 이루어진다. 겉으로는 달라 보여도, 사람들은 일정한 틀 속에서 협상하고 있는 셈이다.

문제는 대부분의 사람이 협상을 단순한 '흥정' 정도로 여긴다는 점이다. 경험은 많지만, 전략적 이해가 부족해 반복되는 패턴과 원리를 의식하지 못한 채 감으로 대응하는 경우가 많다.

하지만 가격 협상에는 우연이나 감각을 넘어서는 체계적인 원리와 기술이 숨어 있다. 협상을 잘한다는 것은 단순히 흥정에 능숙한 것이 아니라, 그 원리와 기술을 이해하고 제대로 활용하는 것이다.

가격 협상은 상대와의 싸움이 아니라, 자기 자신과의 싸움이다. 상대를 설득하기에 앞서, 자신의 목표를 명확히 하고 기준선을 정하며 전략을 세워야 한다. 그 출발점이 바로 ZOPA 설정이다.

ZOPA, 합의 가능 영역

ZOPA는 'Zone of Possible Agreement'의 줄임말로, '합의 가능 영역'을 뜻한다. 협상에서 양측이 모두 수용할 수 있는 가격의 범위를 말한다. 판매자가 받아들일 수 있는 최저가와 구매자가 지불할 수 있는 최고가 사이에 겹치는 구간이 바로 ZOPA다.

ZOPA를 협상 전에 전략으로 활용하려면 두 가지로 나눠 이해해야 한다.

첫째는 나의 ZOPA다. 협상 전에 내가 수용 가능한 범위를 미리 설정하는 것이다. 판매자라면 최저 판매가를, 구매자라면 최고 지불가를 정해두어야 한다. 이 기준선을 명확히 해두면 협상 중 감정에 휘둘리지 않고, 합리적인 판단을 내릴 수 있다.

둘째는 상대와의 ZOPA다. 나와 상대방의 수용 범위가 실제로 겹치는 구간이다. 문제는 상대의 범위를 정확히 알 수 없다는 점이다. 따라서 협상 과정에서 질문하고 반응을 살피며 상대의 한계선을 추정해야 한다. 양측 범위가 겹치지 않으면 합의는 어렵다. 하지만 겹치는 구간이 있다면 그 안에서 최적의 합의점을 찾을 수 있다.

ZOPA 활용의 목적은 협상 전에 나의 범위를 확고히 세우고, 협상 중에는 상대의 범위를 예리하게 읽어내는 데 있다.

ZOPA를 구성하는 항목은 세 가지다.

첫째, 목표가격(Target Price)이다. 가장 먼저 설정해야 하는 수치다. '나는 이 가격에 합의하고 싶다'라는 현실적인 목표이며, ZOPA의 중심점이 되는 기준이다. 목표가 없으면 협상의 방향을 잡을 수 없다.

둘째, 희망가격(Desired Price)이다. 협상을 시작할 때 처음 제시하는 전략적 제안 가격이다. 목표가격을 달성하기 위해 여지를 확보하되, 합리적 근거가 뒷받침되어야 한다. 터무니없이 높거나 낮으면 신뢰를 잃는다. 일반적으로 목표가격 대비 2~5% 범위에서 설정한다.

셋째, 결렬가격(Walk away Price)이다. 협상을 포기하고 나설 최소 수용선이다. 판매자에게는 최소 수익률을 보장하는 가격이고, 구매자에게는 BATNA의 가격이다. 이보다 나쁘면 협상을 중단한다는 마지노선이다.

광고 대행사 A사가 식품 기업 B사와 연간 광고 계약을 협상하는 상황을 예로 들어보자. A사는 B사의 광고 규모와 필요 인력을 분석한 뒤, 목표가격을 5억 원으로 정했다. 협상 여지를 고려해 희망가격은 5억 5천만 원으로, 최소 수익률을 반영해 결렬가격은 4억 5천만 원으로 설정했다.

<광고 대행사 A사(판매자)>

W(결렬가격)	T(목표가격)	D(희망가격)
4.5억 원	5.0억 원	5.5억 원

B사는 구매자 입장에서 시장 조사 결과를 바탕으로 목표가격을 4억 8천만 원으로 정했다. 협상 초반에 제시할 희망가격은 4억 3천만 원으로 설정했고, 다른 대행사의 견적 5억 2천만 원을 BATNA로 삼아 결렬가격도 5억 2천만 원으로 정했다.

<식품 기업 B사(구매자)>

D(희망가격)	T(목표가격)	W(결렬가격)
4.3억 원	4.8억 원	5.2억 원

협상이 시작되자 B사는 4억 3천만 원을, A사는 5억 5천만 원을 제시했다. 양측은 서로의 반응을 살피며 한계선을 추정했고, A사의 최저선인 4억 5천만 원과 B사의 상한선인 5억 2천만 원 사이에 ZOPA가 형성되어 있다

는 사실을 파악했다. 여러 차례 제안과 양보를 주고받은 끝에, 양측은 최종적으로 4억 9천만 원에 합의했다. 이 가격은 두 회사 모두 수용 가능한 범위 안에 있었다.

<ZOPA 분석과 협상>

A사(판매자)	W 4.5억 원	T 5.0억 원	D 5.5억 원

[ZOPA: 4.5억 원 ~ 5.2억 원]

B사(구매자)	D 4.3억 원	T 4.8억 원	W 5.2억 원

A사의 결렬가격 4억 5천만 원과 B사의 결렬가격 5억 2천만 원 사이의 구간, 즉 4억 5천만 원에서 5억 2천만 원까지가 ZOPA다. 이 범위 안에서 합의가 이루어진다. A사는 최소 4억 5천만 원을 받아야 하고, B사는 최대 5억 2천만 원까지 지불할 수 있다. 따라서 두 가격 사이 어딘가에서 합의점이 형성된다.

ZOPA를 설정할 때 주의해야 할 점은 각 수치 사이의 간격이다. A사의 경우, 결렬가격은 4억 5천만 원이고, 희망가격은 5억 5천만 원이다. 두 가격의 차이는 1억 원이며, 목표가격 5억 원을 중심으로 위아래로 각각 5천만 원씩 설정한 셈이다. 이는 목표가의 약 10%로, 일반적으로 신뢰를 유지하면서도 협상 여지를 확보할 수 있는 합리적인 범위다.

목표가격으로 ZOPA의 중심을 잡아라

가격 협상은 상대와의 협상이 아니라, 자기 자신과의 협상이다. 상대가 무엇을 원하는지 추측하기 전에 먼저 내가 무엇을 원하는지를 명확히 해야 한다.

가격 협상을 준비할 때 가장 먼저 해야 할 일은 목표가격을 설정하는 것이다. 목표가 없으면 전략을 세울 수 없기 때문이다. 목표가격은 '이 정도면 만족한다'라고 판단되는 현실적인 합의점이다. 지나치게 낙관적이거나, 반대로 너무 비관적이어도 안 된다. 시장 상황과 자기 입장을 객관적으로 분석해 설정해야 한다.

지금도 기억이 생생하다. 내 생애 첫 자동차를 구매하던 날의 일이다. 부모님과 함께 중고차 매매단지를 찾았다. 1시간가량 이곳저곳을 둘러본 끝에, 제법 마음에 드는 차를 발견했다. 꿈에 그리던 흰색 지프였는데, 손을 본 듯 새 차에 가까운 상태였다. 문제는 가격이었다. 차 앞 유리에 천만 원이라고 적혀 있었는데, 예산을 조금 넘는 금액이었다.

'가격만 조금 깎을 수 있다면, 지금 당장 살 텐데.' 그렇게 마음을 먹고, 나는 딜러에게 말을 건넸다.

"차가 아주 마음에 듭니다. 그런데 가격이 조금 비싸네요. 950만 원에 해주시면 안 되겠습니까?"

나름 과감하게 질렀다. 그런데 딜러의 반응은 뜻밖이었다. 잠시 망설이는 듯하더니 곧바로 "그러죠. 학생이니까 특별히 싸게 해드릴게요"라며 제안을 받아들였다. 게다가 기대하지도 않았던 내비게이션까지 선물로 주겠다고 하지 않는가. 무척 만족스러웠다. 더할 나위 없이 좋은 조건이라고 생각하며, 나는 곧바로 계약서에 사인했다.

그런데 한편으로는 협상이 너무 순조롭게 끝난 것이 이상하게 느껴졌다. '정말 내가 차를 싸게 잘 산 걸까?' 불행인지 다행인지, 3년 뒤 차를 바꾸기 위해 중고차 시장에 내놓으면서 그 의문에 대한 답이 드러났다. 알고 보니 그 차량에는 작은 사고 이력이 있었고, 뒷좌석 문짝이 교환된 적도 있었다. 결국 같은 사양의 차량보다 100만 원 정도 낮은 가격에 팔 수밖에 없었다. 그제야 당시 느꼈던 찜찜함의 정체를 알게 됐다.

왜 이런 실수가 벌어졌을까? 가격 협상은 결국 상대와의 싸움이 아니라, 자기 자신과의 싸움이다. 나는 딜러와 협상하기 전에 먼저 나 자신과 협상했어야 했다. '이 차의 적정 가격은 얼마인가?', '나는 최대 얼마까지 지불할 수 있는가?' 이 질문에 스스로 답하지 못한 채 협상 테이블에 앉았기 때문에, 결국 실패하고 말았다.

핵심은 목표가격을 설정하지 않았다는 데 있다. 나는 딜러가 제시한 천만 원을 기준으로 50만 원만 깎으면 된다고 생각했다. 협상의 출발선을 상대에게 내어준 것이다. 정작 차량의 적정 가격이 얼마인지, 나는 스스로 기준을 세우지 않았다. 만약 중고차 시세를 조사하고, 사고 이력을 확인하며, 유사 차량 가격을 비교해 목표가격을 설정했다면 결과는 달랐을 것이다.

중고차 시장에서 차량 품질에 대한 정보는 판매자가 독점하고 있다. 이른바 '레몬시장'이다. '레몬시장'은 1970년대 미국 경제학자 조지 애컬로프(George Akerlof)가 제시한 이론[28]으로, 겉모습은 멀쩡하지만 속은 신 레몬에 빗대어 만든 용어다. 판매자와 구매자 사이에 정보가 비대칭인 시장을 뜻한다. 이런 시장에서 정보가 부족한 구매자는 섣불리 가격을 먼저 제시해서는 안 된다. 앞서 소개한 사례처럼, 딜러는 100만 원 정도의 할인 여지를 두고 차량 가격을 천만 원으로 붙여놓았을 가능성이 크다. 그런데 고객이 먼저 950만 원을 제시하자, 딜러 입장에서는 '땡큐'였던 것이다.

목표가격을 설정할 때 가장 중요한 것은 객관적 근거에 기반해야 한다는 점이다. 감이나 추측에 의존해서는 안 된다. 먼저 시장 환경을 정확히 파악해야 한다. 최소 세 곳 이상의 신뢰할 만한 정보원을 통해, 동일한 카테고리 제품들의 가격 범위를 조사한다.

다음으로는 자신의 역량과 차별화 요소를 객관적으로 평가해야 한다. 판매자라면 정확한 원가와 운영비용을 계산하는 것은 기본이고, 경쟁 제품보다 나은 점들을 구체적으로 도출해야 한다. 구매자라면 유사 제품의 시장 가격, 제품의 실제 가치, 대체 가능한 옵션들을 종합적으로 검토해야 한다.

마지막으로 앞서 수집한 정보를 바탕으로 목표가격을 설정한다. 이때 중요한 것은 지나치게 낙관적이거나 비관적이지 않은, 현실적인 목표를 세우는 일이다.

희망가격으로 기준점을 선점하라

목표가격을 설정했다면, 이제 희망가격을 정할 차례다. 희망가격은 협상의 시작점이며, 이후 모든 협상의 기준이 된다. 왜 그럴까?

백화점에서 냉장고를 사려 한다고 가정해보자. 매장에 놓인 두 모델, A와 B는 브랜드도 같고, 디자인과 성능도 비슷하며, 출시 시기도 거의 같다. 현재 판매 가격 역시 나란히 300만 원이다. 언뜻 보면 특별한 차이가 없어 보인다. 그런데 소비자의 선택은 A모델 쪽으로 쉽게 쏠린다. 왜일까?

앵커링 이팩트를 활용한 가격 제안

A모델은 원래 350만 원이었는데, 할인으로 300만 원에 판매되고 있다. 소비자 입장에서는 50만 원의 혜택을 받는 셈이다. 반면 B모델은 애초부터 300만 원으로 책정된 제품이다. 가격은 같지만, 그대로 사자니 어딘가 아쉬운 느낌이 든다. 결국 두 제품의 조건은 동일하지만, 대부분의 사람은 A모델에 더 끌린다. 마치 50만 원을 절약한 것처럼 느껴지기 때문이다.

문제는 누구도 A모델의 할인 전 가격을 실제로 확인해본 적이 없다는 점이다. 판매자가 자신이 원하는 모델을 선택받기 위해 전략적으로 설정한

가격이었다고 하더라도, 소비자의 선택은 그 프레임 안에서 이루어진다. 결과는 달라지지 않는다.

이러한 현상이 바로 '앵커링 이펙트(anchor effect)'다. 우리말로 '닻 내림 효과'라고도 부른다. 사람은 처음 접한 숫자나 정보에 마음이 닻처럼 고정되어 이후 판단을 그 기준에 맞춰서 하게 된다. A모델의 350만 원이라는 초기 가격이 기준점이 되어, 현재 가격인 300만 원이 상대적으로 저렴하게 느껴지는 것이다.

부동산 임대 협상을 예로 들어보자. 건물주가 월세를 협의할 때 "원래 500만 원을 받으려고 했는데, 협의해주면 450만 원까지 내릴 수 있다"라고 말한다면, 세입자는 '500만 원'에 먼저 마음이 고정된다. 그래서 450만 원이 합리적인 양보처럼 느껴진다. 하지만 실제로는 건물주가 애초부터 450만 원을 목표로 했을 수도 있다. 최초 제시한 숫자가 협상의 기준점을 만들어낸 것이다.

협상에서 앵커링 효과를 활용하려면, 먼저 상대보다 먼저 희망가격을 제시하는 것이 중요하다. 첫 제안은 협상의 기준점을 선점한다. 이후 오가는 모든 논의는 이 숫자를 중심으로 움직이기 때문이다. 따라서 희망가격은 허용 범위 안에서 최대한 자신에게 유리하게 설정하되, 합리적인 근거가 함께 제시되어야 한다. 아무 근거 없이 높은 숫자를 던지면 오히려 신뢰를 잃을 수 있다.

반대로 상대가 먼저 높은 희망가격을 제시했다면, 그 앵커(anchor)에 휘둘리지 않도록 주의해야 한다. 이럴 때는 즉시 반박 기준을 제시하는 것이 효과적이다. 시장 평균가, 유사 거래 사례, 객관적 수치 등을 근거로 삼아 "그 가격은 시장 시세에 비해 높다"라는 점을 분명히 밝히는 것이다. 이렇게 해야 협상의 중심축을 상대의 앵커에서 내 기준으로 다시 끌어올 수 있다.

가장 위험한 상황은 아무런 준비 없이 협상을 진행하는 것이다. 목표가격과 결렬가격을 설정하지 않은 채 협상에 들어가면, 상대의 첫 제안이 기준점이 되어 그대로 협상을 끌려가게 된다. 결국 내가 만족할 수 없는 결과를 받아들일 가능성이 커진다.

앵커링 효과의 핵심은 첫 제안이 기준점을 만든다는 것이다. 그래서 협상에서는 누가 먼저 얼마를 제시하느냐가 매우 중요하다. 상대가 던진 숫자에 갇히면, 협상 내내 불리한 조건으로 끌려갈 수 있다. 반대로 내가 먼저 합리적인 앵커를 던지면, 협상을 유리한 방향으로 끌고 갈 수 있다.

Aim High 기법

희망가격은 목표가격보다 높게(구매자는 낮게) 설정하는 것이 원칙이다. 이를 'Aim High 기법'이라고 한다. 단순히 높은 가격을 부르는 것이 아니라, 협상 과정에서 양보할 여지를 미리 확보해두는 전략이다.

앞의 광고 대행사 예에서 공급자 A사는 목표가격을 5억 원으로 설정한 뒤, 희망가격을 5억 5천만 원으로 정했다. 협상에서 양보 없이 합의에 이르는 일은 드물기 때문이다. 게다가 대부분의 사람은 상대의 첫 제안을 곧바로 최종 목표라고 여기지 않는다. 만약 A사가 처음부터 목표가격인 5억 원을 제시했다면, B사는 4억 5천만 원이나 4억 3천만 원으로 가격을 깎으려 했을 것이고, 결국 A사는 목표에 못 미치는 수준에서 합의할 수밖에 없었을 것이다.

여기서 중요한 점은, 희망가격이 단순히 '높은 가격'이어서는 안 된다는 것이다. 반드시 합리적 근거가 뒷받침되어야 한다. 터무니없이 높기만 하면 신뢰를 잃고, 협상 자체가 깨질 수 있다.

이때 블러핑(bluffing)과는 분명히 구분해야 한다. 희망가격은 목표가격을 달성하기 위한 전략적 출발점이다. 시장 시세, 경쟁 상황, 제품의 가치 같은 객관적 근거에 기반해 제시해야 한다. 반면 블러핑은 실제로 감당할 의사가 없는 조건을 내세워, 상대의 판단을 흐리게 하려는 시도다. 예컨대 존재하지 않는 경쟁사를 언급하거나, 자신이 가진 대안을 실제보다 부풀려 말하는 방식이 여기에 해당한다. 일시적으로는 상대의 양보를 이끌어낼 수 있을지 몰라도, 한번 신뢰를 잃으면 협상의 판 자체가 무너진다.

중소 식품 기업 A사는 신제품 과자를 대형마트에 납품하려 했다. 시장 조사 결과, 유사 과자류의 납품가는 개당 800원에서 1,200원 사이였다. A사는 자사 제품의 원가를 분석하고, 경쟁사 대비 차별화 요소를 고려해 목표가격을 1,050원, 희망가격을 1,100원으로 정했다. 바이어와의 협상에서 A사는 이렇게 제안했다. "같은 카테고리 제품들의 평균 납품가는 1,000원 정도입니다. 저희 제품은 유기농 원료를 사용했고, 특허받은 바삭함 기술이 적용되어 있습니다. 그래서 개당 1,100원을 제안드립니다."

A사는 구체적인 원가 자료와 경쟁사 분석 데이터를 함께 제시했다. 바

이어가 듣기로도 합리적인 이유와 근거가 있었다. "그렇군요. 하지만 좀 더 네고해주실 순 없을까요? 그렇다면 물량을 고려해서 1,050원은 어떨까요?" 결국 양측은 개당 1,060원에 합의했다.

같은 시기, B사도 목표가격을 1,050원으로 설정했다. 그러나 희망가격을 터무니없이 높게 잡고, 별다른 준비 없이 바이어에게 이렇게 말했다. "우리는 좋은 제품을 만드니까 개당 1,400원 정도 받고 싶습니다."

시장 평균보다 40% 이상 높은 가격이었다. 바이어는 당황한 기색을 숨기지 않았다. "시장 상황을 잘 모르시는 것 같은데요. 이 카테고리 평균 납품가는 1,000원 수준입니다. 1,400원은 어렵습니다." B사는 왜 그 가격을 제시했는지 설명할 근거가 없었다. 결국 바이어가 제시한 900원을 받아들일 수밖에 없었다.

희망가격 설정의 원칙

효과적인 희망가격 설정의 원칙은 다음과 같다.

첫째, 목표가격을 기준으로 설정한다. 일반적으로 목표가격 대비 5~10% 범위에서 희망가격을 정하는 것이 적절하다. 거래 규모가 클수록, 시장이 투명할수록 그 간격은 좁아진다.

둘째, 객관적 근거를 반드시 준비한다. 시장 조사, 경쟁사 분석, 자사의 차별화 요소를 구체적으로 정리해야 한다. "왜 이 가격인가?"라는 질문에 논리적으로 답할 수 있어야 한다.

셋째, 시장 상식의 범위 내에서 설정한다. 터무니없는 가격은 진지한 협상 상대로 인식되지 않는다. 일반적으로 시장 상한가의 1.1배에서 1.3배 수준이 현실적이다.

넷째, 자신감 있게 제시한다. 충분한 근거가 있다면 당당하게 말할 수 있어야 한다. 망설이거나 미안해하는 태도는 오히려 가격의 타당성에 의문을 품게 만든다.

무엇보다 중요한 점은, 희망가격은 블러핑과 다르다는 것이다. 블러핑은 허위 정보로 상대를 속이려는 시도다. 예를 들어 존재하지 않는 경쟁사를 언급하거나, 실제보다 대안을 과장하는 행위가 해당한다. 반면 희망가격은 합리적 근거를 바탕으로 한 전략적 제안이다.

희망가격은 협상의 앵커를 던지는 순간이다. 제대로 던진 앵커는 협상을 목표 지점으로 이끈다.

중소 소프트웨어 기업 A사는 중견 제조업체 B사에 생산관리 프로그램을 납품하려고 했다. B사는 100명의 사용자가 1년간 사용할 라이선스를 요청했고, 본격적인 가격 협상이 시작됐다.

A사는 철저한 사전 준비에 나섰다. 원가 분석 결과 총비용은 4천만 원이었고, 여기에 25%의 이익률을 더해 목표가격을 5천만 원으로 설정했다. 다음으로 시장 조사를 통해 경쟁사 제품의 가격이 사용자당 45만~55만 원

이라는 사실을 확인했고, 자사 제품의 차별화 요소도 정리했다. A사는 24시간 한국어 기술 지원, 제조업 맞춤 대시보드, 무상 업데이트, 그리고 도입 기업들의 생산성 향상 사례를 강점으로 내세울 수 있었다.

이러한 근거를 바탕으로 A사는 사용자당 54만 원, 총 5,400만 원의 희망가격을 제시했다. 이는 시장 상한가에 가까운 가격이었지만, 충분한 근거가 있었기에 자신 있게 협상을 시작할 수 있었다.

협상 자리에서 A사 영업팀은 망설임 없이 가격을 제안하고, 그 이유를 조목조목 설명했다. 바이어는 당초 예산인 4,500만 원을 언급하며 난색을 보였지만, A사가 던진 5,400만 원이라는 앵커 덕분에 협상 기준은 더 높은 위치에 형성됐다.

A사는 블러핑 없이, 실제 차별화 요소와 데이터를 바탕으로 정당한 가격을 제시했고, 상대의 예산 제약을 고려해 다양한 대안을 열어두었다. 그 결과 며칠 후 최종 합의는 5,100만 원에서 이루어졌다. A사는 목표가격보다 100만 원을 초과 달성했고, B사는 A사의 제안 가격보다 300만 원을 절감하는 결과를 얻었다.

희망가격은 단순히 높은 숫자를 부르는 것이 아니라, 객관적 근거와 시장 상식, 그리고 자신감이 결합한 전략적 도구다. A사는 블러핑을 하지 않았다. 존재하지 않는 경쟁사를 언급하거나 거짓 데이터를 제시하지 않았다. 대신 실제 차별화 요소와 검증된 성과를 바탕으로 정당한 가격을 제안했고, 그 결과 협상의 주도권을 잡을 수 있었다.

결렬가격 설정의 원칙

목표가격과 희망가격을 설정했다면, 마지막으로 결렬가격을 정해야 한다. 결렬가격은 협상에서 '이 선을 넘으면 협상을 포기하겠다'라고 정하는 마지노선이다. 이 가격 이하(또는 이상)에서는 차라리 협상을 중단하고, 다른 대안을 선택하는 것이 낫다고 판단하는 지점이다.

결렬가격을 설정할 때 유념해야 할 점은 네 가지다. 첫째, 목표가격을 기준으로 설정해야 한다. 일반적으로 목표가격 대비 5~10% 범위에서 설정하는 것이 적절하다. 둘째, 판매자는 정확한 원가 계산이 필수다. 재료비, 인건비, 간접비 등을 빠짐없이 계산하고, 여기에 최소한의 마진을 더해 결렬가격을 산출해야 한다. 셋째, 구매자는 BATNA를 구체화해야 한다. 실제로 선택 가능한 대안의 가격을 확인해두고, 이를 결렬가격의 기준으로 삼는다. 넷째, 결렬가격은 상황에 따라 유연하게 조정할 수 있어야 한다. 협상 과정에서 새로운 조건이나 기회가 제시된다면, 기존 기준을 재검토하고 수정할 수 있어야 한다.

판매자의 입장에서 결렬가격은 정확한 원가에 적정 마진을 더한 수준이다. 이 가격 이하로는 거래할 실익이 없으며, 오히려 손해를 감수하게 된다. 따라서 결렬가격은 단순한 희망이나 기대가 아니라, 철저한 분석과 계산에 기반해 설정해야 한다.

전자부품 제조업체 C사는 대기업과의 납품 협상에서 철저한 원가 분석을 통해 개당 850원을 결렬가격으로 설정했다. 구매자가 처음에 "800원이 한계"라고 제시하고, 이어서 "820원은 어떻겠느냐?"라고 재차 제안했지만, C사는 기준을 지켰다. 협상은 며칠간 이어졌고, 결국 3일 후 구매자가 먼저 연락해 850원에 최종 합의했다. 명확한 결렬가격이 원하는 결과를 이 끈 사례다.

반면 같은 대기업과 협상한 D사는 결렬가격을 사전에 정하지 않았다. 협상 초반부터 구매자의 가격 압박에 밀려 780원으로 수용했고, 이후 다시 750원까지 내려갔다. 그 결과 마진은 5% 수준으로 줄었고, 원자재 가격 상승이 겹치며 3개월 만에 손실로 전환됐다. 결렬가격 없이 협상에 나선 결과, 방어선이 무너진 대표적인 사례였다.

구매자에게 결렬가격은 BATNA, 즉 대체 가능한 최선의 선택지다. 다시 말해, 다른 대안을 선택할 경우 지불해야 하는 금액이 결렬가격의 기준이 된다. 예를 들어, 아파트를 구매하려는 매수인이 H아파트를 보고 있다고 하자. 그런데 비슷한 입지와 조건의 P아파트가 9억 5천만 원에 매물로 나와 있다면, 매수인의 결렬가격은 9억 5천만 원이다. H아파트와의 협상이 이보다 비싸질 경우, 매수인은 협상을 중단하고 P아파트로 갈아탈 가능성이 높다.

결렬가격은 협상에서 꼭 필요한 기준이지만, 절대 불변의 원칙으로 고집해서는 안 된다. E사는 마진 20%를 목표로 개당 900원을 결렬가격으로 설정하고, 구매자가 제시한 880원에 "기준에 못 미쳐 어렵겠다"라며 협상을 포기했다. 그러나 나중에 확인해보니 그 제안은 3년 장기 계약에 안정적인 물량이 보장된 조건이었고, 880원 기준으로도 마진은 17%로 업계 평균을 웃도는 수준이었다. 게다가 대기업과의 거래 실적은 향후 다른 고객사 유치에도 중요한 자산이 될 수 있었다.

E사는 단기 수익 20원을 더 받기 위해 훨씬 더 큰 가치를 놓친 셈이다. 결렬가격은 협상의 마지노선이지만, 단순한 숫자만을 기준으로 판단하기보다는 그 너머에 있는 장기적 가치와 전략적 이익까지 함께 고려해야 한다. E사의 실수는 결렬가격을 지나치게 경직되게 적용한 것이다. '절대 최소'와 '현실적 최소'를 구분하지 못한 채, 새로운 조건이 제시됐을 때 기존 기준을 유연하게 재검토하지 못했다.

ZOPA를 최적화하라

지금까지는 나의 ZOPA, 즉 내가 수용 가능한 협상 범위를 어떻게 설정할 것인지에 대해 살펴봤다. 하지만 협상은 혼자 하는 것이 아니다. 상대방 역시 자신만의 ZOPA를 가지고 있으며, 그 범위는 협상 초반에 명확히 드러나지 않는다. 그래서 중요한 것은 협상 과정에서 상대의 ZOPA를 어떻게 파악하느냐다. 이때 필요한 것이 바로 '추정'이다. 상대가 직접 숫자를 말해주지는 않기 때문에, 우리는 상대의 말과 반응, 제안 수준 등을 바탕으로 그들의 범위를 분석하고 예측해야 한다.

상대의 ZOPA를 추정하는 첫 번째 방법은 시장 정보를 수집하는 것이다. 유사한 거래 사례나 과거 데이터를 조사하면 상대의 목표가격을 가늠할 수 있다. 예를 들어 광고 대행사 A사가 식품 기업 B사와 협상 중이라면, B사가 전년도에 광고비로 약 4억 5천만 원을 지출했다는 정보를 통해 이번 협상에서 B사의 목표가격이 4억 5천만 원에서 5억 원 사이일 것으로 추정할 수 있다.

또한 상대의 입장을 분석하는 것도 중요하다. 상대가 급하게 계약을 성사해야 하는 상황이라면 협상의 여지는 커진다. 예를 들어 해외 발령을 앞둔 아파트 매도인이 있다면, 그는 시세보다 낮은 가격에도 거래를 성사할 가능성이 높다. 이처럼 시간적 여유, 대체 옵션의 존재, 외부 압박 등은 상대의 결렬가격을 낮추는 요인이 될 수 있다.

상대의 반응을 끌어내기 위해서는 질문이 필요하다. "이번 프로젝트 예산은 어느 정도로 계획하고 계신가요?", "작년에는 어떤 규모로 진행하셨나요?"처럼 직접적이거나 간접적인 질문을 통해 상대의 기준선을 파악할 수 있다. 또한 말보다 중요한 것은 그에 대한 반응이다. 숫자를 들었을 때의 표정 변화, 망설임, 다시 질문을 돌리는 태도 등은 상대의 진짜 한계를 유추할 수 있는 실마리가 된다.

이러한 과정을 거쳐 상대의 ZOPA가 어느 정도 추정됐다면, 그 정보를 바탕으로 전략을 세워야 한다. 예를 들어 A사가 B사의 ZOPA를 '목표 4억 8천만 원, 결렬가격 5억 2천만 원'으로 판단했다면, 자신의 희망가격을 5억 5천만 원으로 제시한 후, 협상의 목표 지점을 4억 9천만 원에서 5억 원 사이로 잡을 수 있다. 이렇게 하면 협상에서 밀리지 않으면서도 현실적인 합의점을 이끌어낼 수 있다.

물론 상대의 ZOPA를 완벽하게 맞히기는 어렵다. 하지만 전혀 추정하지 않는다면, 눈을 감고 협상하는 것과 다르지 않다. 시장 정보를 수집하고, 상대의 상황을 분석하며, 질문과 반응을 통해 정보를 좁혀 나가는 과정이 필요하다. 이 차이가 협상 초보와 고수의 차이를 만든다. 협상의 절반은 정보 싸움이다. 정보를 가진 자가 주도권을 잡는다.

실전 연습. 부동산 매매 협상

이제 배운 내용을 실전에 적용해보자. 경기도 용인 H아파트 매매 협상 사례를 통해 ZOPA 설정과 협상 전략을 연습해보자.

1. 매수인 시나리오

매수인은 4인 가족으로 용인으로 이사를 계획 중이다. H아파트는 지은 지 15년 된 32평 로열층 아파트로 인테리어도 잘되어 있다. 주변 시세는 9억 3천만 원에서 10억원 사이다. 하지만 최근 거래는 거의 없다. 비슷한 조건의 P아파트는 9억 5천만 원에 나와 있다.

매수인은 시세와 시장 침체를 고려해 목표가격 9억 4천만 원, 협상 여지를 위해 희망가격 9억 3천만 원, P아파트가 BATNA이므로 결렬가격 9억 5천만 원으로 설정했다. 인테리어는 잘되어 있지만 어차피 자신들 취향으로 새로 할 계획이라 그 가치를 크게 인정하기 어렵다는 논리다.

<매수인 ZOPA>

D(희망가격)	T(목표가격)	W(결렬가격)
9.3억 원	9.4억 원	9.5억 원

2. 매도인 시나리오

매도인은 2주택자로 다음 달 해외 발령으로 급하게 처분해야 한다. 5년 전 6억 원에 구매했고, 2년 전 3천만 원을 들여 리모델링했다. 로열층(13층/20층)이고, 조망도 좋다.

매도인은 조건과 시간을 고려해 목표가격 9억 6천만 원, 협상 여지를 위해 희망가격 9억 8천만 원, 최소 수익률을 계산해 결렬가격 9억 4천만 원으로 설정했다.

<매도인 ZOPA>

W(결렬가격)	T(목표가격)	D(희망가격)
9.4억 원	9.6억 원	9.8억 원

<ZOPA 분석과 협상>

매도인	W 9.4억 원	T 9.6억 원	D 9.8억 원

[ZOPA: 9.4억 원 ~ 9.5억 원]

매수인	D 9.3억 원	T 9.4억 원	W 9.5억 원

합의 가능 구간은 9억 4천만 원에서 9억 5천만 원 사이다. 협상 과정을 간략히 보자.

매도인이 먼저 희망가격을 제시했다.

"주변 시세가 9억 3천만 원에서 10억 원 사이로 형성되어 있습니다. 저희 집은 로열층에 조망도 좋고, 2년 전 3천만 원을 들여 리모델링했으니 시세 상단인 10억 원도 가능하지만, 빨리 팔고 싶어서 9억 8천만 원을 생각하고 있습니다."

매수인은 자신의 희망가격으로 대응했다.

"시세가 9억 3천만 원에서 10억 원이라고 하셨는데, 그것은 거래가 잘 될 때 시세고 지금은 최근 몇 달간 거래가 거의 없습니다. 시세 조정이 3천만 원 정도는 됐다고 봐야 합니다. 그리고 인테리어는 잘해놓으셨는데, 저희는 취향에 맞게 다시 할 계획입니다. 9억 3천만 원을 생각하고 있습니다."

매도인은 이 가격이 자신의 결렬가격 9억 4천만 원보다 낮다는 것을 알고 있었다. 하지만 협상을 중단하지 않고 양보했다. "9억 3천만 원은 너무 낮습니다. 리모델링 비용만 3천만 원인데요. 9억 6천만 원까지는 생각해볼 수 있습니다."

매수인도 목표가격을 염두에 두고 움직였다. "리모델링을 하신 것은 알지만, 저희는 어차피 다시 할 거라서 그 가치를 인정하기 어렵습니다. 9억 4천만 원은 어떨까요?"

매도인은 한 번 더 시도했다. "9억 4천만 원도 어렵네요. 로열층이고 조망도 좋은데… 9억 5천만 원이 최선입니다."

매수인은 자신의 BATNA를 카드로 꺼냈다. "9억 5천만 원이면 P아파트와 같은 가격인데, 그쪽은 급매라 조건이 좋습니다. 9억 4천 5백만 원은 어떨까요?"

매도인이 제안했다. "그럼 반반씩 양보해서 9억 4천 7백만 원은 어떨까요?"

매수인은 계산했다. 9억 4천 7백만 원은 자신의 목표보다 7백만 원이 높지만, 결렬가격 9억 5천만 원보다는 3백만 원이 낮다. "알겠습니다. 9억 4천 7백만 원으로 하죠."

최종 합의 가격은 9억 4천 7백만 원이다. 매도인은 목표가격 9억 6천만 원에는 미달했지만, 결렬가격 9억 4천만 원보다는 높은 가격에 팔았다. 매수인은 목표가격 9억 4천만 원보다는 높지만, 결렬가격 9억 5천만 원보다는 낮은 가격에 샀다. 양측 모두 자신의 BATNA보다 나은 결과를 얻었기에 성공적인 협상이다.

***

가격 협상은 궁극적으로 자기 자신과의 협상이다. 상대를 설득하는 게 아니라, 먼저 스스로를 납득시켜야 한다. '나는 실제로 어디에서 합의하고 싶은가?', '어디까지 양보할 수 있는가?', '어디서 선을 그을 것인가?' 이 질문에 스스로 답하는 과정이 바로 ZOPA를 설정하는 일이다.

협상 테이블에 앉기 전, 반드시 ZOPA를 설계해야 한다. 가장 먼저 목표가격을 정하고, 이어서 협상 여지를 확보할 희망가격과 협상을 포기할 최소 기준인 결렬가격을 설정한다. 그런 다음, 협상 과정에서 상대의 ZOPA를 추정하고, 두 ZOPA가 겹치는 구간을 찾아야 한다. 그 겹치는 구간, 바로 그 지점에서 협상의 성패가 갈린다.

협상은 운이 아니라 준비의 결과다. ZOPA를 설계하는 순간, 협상은 이미 절반 이상 끝난 것이다. 기준 없는 감으로는 결코 원하는 결과를 얻을 수 없다. 숫자에 끌려가는 사람이 될 것인가, 숫자를 주도하는 사람이 될 것인가. 주도권은 당신의 준비에 달려 있다.

제11강
표면적 요구사항이 아니라, 진짜 이유를 찾아내라

Q. 입장이 다른 상대와는 어떻게 합의해야 할까?

TED 강연으로 세계적인 주목을 받은 사이먼 사이넥(Simon Sinek).[29] 그를 단숨에 스타 반열에 올려놓은 힘은 단 하나의 질문, '왜(Why)'였다. 그는 "사람의 마음을 움직이고 성과를 이끌어내는 모든 일은 바로 이 질문에서 시작된다"라고 말한다. 단지 행동이나 수단이 아닌, 그 일을 왜 하려는가에 대한 본질적 물음이야말로 리더십과 동기부여의 핵심인 것이다.

이 메시지는 기업의 브랜드 전략이나 조직 문화에만 머물지 않는다. 협상에서도 '왜'라는 질문은 결정적인 역할을 한다. 갈등을 조율하고 합의에 이르며, 진짜 원하는 것을 얻기 위해 중요한 것은 요구사항을 다투는 일이 아니라, 그 요구사항에 담긴 이유다.

협상 테이블에서 사람들은 "가격을 낮춰달라", "납기를 단축해달라", "조건을 바꿔달라"라며 대부분 자신이 원하는 것만 말한다. 하지만 정작 그 요구 뒤에 숨은 진짜 이유는 드러나지 않는다. 가격 인하를 요구하는 이유가 예산 부족인지, 경쟁사 비교 때문인지, 내부 결재용 명분인지에 따라 해법은 완전히 달라진다. '왜'를 이해하는 순간, 협상은 단순한 줄다리기에서 문제 해결의 과정으로 바뀐다.

왜(Why)?

미국의 제약회사와 유럽의 원료 공급업체가 협상을 진행하고 있었다. 미국 기업은 신제품 개발에 필요한 핵심 원료를 구매하며 독점권을 확보하길 원했지만, 유럽 업체는 어떤 조건이든 독점권만큼은 허용할 수 없다고 맞섰다. 구매자 입장에서는 핵심 원료가 외부에 노출된 상태로는 신제품 개발에 착수할 수 없었기에 미국 기업은 어떻게든 독점권을 확보해야만 했다.

심사숙고 끝에 미국 기업은 한발 물러서며 최소 주문량 보장과 구매 단가 인상 같은 파격적인 조건을 제안했다. 그런데도 유럽 업체는 기존 입장을 끝내 굽히지 않았다. 미국 기업은 도대체 어떻게 해야 독점권을 받아낼 수 있을지 고민에 빠졌다.

미국 측 협상 대표는 왜 생산 가능한 원료를 모두 사겠다는 기업에 독점권을 줄 수 없느냐고 물었다. 그러자 유럽 업체는 뜻밖의 이유를 밝혔다. 독점권을 주면 현재 거래 중인 사촌과의 계약을 어기게 된다는 것이었다. 미국 기업은 어이없었다. 그런 이유라면 간단히 해결할 수 있었기 때문이다. 미국 기업은 사촌과의 거래만 예외로 인정하고, 나머지에 대해 독점권을 부여하는 조건으로 제안을 수정했다. 결국 두 기업은 그 조건에 합의하며 협상을 마무리했다.

협상은 단순한 조건의 교환이 아니다. 협상의 성패는 표면적인 요구를 얼마나 맞추느냐보다, 상대의 숨겨진 이유를 얼마나 정확히 파악하느냐에 달려 있다.

은행에 정기예금을 들기 위해 간 적이 있다. 원금이 보장되는 상품 중에서는 정기예금의 이율이 그나마 가장 높았다. 조금씩 모은 돈을 조금이라도 불려보고 싶은 마음이었다. 은행별로 금리를 비교한 뒤 가장 높은 곳에 가입할 생각이었다. 그런데 막상 상담을 받아보니, 금리는 기대보다 낮았고 은행 간 차이도 거의 없었다. 어떻게 할지 망설이고 있는데, 은행 직원이 질문 하나를 던졌다.

"혹시 청약통장 가입한 것 있으세요?"

'느닷없이 웬 청약통장?' 이유는 알 수 없었지만, 오래전에 하나 만들어둔 게 있긴 했다. 마침 그 은행 상품이었는데, 딱히 쓸모를 느끼지 못해 납부는 중단한 상태였다. "예, 몇 년 전에 가입한 게 있어요. 조회해보면 나올 겁니다. 근데 그건 왜 물으시는지…."

그러자 은행 직원은 정기예금 대신 청약통장에 돈을 넣어보라고 권했다. 유지 기간이 2년을 넘기면 청약통장의 금리가 정기예금보다 높다는 설명이었다. 원금 보장이나 예금자 보호 측면에서도 정기예금과 조건이 같다고 했다. 게다가 정기예금은 중도 해약 시 이자 손실이 있지만, 청약통장은 아파트 청약 목적이 아니라면 언제든 해지해도 약정된 이자를 모두 받을 수 있다는 장점도 있었다. 내게는 더할 나위 없이 좋은 대안이었다. 결국 나는 청약통장에 돈을 넣기로 했고, 시중 금리보다 높은 이율을 받을 수 있었다. 자칫 놓칠 뻔한 고객을 붙잡은 은행 직원의 기지가 인상 깊은 경험으로 남았다.

포지션(Position)과 인터레스트(Interest)

협상론의 효시로 평가받는 하버드 협상문제연구소는 이 개념을 '포지션'과 '인터레스트'로 설명한다. 성공적인 협상을 위해서는 겉으로 드러나는 요구, 즉 포지션이 아니라 그 요구 뒤에 숨겨진 욕구, 즉 인터레스트에 집중해야 한다고 말한다.

포지션은 상대가 말로 표현하는 요구사항이다. "독점권을 줄 수 없다", "분량을 늘려달라", "가격을 내려달라"처럼 겉으로 드러나는 명시적 주장이다. 반면 인터레스트는 그 요구 뒤에 숨어 있는 진짜 이유다. "사촌과의 약속을 지키고 싶다", "자존심이 상했다", "위험을 감수하고 싶지 않다"처럼 내면에서 비롯된 욕구다.

대부분의 협상이 실패하는 이유는 포지션에만 집중하기 때문이다. 상대가 내세우는 조건만 보고 협상을 진행하면, 돌아오는 것은 합리적인 거절뿐이다. 하지만 인터레스트를 발견해 그것을 정확히 건드릴 수 있다면, 처음에는 불가능해 보였던 합의도 가능해진다.

협상 레볼루션

인터레스트와 관련해 협상에서 자주 인용되는 사례가 있다. 편의점에서 가게를 보고 있는데, 한 손님이 들어와 콜라를 찾는 상황을 떠올려보자. 문제는 마침 콜라 재고가 모두 떨어졌다는 점이다. 지금 목표는 이 손님을 놓치지 않는 것이다. 없는 제품을 찾는 고객을 어떻게 하면 붙잡을 수 있을까?

먼저, 상대의 포지션과 인터레스트를 구분해보자. 손님의 포지션은 '콜라'다. 그렇다면 인터레스트는 무엇일까? 보통 사람들이 콜라를 찾는 데는 몇 가지 이유가 있다. 첫째, 운동 후 갈증을 해소하려는 경우다. 이때 인터레스트는 '갈증 해소'다. 둘째, 속이 더부룩해 탄산음료가 필요한 경우다. 인터레스트는 '탄산'이다. 셋째, 단순히 시원한 음료가 마시고 싶을 수도 있다. 이 경우 인터레스트는 '청량감'이다.

겉으로 판단하기 어려운 경우라면 직접 물어보는 것도 좋다. "혹시 갈증 때문에 콜라를 찾으시는 건가요?" 만약 그렇다면 콜라 대신, 갈증 해소에 더 적합한 이온음료나 건강음료를 추천할 수 있다. 반대로, 소화를 돕기 위해 탄산음료를 찾는 것이라면 사이다를 권할 수도 있다.

그걸 꼭 말로 해야 아냐?

회사에 출근하던 어느 날 아침, 근처 식당에 들러 밥을 먹고 있었다. 그날따라 식당 안이 조금 소란스러웠다. 딱 봐도 신입사원처럼 보이는 한 청년이 일행 서너 명에게 둘러싸여 심하게 혼나고 있었다. 복장으로 보아 인근 보안업체 직원들이라는 것을 알 수 있었다. '도대체 뭘 얼마나 잘못했길래, 아침부터 저렇게까지 욕을 먹고 있는 걸까?' 하는 생각이 들었다.

사연이 궁금해 그들의 대화를 유심히 들었다. 어제 아침, 선배 직원이 후배에게 "날씨가 추우니 일 나가기 10분 전에 차에 시동을 걸어 두라"라고 지시했다고 했다. 근무지로 출발하기 전, 차량 내부를 미리 따뜻하게 해두려는 의도였다. 그렇지 않으면 한겨울 차 안은 냉동실처럼 차가워 한참을 떨어야 하기 때문이다. 그런데 후배 직원은 이 일을 제대로 해내지 못했다. 지시대로 시동은 잘 걸어 두었지만, 히터는 켜지 않은 채 그냥 두었다. 시동만 걸어 놓고 정작 중요한 히터는 작동시키지 않았던 것이다.

이야기를 들으며 웃음을 참느라 애를 먹었다. 상대의 말뜻을 제대로 이해하지 못해 곤란을 겪은 전형적인 사례였다. 꽁꽁 언 차에 시동만 덩그러니 걸려 있는 모습을 본 선배는 얼마나 황당했을까. 아마 후배 직원의 회사 생활은 한동안 순탄치 않았을 것이다.

한편으로는 후배 입장에서 억울할 법도 하다. 선배는 분명 "시동을 걸어 두라"라고 했지, "히터를 틀어 놓으라"라는 말은 하지 않았다. 따지고 보면 선배의 설명이 불친절했다고도 할 수 있다. 하지만 이런 항변은 별 효과가 없다는 것을 누구보다 본인도 잘 알 것이다. 돌아오는 말은 정해져 있으니까. "그걸 꼭 말로 해야 아냐?"

이 웃을 수도, 울 수도 없는 이야기가 협상에서 주는 교훈은 크다. "시동을 걸라"라는 말은 포지션이고, "차 안을 따뜻하게 해두라"라는 속마음은 인터레스트에 해당한다. 신입사원의 실수는 포지션에만 집착한 나머지, 상대의 인터레스트를 파악하지 못한 데서 비롯된 결과다.

협상 레볼루션

마케팅 천재를 영입한 스티브 잡스

협상은 흔히 상대가 원하는 조건을 맞추는 과정으로 오해된다. 예컨대 연봉, 직책, 계약 기간, 보너스 같은 요소가 협상의 핵심이라고 생각하기 쉽다. 하지만 표면적인 요구사항을 충족하는 것만으로는 협상이 끝나지 않는다. 진짜 협상은 상대가 말하지는 않았지만, 마음속 깊이 갈망하는 가치를 발견하는 순간부터 시작된다. 스티브 잡스가 펩시 CEO 존 스컬리(John Scully)를 애플로 영입한 일은 그 사실을 잘 보여주는 대표적인 사례[30]다.

존 스컬리는 펩시에서 눈부신 성공을 거둔 인물이었다. '펩시 챌린지(Pepsi Challenge)'라는 혁신적인 마케팅 캠페인을 통해, 그는 코카콜라에 밀리던 펩시의 이미지를 반전시켰다. 블라인드 테스트 결과, 소비자들이 코카콜라보다 펩시를 더 선호한다는 점을 강조하면서 펩시는 젊고 도전적인 브랜드로 자리매김했다. 이 성과 덕분에 스컬리는 마케팅 천재이자 젊은 글로벌 리더로 평가받았다. 그는 안정적인 보상, 사회적 명성, 그리고 세계적인 기업의 CEO 자리를 이미 누리고 있었고, 누구도 그가 그 자리를 떠날 이유가 있다고는 생각하지 않았다.

1980년대 초, 애플은 매킨토시 출시를 준비 중이었다. 기술적으로는 혁신적이었지만, 문제는 그 기술을 어떻게 대중에게 알릴 것인가, 그리고 IBM 같은 거대 기업과의 경쟁 속에서 어떻게 살아남을 것인가였다. 스티브 잡스는 이 두 가지 질문에 답을 줄 수 있는 인물로 존 스컬리를 떠올렸다. 그는 스컬리에게 애플 CEO 자리를 제안했다.

그러나 스컬리의 첫 반응은 단호한 거절이었다. 펩시라는 안정된 무대에서 굳이 모험을 감수할 이유가 없었던 것이다. 표면적인 조건만 놓고 보면, 잡스의 제안은 펩시가 제공하는 안정성과 보상을 뛰어넘지 못했다.

하지만 잡스는 여기서 멈추지 않았다. 그는 스컬리의 마음속에 자리한 숨은 가치를 정확히 읽어냈다. 스컬리가 진정으로 원한 것은 더 높은 연봉이나 화려한 직함이 아니었다. 그가 갈망한 것은 자신의 인생이 어떤 의미가 있는지, 세상에 어떤 흔적을 남길 수 있는지에 대한 더 근원적인 욕구였다. 잡스는 바로 그 지점을 건드렸다. 그리고 스컬리에게 이렇게 물었다.

"당신은 평생 설탕물만 팔 건가요? 아니면 나와 함께 세상을 바꾸고 싶나요?(Do you want to sell sugar water for the rest of your life, or do you want to come with me and change the world?)"

이 한마디는 스컬리의 내면을 뒤흔들었다. 지금까지는 안정성과 보상이 선택의 기준이었다면, 그 순간부터 의미와 비전이 중심이 됐다. 결국 그는 애플로 향하는 모험을 택했다.

스컬리의 첫 거절은 표면적인 요구, 즉 포지션이다. 스티브 잡스는 조건 경쟁을 거부하고, 대신 상대가 마음속에 감춰둔 가치, 곧 인터레스트를 꿰뚫어 봤다. 바로 그 지점에서 협상의 판이 뒤집혔다. 협상가는 언제나 상대의 말 뒤에 숨어 있는 욕구를 읽어야 한다. 표면적 요구를 맞추는 데 그치면 협상은 단순한 거래로 끝난다. 하지만 숨겨진 가치를 건드릴 수 있다면, 협상은 인생의 전환점이 된다. 잡스와 스컬리의 이야기는 그 사실을 상징적으로 보여준다.

협업이 어려운 이유

한 회사에 법무팀이 새로 생기면서, 김 차장이 팀장으로 발령받았다. 그러나 상황은 녹록지 않았다. 회사에는 법무 관련 시스템이나 업무 기반이 전혀 없었고, 직급도 높지 않은 그가 1인 팀으로 모든 일을 감당해야 했다. 경영진의 의지와 무관하게, 가장 큰 어려움은 내부의 협조를 이끌어내는 일이었다.

회사는 빌딩 임대업도 겸하고 있었는데, 임차인 중 한 업체가 부도를 냈다. 다행히 밀린 임대료 등 금전적 피해는 막을 수 있었지만, 원상복구 문제가 새로운 골칫거리로 떠올랐다. 부도난 업체는 이를 처리할 여력이 없었고, 책임 부서가 불분명해 누구도 나서지 않았다. 결국 이 일까지 김 차장이 맡게 됐다.

문제는 그에게 이 분야에 대한 경험과 지식이 전혀 없었다는 점이었다. 공사업체 선정부터 감독, 최종 확인까지 결코 간단한 일이 아니었다. 누군가의 도움이 절실했다. 다행히 예전에 빌딩 관리 업무를 총괄했던 영업부 A이사가 그 분야 전문가라는 사실을 알게 됐다. A이사가 협조해준다면, 문제는 어렵지 않게 풀릴 것 같았다. 김 차장은 곧바로 도움을 요청했다.

하지만 A이사는 윗선과 사이가 좋지 않았다. 법무팀을 총괄하는 임원과 A이사 사이에는 보이지 않는 힘겨루기가 있었다. 과거 안 좋은 일이 있었고, 감정의 골도 깊었다. 두 사람은 엎치락뒤치락하는 경쟁 관계였다. 그런 상황에서 김 차장은 A이사의 협조를 받아내야 했다.

김 차장은 부탁도 해보고, 떼도 써봤다. 그렇게 A이사의 도움을 요청하는 과정에서 조금씩 실마리를 찾아냈다. A이사가 비협조적인 이유는 도와주기 싫어서가 아니었다. 자신의 책임이 아닌 일에 휘말려, 혹시 문제가 생기면 책임을 뒤집어쓸까 봐 염려했던 것이다. 말은 없었지만, 과거에 비슷한 경험이 있었던 듯했다. 다시 말해, 책임 범위만 명확히 해준다면 기꺼이 협조할 의사가 있었다. 김 차장은 그 지점에 초점을 맞췄다.

먼저 김 차장은 지금까지의 경과를 보고서에 꼼꼼히 정리했다. 현 상황과 부서 간 업무 분담을 명확히 밝히고, 법무팀과 A이사의 역할을 세세히 구분했다. 특히 책임 소재가 민감한 사안은 법무팀이 맡겠다는 점을 강조했다. 보고서를 올리기 전, 그는 A이사에게 먼저 보여주며 의견을 구했다. 책임을 떠안을 일은 없다는 점을 확실히 전하고 싶었기 때문이다.

일주일쯤 지나자 A이사는 조금씩 마음을 열기 시작했다. 공사업체를 선정해 작업에 들어갔고, 김 차장은 공사에 대해 잘 모르면서도 A이사를 따라 현장을 빠짐없이 챙겼다. 문제가 생기면 법무팀이 책임지겠다는 의지를 보여주기 위해서였다. 또 혹시 모를 쟁점을 대비해 변호사 자문 내용도 따로 정리해 보고했다. 말하자면, 이 건에 관해서는 모르는 게 없도록 하나하나 공유한 것이다. 그러자 A이사는 자기 일처럼 적극적으로 나섰고, 결국 부도 임차인 문제도 원만히 해결됐다.

A이사의 포지션은 "협조할 수 없다"였다. 하지만 진짜 이유, 즉 인터레스트는 "책임까지 덮어쓰고 싶지 않다"였다. 겉으로 드러난 말만 믿고 대응했다면 협상은 실패했을 것이다. 하지만 속마음을 이해하고 그 부담을 덜어주자, 협상은 자연스럽게 풀렸다.

숨겨진 인터레스트를 찾아내는 방법

상대의 진짜 이유, 즉 인터레스트를 찾는 방법은 크게 두 가지다.

첫 번째는 추측하는 것이다. 상대의 입장이 되어 생각하는 것이다. 내가 저 사람이라면 무엇이 걱정될까, 내가 저 상황이라면 무엇을 원할까를 스스로한테 물어보는 것이다. 스티브 잡스가 펩시의 CEO 존 스컬리를 영입할 때가 좋은 사례다. 잡스는 이미 성공한 CEO가 무엇을 더 원할지 생각했다. 연봉이 아니라 의미였다. 그래서 "평생 설탕물만 팔 건가요? 아니면 나와 함께 세상을 바꾸고 싶나요?"라는 질문으로 그 지점을 건드렸다.

추측할 때는 다음과 같은 질문들이 도움이 된다.

상대가 가장 두려워하는 것은 무엇일까?
상대가 가장 소중하게 여기는 것은 무엇일까?
상대의 처지에서 가장 큰 제약은 무엇일까?

은행 직원의 경우를 생각해보자. 고객이 정기예금 금리가 낮다며 망설인다. 이때 추측할 수 있다. 이 고객이 정말 원하는 것은 정기예금이 아니라 원금이 보장되는 높은 금리의 상품이다. 그렇다면 정기예금이 아닌 다른 상품 중에서 원금이 보장되면서 더 높은 금리를 제공하는 것을 찾으면 된다.

두 번째는 직접 물어보는 것이다. 가장 직접적이고 확실한 방법이다. 제약회사 사례를 다시 보자. 미국 기업은 독점권을 거부하는 유럽 업체의 마음을 움직이기 위해 파격적인 조건을 제안했다. 하지만 유럽 회사는 태도를 굽히지 않았다. 그때 미국 측 협상 대표는 직접 물었다. "왜 독점권을 줄 수 없습니까?" 그러자 "사촌과의 약속 때문"이라는 진짜 이유가 나왔다. 만약 묻지 않았다면 영원히 알 수 없었을 것이다.

다만 직접 물을 때는 방식이 중요하다. "왜 안 됩니까?"라고 따지듯 물으면 상대는 방어적으로 된다. 대신 부드럽고 진심 어린 질문이 더 효과적이다. "어떤 점이 걱정되시나요?", "무엇이 가장 중요하신가요?", "제가 도와드릴 수 있는 부분이 있을까요?"

미국 와튼스쿨에서 협상을 가르치는 스튜어트 다이아몬드(Stuart Diamond) 교수는 협상에서 가장 덜 중요한 사람은 자기 자신이라고 말한 바 있다.[31] 내 목표를 달성하기 위해서는 내 입장이 아니라 상대의 입장이 되어봐야 한다. 상대의 입장이 되어 추측하고, 그 추측을 확인하기 위해 물어보라. 이 두 가지만 제대로 해도 협상의 절반은 성공한 것이나 다름없다.

***

영화 <관상>에서 송강호는 사람 얼굴을 보는 데 능한 인물로 등장한다. 겉모습만 보고 팔자를 점쳐 떼돈을 벌지만, 결국 그 재주 때문에 아들을 잃고 자신도 간신히 목숨을 건진다. 그는 마지막 장면에서 자신의 오류를 깨닫고 이렇게 말한다.

"나는 바람을 보지 못했소. 파도만 봤을 뿐. 파도를 만드는 건 바람인데 말이오."

협상 레볼루션

이 한마디는 협상의 본질을 꿰뚫는다. 상대가 겉으로 드러내는 요구는 파도, 즉 포지션이다. 그러나 협상가는 그 속에 숨은 바람, 곧 진짜 의도인 인터레스트를 읽을 줄 알아야 한다.

협상에서 중요한 것은 돈도, 직위도, 조건도 아니다. 상대 마음 깊이 자리한 가치와 욕구를 꿰뚫는 통찰력, 그 한 가지다. 바로 거기에 협상의 힘이 있고, 합의가 시작된다.

다음 협상에서는 상대가 말하는 것(포지션)이 아니라, 진짜 원하는 것(인터레스트)에 집중하라. 상대의 입장이 되어 추측하고, 조심스럽게 물어 확인하라.

파도가 아니라 바람을 보는 순간, 불가능해 보이던 협상도 길이 열린다.

제12강
창조적 대안을 도출하라

Q. 서로가 원하는 것이 충돌할 때 어떻게 협상해야 할까?

지방 발령이 난 김 과장은 한 달 안에 집을 구해 가족과 함께 이사해야 했다. 부랴부랴 부동산을 돌던 중 마음에 쏙 드는 집을 발견했다. 아이들 학교도 가깝고 출퇴근도 편하며, 아내도 만족해했다.

문제는 전세금이었다. 집주인은 2억 5천만 원을 원했고, 김 과장의 예산은 2억 2천만 원이었다. 3천만 원이 부족했다. 김 과장은 조심스럽게 가격을 조정할 수 있는지 물었지만, 집주인은 단호했다. "작년에도 2억 5천만 원에 계약했어요."

김 과장은 난감했다. 더 이상 돈을 구할 방법도, 이 집을 대체할 만한 매물도 없었다. 시간이 촉박했고, 가족들도 이 집을 원했다.

그때 김 과장에게 회사 규정이 떠올랐다. 지방 발령자에게 임시 거주 월세를 3개월간 월 100만 원 한도로 지원해준다는 내용이었다.

그는 아이디어를 냈다. 집주인에게 다시 전화를 걸었다. "처음 3개월은 월세 100만 원으로 하시고, 이후에는 전세 2억 2천만 원으로 전환하면 어떻겠습니까?"

집주인은 고민했다. 2억 5천만 원을 고집하면 세입자를 새로 구해야 하고, 그사이 공실도 감수해야 한다. 김 과장의 제안은 전세금은 다소 낮지만 초기 현금이 들어오고, 계약도 빠르며, 회사 발령자라 신뢰도 있었다. 결국 집주인은 수락했다.

김 과장은 예산 안에서 집을 얻었고, 3개월치 월세 300만 원은 회사에서 지원받았다. 집주인도 만족했다. 빠른 계약과 안정적인 수입을 동시에 얻었기 때문이다.

창조적 대안

'창조적 대안'이란 협상에서 양측의 요구가 충돌할 때, 'A 아니면 B'라는 이분법을 넘어 새로운 해결책을 만들어내는 것이다. 김 과장의 협상도 원래 선택지는 두 가지뿐이었다. '전세 2억 5천만 원을 수용하거나, 포기하거나.' 그러나 그는 제3의 길을 제시했다. '3개월 월세 + 전세 2억 2천만 원.' 이것이 바로 창조적 대안이다.

협상에서 양측의 요구가 충돌하면 우리는 보통 둘 중 하나를 선택해야 한다고 생각한다. 그러나 창조적 대안은 이 틀을 깬다. '어떻게 하면 둘 다 만족할 수 있을까?'라는 질문에서 출발해 기존에 없던 새로운 해법을 만들어내는 것이다.

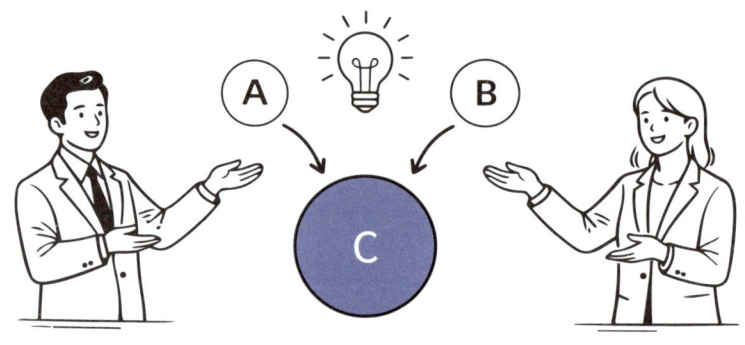

창조적 대안의 구조

IT 기업 A사는 한 고객사와 솔루션 공급 계약을 협상 중이었다. 고객사는 '라이선스 구매' 방식을 원했고, A사는 '월 구독료' 방식만을 고집했다. 고객사는 초기 비용을 줄이고 싶었고, A사는 꾸준한 월 매출이 필요했다. 양측이 팽팽히 맞서는 상황에서 A사는 제3의 제안을 내놓았다. "처음 6개월은 구독 방식으로 시작하고, 이후 제품에 만족하시면 라이선스로 전환하되, 이미 낸 구독료는 구매가에서 차감하겠습니다." 고객사는 부담을 줄일 수 있었고, A사는 제품의 가치를 입증할 시간을 확보했다. 결국, 양측 모두 만족하는 계약이 성사됐다.

제조업체 B사는 한 유통업체와 납품 단가 협상을 벌이고 있었다. 유통업체는 "단가를 10% 인하해달라"라고 요구했고, B사는 "현행 유지"를 고수했다. 협상은 결렬 직전까지 갔다. 이때 B사는 유통업체의 진짜 관심사가 '단가'가 아니라 '마진 확보'라는 점을 파악했다. 그래서 새로운 제안을 내놓았다. "단가는 5%만 인하하되, 물류비는 B사가 부담하고, 반품률을 줄이기 위해 전담 상담원을 배치하겠습니다." 유통업체는 단가 인하 5%, 물류비 절감 3%, 반품 감소 효과 2%를 합쳐 총 10% 이상의 마진 개선 효과를 얻었다. B사는 실질적인 단가 인하 없이도 고객을 만족시킬 수 있었다.

컨설팅 회사 C사는 한 스타트업과 계약을 논의 중이었다. 스타트업은 "현금이 부족하니 컨설팅 비용을 줄여달라"라고 요청했고, C사는 "우리 서비스의 가치는 정당한 대가를 받아야 한다"라며 맞섰다. 갈등이 이어지자 C사는 새로운 제안을 내놓았다. "컨설팅 비용의 30%는 현금으로 받고, 나머지 70%는 귀사의 스톡옵션으로 받겠습니다." 스타트업은 현금 부담을 줄일 수 있었고, C사는 스타트업이 성공할 경우 더 큰 수익을 기대할 수 있게 됐다. 양측의 이해가 일치하며 장기적인 파트너십의 기반도 마련됐다.

세 사례의 공통점은 'A 아니면 B'라는 이분법에 갇히지 않고, 'C라는 새로운 길'을 만들어냈다는 점이다. A사는 시간을 활용했고, B사는 새로운 이슈를 추가했으며, C사는 지불 방식을 바꿨다. 이것이 창조적 대안이다.

제11강에서는 상대의 겉으로 드러난 요구(포지션)가 아니라, 내면의 욕구(인터레스트)를 파악하는 것이 협상의 핵심이라고 배웠다. 창조적 대안은 그다음 단계다. 상대의 인터레스트를 알았다면, 이제는 그것을 충족시킬 새로운 방법을 고안해야 한다.

연결고리를 찾아라(Find a Bridge)

창조적 대안을 만드는 첫 번째 방법은 Find a Bridge다. 이는 양측이 공동으로 추구하는 목표나 이익에 기반해, 모두가 수용할 수 있는 제3의 해결책을 찾는 접근법이다. 겉으로는 충돌하는 것처럼 보여도, 실제로는 같은 방향을 지향하는 경우가 많다. 접점을 발견하는 순간, 협상은 새로운 돌파구를 마련한다.

야구장 관람석 앞에는 안전 펜스가 설치되어 있다. 모두가 경기를 볼 권리가 있지만, 이 펜스는 키가 작은 사람에게 장애물이다. 키 큰 사람은 펜스 너머로 경기를 잘 볼 수 있지만, 키 작은 사람은 시야가 가려 제대로 관람할 수 없다. 그는 행정당국에 "발판을 하나 더 주세요"라고 말했다.

이것이 그의 포지션, 즉 겉으로 드러난 요구다. 행정당국은 모든 관람객의 권리를 보장하기 위해 형평성을 고려한 조처를 한다. 키 작은 사람에게는 발판 2개를, 중간 키인 사람에게는 1개를 지급한다. 이로써 문제는 해결된 것처럼 보인다.

키 작은 사람은 경기를 못 본다   특혜를 주면 또 다른 불만을 야기한다

협상 레볼루션

그러나 곧 키 큰 사람이 반발한다. "왜 나는 발판을 받지 못하나요? 똑같이 입장료를 냈는데 불공평합니다." 그의 주장도 일리가 있다. 포지션에만 집중하면 한쪽 문제를 해결하는 순간, 다른 쪽에서 새로운 문제가 발생한다. 발판이라는 해결책이 또 다른 불공정을 만들어내는 것이다.

이쯤에서 질문을 바꿔야 한다. 키 작은 사람의 인터레스트, 즉 내면의 욕구는 '발판'이 아니다. 그가 원하는 것은 '경기를 잘 보는 것'이다. 그렇다면 다시 물어야 한다. "왜 그는 경기를 볼 수 없는가?" 해답은 분명하다. 펜스가 시야를 가리기 때문이다.

문제의 핵심은 발판이 아니라 펜스다. 그렇다면 펜스를 없애면 될까? 그러나 그것은 불가능하다. 펜스는 관중의 안전을 위한 필수 장치다. 시야보다 안전이 우선이다.

이제 다시 새로운 질문이 필요하다. 안전을 지키면서도 모두가 경기를 볼 수 있는 방법은 없을까? 해답은 펜스를 바꾸는 것이다. 불투명한 펜스 대신 투명한 아크릴이나 촘촘한 그물망으로 교체하면 된다. 안전 기능은 그대로 유지하면서 시야도 확보된다. 이제는 키 작은 사람도, 키 큰 사람도 모두 불편 없이 경기를 관람할 수 있다. 발판도, 추가 혜택도 필요 없다. 모두가 만족하는 해결책이다.

포지션에 집중하면 '발판'이라는 제한된 해법만 보인다. 하지만 인터레스트를 이해하면 '펜스'라는 근본 원인이 드러나고, 모두가 만족할 수 있는 창의적 해법을 설계할 수 있다. 핵심은 상대의 포지션이 아니라, 그 이면에 숨은 인터레스트를 파악하고 그것을 해결할 새로운 방법을 모색하는 것이다. 이러한 공통의 해법을 찾아내는 과정이 Find a Bridge, 창조적 대안을 도출하는 첫 번째 열쇠다.

조건을 걸어라(Set Conditions)

창조적 대안을 만드는 두 번째 방법은 Set Conditions, 즉 조건을 거는 방식이다. 이 접근은 고정된 요구를 그대로 수용하기 어려울 때, 조건, 상황, 시간, 성과를 변수로 삼아 새로운 합의의 틀을 설계한다. 단순히 "지금 이 조건은 어렵다"로 막히는 대신, "어떤 조건이 충족된다면 가능하다"라는 여지를 남긴다.

조건 협상의 핵심은 미래의 특정 사건이나 기준을 합의의 변수로 삼는 데 있다. 협상 당사자는 모든 정보를 현재 시점에서 알 수 없다. 가격, 수요, 기술 성능 등은 예측이 어렵다. 그래서 불확실한 미래를 함께 정의해 조건부 합의를 만들면, 협상에 강력한 돌파구가 생긴다.

곡물을 원료로 식음료 제품을 만드는 기업 이야기다. 이 회사는 해마다 일정량의 국산 원료를 사용한다. 국산은 수입산보다 훨씬 비싸지만, 우리 농민을 보호하고 기업 이미지를 높이기 위해 농협과 계약재배 방식으로 거래해왔다.

문제는 몇 년째 계약이 지켜지지 않는다는 점이었다. 전년도에 계약한 단가보다 수확기인 이듬해 시장 가격이 더 높으면, 농민들은 시장에 곡물을 내다 팔았다. 그게 더 이익이기 때문이다. 그렇다고 계약 불이행에 책임을 묻기도 어려웠다. '우리 농민과 상생하는 기업'이라는 이미지에 어긋나는 일이기 때문이다. 회사는 국산 원료 사용 실적이 필요했고, 농민은 제값을 받고 싶었다.

그렇다고 무작정 높은 단가로 계약할 수도 없었다. 시장 가격이 내려가면 회사가 손해를 본다. 설령 만족스러운 단가에 계약하더라도, 다음 해 시장 가격이 더 오르면 같은 문제가 다시 생긴다. 어떻게 해야 농민과 회사 모두가 만족하는 계약을 만들 수 있을까?

해결책은 가격에 조건을 거는 방식에 있었다. '시장가보다 높은 가격'을 원하는 농민과 '안정적인 원료 확보'를 바라는 회사, 두 이해관계를 동시에 충족하려면 계약 단가를 고정하지 말고 유동적인 조건으로 설정하면 된다. 기준 가격에 다음 해 시장 상황을 반영한 변동 가격을 더해 단가를 산정하는 방식이다. 단가 조항을 '플러스알파' 형태로 설계하면, 양쪽 모두 만족하는 결과를 얻을 수 있다. 농민은 시장 가격 이상을 받을 수 있어, 계약을 어기고 시장에 곡물을 파는 이유가 없어진다.

그리하여 이듬해부터 회사는 안정적으로 국산 원료를 확보했고, 농민도 예측 가능한 수익을 보장받을 수 있었다.

Set Conditions은 조건을 붙여 미래를 약속하는 방식이다. 확정이 어려운 사안을 당장 결정하지 않고, 특정 조건이 충족될 경우 실행하겠다는 합의다. 예를 들어 "시장 가격이 일정 수준을 넘으면 추가 지급한다"라는 조항은 갈등을 줄이고, 양측 모두에 유연한 선택지를 제공한다. 불확실한 미래를 함께 설계함으로써 협상의 지속 가능성을 높이는 접근이다.

파이를 키워라(Expand the Pie)

창조적 대안을 만드는 세 번째 방법은 Expand the Pie, 즉 파이를 키우는 방식이다. 협상이 어려워지는 이유 중 하나는 대부분 '정해진 파이를 어떻게 나눌 것인가?'에만 집중하기 때문이다. 파이가 고정되어 있다면, 한쪽이 얻는 만큼 다른 쪽은 잃게 된다. 이런 제로섬 구조에서는 양측이 모두 만족하는 합의를 만들기 어렵다.

Expand the Pie는 파이의 크기 자체를 다시 설계하는 접근이다. 기존의 가치만 놓고 다투는 대신 새로운 자원과 기회, 기준을 발굴해 전체 파이를 키운다. 그러면 양측 모두 더 나은 결과를 얻을 수 있다.

경남 창원 지역에서 시내버스 노사가 충돌한 적이 있다. 쟁점은 임금 인상과 정년 연장의 폭이었다. 사측은 경영상의 이유를 들어 노조의 요구를 거부했다. 출근길 교통대란이 우려되는 상황에서 밤샘 협상이 시작됐지만, 양측의 입장이 팽팽히 맞서 좀처럼 접점을 찾기 어려웠다. 그런데 협상은 전혀 다른 방향에서 풀렸다. 사측이 '체력단련비' 항목을 제안했고, 그것이 타결의 결정적 계기가 됐다.[32]

임금 인상과 정년 연장은 표면적 요구였고, 그 뒤에는 '보다 나은 삶'이라는 더 큰 이해관계가 숨어 있었다. 그렇다면 사측으로서는 다양한 카드를 제시해볼 여지가 생긴다. 직원들의 삶을 어떻게 더 윤택하게 만들 수 있을까. 그렇게 나온 대안이 '체력단련비'였다. 월 5만 원씩 지급되는 체력단련비는 연간 60만 원으로, 임금 인상 1% 수준의 효과를 냈다. 하지만 회사는 이를 복리후생비로 처리해 인건비 부담을 줄일 수 있었다.

주목할 점은 체력단련비는 애초에 협상 테이블에 올라온 쟁점이 아니었다는 것이다. 협상 과정에서 전혀 새로운 안건을 만들어낸 셈이다. 이런 접근을 협상 용어로 '파이 키우기(Expand the Pie)'라고 부른다.

구매 계약 협상을 예로 들어보자. 거래처가 단가 인상을 요구하며, 이번에도 올려주지 않으면 공급을 끊겠다고 압박한다. 하지만 내부 사정상 인상은 어렵고, 거래처를 바꾸는 일도 쉽지 않다. 어떻게 협상해야 할까?

단가 인상은 요구사항일 뿐이다. 거래처의 진짜 관심사는 '수익 증대'다. 그렇다면 수익에 영향을 미치는 요소에는 무엇이 있을까? 단가만 있는 게 아니다. 주문 수량을 늘리거나, 배송비를 우리가 부담하거나, 결제 주기를 앞당겨주는 방법도 있다.

이처럼 표면적 쟁점인 '단가'에만 매달리지 않고 '수량', '배송비', '결제 조건' 같은 새로운 이슈를 추가하는 전략이 바로 파이를 키우는 것이다.

협상은 교환의 과정이다. 원하는 것을 얻으려면 그에 상응하는 것을 내놓아야 하고, 가능하다면 덜 중요한 것을 주고 더 중요한 것을 받아야 한다. 이를 가능하게 하는 열쇠는 상대의 포지션이 아니라 인터레스트, 즉 진짜 필요와 동기를 파악하는 일이다. 인터레스트에 초점을 맞추면 우리가 제시할 수 있는 선택지와 교환 카드가 자연스럽게 늘어난다. 협상의 파이를 키우는 순간, 처음에는 불가능해 보이던 상황에서도 새로운 길이 열린다.

Expand the Pie는 '협상 테이블에 무엇을 더 올릴 수 있을까?'라는 질문에서 시작된다. 하나의 쟁점만 붙잡고 있으면 협상은 제로섬이 되기 쉽지만, 새로운 안건이 추가되는 순간, 양측 모두에게 이익이 되는 가능성이 열린다. 협상은 상대의 몫을 빼앗는 '밀당'이 아니다. 서로 줄 수 있는 것과 얻을 수 있는 것을 넓혀 가는 '기브 앤 테이크'의 과정이다.

파이를 나눠라(Split the Pie)

창조적 대안을 도출하는 네 번째 방법은 Split the Pie, 즉 하나의 안건을 여러 요소로 나눠 협상하는 방식이다. 안건의 중요도가 너무 크면, 양측 모두 전체를 두고는 쉽게 물러서지 못한다. 협상은 곧바로 대립 구도로 고착된다. 이럴 때는 핵심 안건을 구성하는 세부 요소들을 나누고, 각각의 의미와 성격에 따라 따로 접근해야 한다. 그렇게 쪼개면 갈등의 압력이 줄어들고, 협상은 다시 유연해진다.

안건을 세분화하면 전체에 대해 '예스' 아니면 '노'로 합의할 필요가 없다. 일부는 상대의 기준을, 다른 일부는 우리의 기준을 반영하는 조합이 가능해진다. 작은 합의가 하나씩 쌓이면, 큰 갈등도 단계적으로 해결될 수 있다. Split the Pie는 거대한 쟁점을 잘게 나눠 막혀 있던 협상을 다시 움직이게 만드는 창조적 대안이다.

2011년 5월, 북미 프로미식축구(NFL) 구단주들과 선수 노조는 수익 분배를 놓고 극한 갈등에 빠졌다. 구단주들은 투자 자금 명목으로 20억 달러를 먼저 배정받기를 원했고, 선수 노조는 총수익의 절반을 나누는 것이 공정하다고 맞섰다. 양측 입장은 평행선을 달렸고, 협상이 결렬될 경우 예상

손실은 100억 달러에 달했다. 모두가 패자가 되는 상황이었다.[33]

갈등이 장기화되자 협상은 테이블 밖으로 밀려났고, 선수 노조는 조직을 해산한 뒤 구단주들을 상대로 반독점 소송을 제기했다. 구단주들은 이에 대응해 리그 전체를 직장 폐쇄(lockout)하며 선수들을 배제했다. 법정 공방과 경제적 압박이 커질수록 시즌 취소 위험은 점점 현실이 됐고, 양측 모두 더 이상 기존 방식으로는 해결이 불가능하다는 사실을 인식하게 됐다.

이때 전환점이 찾아왔다. 그들은 수익 분배라는 단일한 안건만을 붙잡고는 절대 합의에 도달할 수 없다는 사실을 받아들였다. 마침내 두 진영을 모두 만족시킬 아이디어가 나왔다. 단순히 수익을 몇 대 몇으로 나누는 게 아니었다. 중계방송 수익, 자회사 운영 수익, 로컬 수익으로 수익의 종류를 세분화했다. 그리고 선수 노조 측에 선택권을 제안했다. 더 중요한 항목에 대해 우선권을 주는 방식이었다.

선수 노조는 자신들의 영향력이 큰 중계방송 수익의 55%를 받는 대신, 자회사 운영 수익과 로컬 수익은 각각 45%, 40%만 받기로 했다. 여기에 더해 선수 안전 기준 강화, 부상 보상 제도와 은퇴 후 복지, 시즌 경기 수 조정, 루키 계약 구조 개선, 팀별 샐러리캡(Salary Cap, 팀 연봉 총액 상한선)과 최저 지출 기준 마련, 수익 배분 방식의 단계적 조정 등 다양한 항목에 합의가 이루어졌다. 시뮬레이션 결과, 선수들에게 돌아가는 전체 수익은 약 47~48% 수준으로 계산됐다.

결과만 보면, 선수 노조가 주장했던 '50% 분배'에는 못 미쳤다. 그런데도 이 방식이 교착을 풀고 합의를 이끌어낸 이유는 무엇일까?

첫째, 협상의 틀을 제로섬에서 비제로섬으로 바꿨다. 단순히 수익을 어떻게 나눌지가 아니라, 어떤 수익원을 얼마나 가져갈지를 논의하면서 양측 모두에게 선택지가 생겼다.

둘째, 선수 노조는 영향력이 큰 중계방송 수익에서 높은 비율을 확보함으로써, 자신들의 역할과 기여가 정당하게 보상받았다고 느꼈다.

셋째, 승자와 패자가 갈리지 않는 구조가 되자, 양측은 더 큰 공동 이익을 위해 협상에 적극적으로 참여했다.

이 사례는 하나의 큰 파이(총수익)를 여러 조각으로 나눈 것이다. '총수익의 50%'라는 단일한 숫자만 놓고 싸우면 협상은 제로섬이 된다. 하지만 수익을 세분화하고 항목마다 다른 비율을 적용하자, 양측 모두 자신에게 중요한 부분에서 더 많은 몫을 가져갈 수 있었다.

Split the Pie는 '이 안건을 어떻게 쪼갤 수 있을까?'라는 질문에서 출발한다. 하나의 큰 덩어리를 두고 정면으로 맞서기보다, 안건을 여러 요소로 나눠 각자의 우선순위를 드러나게 하는 방식이다. 세분화된 안건 앞에서 양측은 자신에게 더 중요한 조각을 선택하고, 덜 중요한 부분은 양보할 수 있다. 이렇게 교환의 구조가 만들어지면, 큰 충돌도 작은 합의들의 집합으로 전환된다.

창조적 대안의 기준 '공정성'

창조적 대안을 도출할 때 반드시 고려해야 할 것이 있다. 바로 공정성(Fairness)이다. 아무리 기발한 해결책이라도 한쪽이 불공정하다고 느끼는 순간 합의는 무너진다. 협상에서 공정성은 단순한 도덕적 기준이 아니라, 합의를 지속시키는 구조적 조건이다.

합의를 지속시키는 구조적 조건, 공정성

어느 부자가 세상을 떠나며 유산으로 낙타 17마리를 세 아들에게 남겼다. 유언에 따르면 첫째는 절반(1/2), 둘째는 3분의 1(1/3), 셋째는 9분의 1(1/9)을 받아야 했다. 문제는 17이라는 수가 2, 3, 9로 딱 나눠지지 않는다는 점이었다. 단순한 계산으로는 도저히 나눌 수 없는 구조였다.

이때 지혜로운 현자가 기발한 해법을 제안했다. "낙타 1마리를 임시로 빌려와 18마리로 만든 뒤 나누고, 마지막에 그 1마리는 돌려주자." 계산해 보니 첫째는 9마리(18의 1/2), 둘째는 6마리(1/3), 셋째는 2마리(1/9)를 받았다. 9 + 6 + 2 = 17이니, 정확히 한 마리가 남아 원래대로 돌려줄 수 있었다. 수학적으로도 완벽한 해결책이었다.

하지만 이야기는 여기서 끝나지 않는다. 이 해법을 자세히 들여다보면,

각 아들이 받는 몫에 미묘한 차이가 있다. 첫째는 원래 8.5마리를 받아야 했지만 9마리를 받아 0.5마리가 늘었고, 둘째는 5.67마리에서 6마리로 약 0.33마리 증가했다. 반면 셋째는 1.89마리에서 2마리로 고작 0.11마리만 늘었다. 셋째 아들이 반발할 수 있는 이유가 여기에 있다.

"첫째는 0.5마리, 둘째는 0.33마리나 더 받았는데, 나는 고작 0.11마리 뿐입니다. 원래 가장 적게 받는 내가 추가 혜택마저 가장 작다면, 이게 과연 공정합니까?"

셋째 아들의 불만은 단순한 감정이 아니다. 그 안에는 중요한 협상적 통찰이 담겨 있다. 공정성의 기준은 어디에 두어야 하는가? 절대적 증가량인가, 비율적 증가인가, 아니면 필요 기반의 평가인가? 협상 테이블에서 자주 발생하는 갈등 중 하나가 바로 이 지점이다. 어떤 기준으로 보느냐에 따라, 같은 결과도 전혀 다르게 받아들여진다.

그러나 협상의 목적은 누구의 논리가 더 맞는지를 따지는 데 있지 않다. 중요한 것은 모든 당사자가 받아들일 수 있는 공정성의 접점을 찾는 일이다. 낙타 문제에서 수학적으로 완벽한 해법이 있었다고 해도, 그 방식이 셋째의 공정성 기준을 충족하지 못한다면 합의는 지속되기 어렵다. 창조적 대안은 아이디어 그 자체가 아니라, 그 아이디어가 모든 이해관계자에게 심리적으로도 정당하게 느껴지는가에 달려 있다.

실제 협상에서도 이런 상황은 흔하다. 수익 배분, 업무 분담, 일정 조정처럼 숫자의 문제로 보이지만, 그 뒤에는 늘 인식된 공정성(perceived fairness)이 자리한다. 협상을 성공으로 이끌려면, 해결책을 제시하는 것만으로는 부족하다. 상대가 어떤 기준으로 공정성을 판단하는지, 무엇을 존중받는 방식이라고 느끼는지, 어떤 조건 아래서 불만 없이 합의에 참여할 수 있는지를 세심하게 살펴야 한다.

세 아들이 아버지의 유언을 지키면서도 서로 불만 없이 나누려면, 먼저 무엇을 공정한 분배로 볼 것인지 기준을 함께 정해야 한다. 그 기준 위에서 각자의 필요를 반영하면, 예컨대 첫째에게는 무역용 튼튼한 낙타를, 둘째에게는 농사용 낙타를, 셋째에게는 번식에 적합한 젊은 낙타를 배정하는 방식도 가능하다. 낙타만으로 균형을 맞추기 어렵다면, 금전이나 토지 같은 다른 유산을 함께 고려해 전체적인 형평을 조정할 수도 있다.

중요한 것은 낙타의 정확한 숫자가 아니다. 모두가 받아들일 수 있는 해답을 함께 만들어가는 과정이 더 중요하다. 때로는 수학적으로 완벽한 계산보다, 당사자 모두가 수긍할 수 있는 현실적 타협이 더 큰 가치를 발휘한다.

***

지금까지 창조적 대안을 도출하는 네 가지 방법을 살펴봤다. Find a Bridge(연결고리 찾기), Set Conditions(조건 걸기), Expand the Pie(파이 키우기), Split the Pie(파이 나누기). 그리고 이 모든 전략 위에 반드시 고려해야 할 요소인 공정성도 함께 배웠다. 이 다섯 가지는 협상 테이블에서 당신이 꺼내 쓸 수 있는 강력한 도구들이다.

하지만 꼭 기억해야 할 점이 있다. 이 다섯 가지 도구는 단순한 기술이 아니라, 사람과 사람 사이의 관계 속에서 작동하는 방식이다. 아무리 정교한 해결책도 상대가 존중받지 못한다고 느끼면 실패하고, 아무리 창의적인 아이디어도 공정성의 감각을 충족하지 못하면 지속되기 어렵다. 협상의 성공은 '최선의 답'을 찾는 데 있는 것이 아니라, 모든 당사자가 받아들일 수 있는 해답을 함께 만들어가는 데 있다.

연결고리를 찾을 때는 상대방의 진짜 욕구가 무엇인지 귀 기울여야 한다. 단순한 요구사항 뒤에 숨은 인터레스트와 감정까지 이해할 때 비로소 접점이 보인다. 조건을 걸 때는 미래의 불확실성 속에서도 신뢰를 유지할 방법을 고민해야 한다. 고정된 계약보다 유연한 약속이 더 오래간다. 파이를 키울 때는 단기적 이익이 아닌 장기적 가치를 함께 창출하려는 의지가 필요하다. 지금 당장 손익계산을 따지기보다, 함께 더 멀리 가는 그림을 그려야 한다. 파이를 나눌 때는 숫자만 보지 말고, 그 숫자에 담긴 의미와 감정을 읽어야 한다. 사람은 계산보다 인식에 반응한다. 그리고 모든 순간마다 스스로한테 '이 방식은 과연 공정한가?'를 물어야 한다.

협상은 제로섬 게임이 아니다. 한쪽이 이기고 다른 쪽이 지는 싸움이 아니라, 함께 더 나은 결과를 만들어가는 협력의 과정이다. 창조적 대안은 그 가능성을 현실로 바꾸는 열쇠다. 협상이 막막하게 느껴질 때, 타협의 여지가 전혀 없어 보일 때, 이 다섯 가지 도구를 꺼내 들어라. 그리고 스스로한테 물어보라. 이 질문에서 진짜 협상이 시작된다.

"우리가 아직 보지 못한 제3의 길은 없을까?"

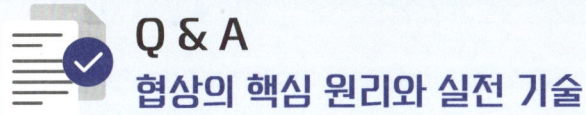

Q & A
협상의 핵심 원리와 실전 기술

Q. 준비 과정에서 ZOPA를 넓게 설정하면 협상 중에 여유가 있지 않을까?

A. ZOPA를 넓게 설정하면 오히려 협상에서 허세로 비쳐지고, 목표 기준이 흐려져 전략적 판단과 집중력을 잃게 된다.

ZOPA는 단순히 '합의 가능한 구간'이 아니라, 전략적으로 설계된 목표의 경계선이다.

그런데 많은 사람은 이 범위를 의도적으로 넓게 잡는다. '혹시 더 받을 수도 있지 않을까?' 하는 기대에서다. 얼핏 보면 합리적인 태도처럼 보이지만, 실제로는 불안과 욕심이 섞여 있다. 예를 들어 목표가격을 1,000원으로 정했는데, 희망가격을 2,000원까지 높여 제시하면 어떻게 될까? 상대는 '일단 높게 부르고 나중에 깎겠다는 뜻이구나'라고 받아들인다. 제안이 협상력의 표현이 아니라 블러핑으로 보이는 것이다. ZOPA를 넓게 잡는다는 것은 '최대한 받아보되, 안 되면 다 내주겠다'라는 태도다. 이는 전략이라기보다 즉흥적인 반응에 가깝다.

더 위험한 문제는 목표선이 협상 과정에서 무의식적으로 바뀐다는 점이다. 목표가격을 100으로 정했지만, 희망가격을 200까지 열어두면, 협상 과정에서 150이 현실적인 타협선처럼 느껴지기 쉽다. 본래의 목표가 흐려지는 것이다. ZOPA는 감이 아니라 기준으로 설계해야 한다. 협상 전에는 목표가격, 희망가격, 결렬가격을 명확히 정해두어야 한다. 기준이 선명할수록 집중력이 생긴다. 여유는 숫자의 폭에서 오는 것이 아니라, 방향을 잃지 않는 기준에서 비롯된다. 협상가는 흐름에 휩쓸리는 사람이 아니라, 기준을 붙잡고 가는 사람이다.

Q. 상대의 포지션과 인터레스트가 똑같은 경우는 어떻게 해야 하나?

A. 상대의 포지션과 인터레스트가 같아 보일 때는 그 이유와 동기를 깊이 탐색하는 질문으로 숨은 인터레스트를 찾아내야 한다.

포지션은 '무엇을 원한다'라는 요구사항이고, 인터레스트는 '왜 그것을 원한다'라는 이유와 동기다. 이 둘은 본질적으로 다르다. 예를 들어 상대가 "단가를 10% 인하해달라"고 요구할 때, 많은 사람은 그것이 인터레스트라고 착각한다. 그러나 그것은 포지션, 즉 요구일 뿐이다. 인터레스트는 그 요구가 생긴 배경에 숨어 있다. "예산이 삭감됐다", "상사에게 보고할 명분이 필요하다", "장기 계약을 위한 신뢰를 쌓고 싶다" 등이 진짜 이유다. 포지션과 인터레스트가 같아 보인다는 것은, 아직 상대의 동기를 충분히 탐색하지 못했다는 신호다.

상대의 요구를 그대로 받아들이면 협상은 줄다리기가 된다. 그러나 그 이유를 묻고 맥락을 살피면 새로운 합의의 길이 열린다. 이럴 때는 구체적이고 맥락 있는 질문을 던져야 한다. "단가 인하가 이루어지면 어떤 점이 가장 도움이 되실까요?", "가격 외에 고려해야 할 부분은 없을까요?" 같은 질문이다. 이런 질문을 통해 상대는 자신의 내면적 이유를 스스로 설명하게 되고, 그 과정에서 숨겨진 인터레스트가 드러난다. 협상가는 상대의 말속에 숨어 있는 진짜 뜻을 해석하는 사람이다. 포지션은 하나로 들리지만, 인터레스트는 여러 갈래로 존재한다. 협상이란 포지션을 바꾸는 일이 아니라, 인터레스트를 발견하는 일이다. '상대의 포지션과 인터레스트가 같다'라는 말은, 협상이 막힌 것이 아니라 아직 시작조차 되지 않았다는 뜻이다.

Q. 핵심 쟁점에 대해 서로가 자신의 창조적 대안이 더 낫다고 고집한다면?

A. 각자의 대안에 집착할 때는 감정을 다스리고, 상대를 존중하며 협력해 더 나은 해결책을 찾아야 한다.

서로의 아이디어를 '비교'가 아니라 '조합'의 대상으로 보면 새로운 길이 열린다. 상대의 제안을 받아들이는 일은 마치 내 생각이 틀렸다는 것을 인정하는 것처럼 느껴진다. 이 순간 협상은 해법을 찾는 자리가 아니라, 누가 더 옳은지를 겨루는 경쟁의 구도로 바뀐다. 이럴 때 가장 먼저 해야 할 일은 감정을 다루는 것이다. 감정이 정리되지 않으면 어떤 논리도 통하지 않는다. 상대의 제안을 바로 평가하거나 반박하기 전에, 그 생각이 나오게 된 이유를 먼저 들어야 한다. "그렇게 생각하신 이유가 있군요"라는 짧은 한마디가 큰 힘을 발휘한다. 사람은 자신의 의견이 존중받고 있다고 느낄 때 마음을 연다.

그다음에는 구도의 전환이 필요하다. 내 안과 상대의 안을 놓고 어느 쪽이 맞는지를 따지면 끝없이 부딪힌다. 그러나 두 아이디어를 '비교'가 아니라 '조합'의 대상으로 보면 새로운 길이 열린다. 한쪽은 비용 절감을, 다른 쪽은 품질 강화를 주장한다면, '비용을 줄이되 품질을 유지할 방법'을 함께 찾는 식이다. 중요한 것은 '내 안이 옳다'를 증명하는 것이 아니라, '서로의 안을 합치면 더 나아진다'를 보여주는 일이다. 협상이란 서로의 옳음을 이어 붙여 더 나은 해답을 만드는 과정이다.

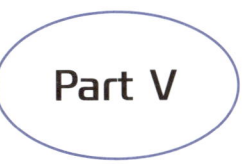

Part V

AI × Business
Negotiation

AI × Business Negotiation

AI가 세상을 바꾸고 있다. 업무 방식이 달라지고, 비즈니스 모델이 혁신되며, 산업 전체가 재편되고 있다. 그런데 많은 사람이 간과하는 것이 하나 있다. 바로 협상의 방식도 AI로 인해 근본적으로 변화하고 있다는 사실이다. 단순히 AI 도구를 쓰는 수준이 아니라, 협상 자체의 본질과 접근법이 달라지고 있다.

전통적인 협상에서는 정보의 비대칭성이 힘이었다. 상대보다 더 많은 정보를 가진 쪽이 유리했다. 하지만 AI 시대에는 누구나 방대한 데이터에 접근할 수 있고, 복잡한 분석을 실시간으로 수행할 수 있다. 협상 전략을 시뮬레이션하고, 상대의 패턴을 분석하며, 최적의 대안을 도출하는 일이 모두 AI의 도움으로 가능해졌다. 여전히 과거의 방식에 머무는 사람들은 이미 경쟁에서 밀리고 있다.

AI 시대의 협상은 인간의 직감과 AI의 분석력이 결합될 때 진정한 힘을 발휘한다. AI는 데이터 처리와 패턴 인식에서는 인간을 압도하지만, 감정의 결을 읽고 창조적 대안을 만드는 일은 아직 인간의 몫이다. 중요한 것은 AI를 단순한 도구가 아니라, 협상의 '보이지 않는 파트너'로 인식하는 것이다. AI의 강점을 전략적으로 활용하되, 인간만이 할 수 있는 일에 집중하는 사람만이 미래 협상에서 이길 수 있다.

제13강
AI 시대, 비즈니스 환경의 변화를 읽어라

Q. AI는 비즈니스 협상을 어떻게 바꾸고 있는가?

2025년 가을, 서울의 한 사무실.

한국 중견기업의 구매팀장 K씨는 다음 주에 있을 독일 공급업체와의 연간 계약 협상을 준비하고 있었다. 그런데 상대가 보내온 견적서를 확인한 순간, 얼굴이 굳어졌다. 작년보다 무려 15% 인상된 단가가 제시된 것이다. 첨부된 설명에는 '유럽 내 에너지 비용 상승과 원자재 가격 인상'이라는 이유가 담겨 있었다.

과거 같았으면 K씨는 업계 선배들에게 전화를 걸어 요즘 원자재 시세는 어떤지, 다른 업체들은 얼마나 올렸는지 시세 파악을 하고, 대략적인 분위기와 감에 기대어 협상 전략을 짰을 것이다.

"한 10% 선에서 타협하면 되겠지."

하지만 이번에는 달랐다. K씨는 노트북을 열고 AI 협상 분석 도구에 접속했다. 품목, 수량, 지역, 계약 기간을 입력하고 분석을 시작했다.

얼마 후, AI는 종합 리포트를 제시했다. 유럽의 에너지 비용은 최근 6개월간 8% 하락, 원자재 시세는 12% 하락했다. 그런데도 동일 품목의 시장 평균 인상률은 23%에 달했다. AI는 이 데이터를 바탕으로 합의 가능 범위(ZOPA)를 +5%에서 +8%로 분석하고, 세 가지 협상 시나리오를 전략과 함께 제시했다. K씨는 팀원들과 함께 리포트를 검토했다.

"시나리오 A는 가격 조건은 가장 좋지만, 협상 결렬 리스크가 크네요. 우리 생산 일정상 공급 안정성이 우선이니, 시나리오 B로 시작해서 상황을 보면서 유연하게 조정합시다."

이제 협상은 감이 아니라 데이터와 전략으로 움직이고 있었다. AI가 수립한 전략에 현장 맥락과 리스크 판단을 더해 K씨는 최종 의사결정을 내렸다.

일주일 후 협상장. K씨는 준비한 전략대로 협상을 진행했고, 양측은 작년 대비 6% 인상으로 합의했다. AI가 분석한 ZOPA 범위(+5%~+8%) 안에서 팀이 사전에 판단한 전략대로 협상이 마무리된 것이다.

인공지능은 더 이상 먼 미래의 이야기가 아니다. 이미 협상을 준비하는 단계부터 AI는 실질적인 역할을 하고 있다. 정보를 수집하고, ZOPA를 분석하며, 전략을 수립하는 데 있어 AI의 기능은 점점 정교해지고 있다. 그러나 최종적인 의사결정은 여전히 인간의 몫이다. 중요한 것은, AI가 제공하는 분석과 전략을 적극적으로 활용하는 사람과 그렇지 못한 사람 사이의 격차가 점점 벌어지고 있다는 점이다.

오늘날 AI가 어떻게 등장했고, 어떤 과정을 거쳐 지금의 위치에 이르렀는지를 이해하는 일은 단순한 기술의 발전사를 아는 데 그치지 않는다. 그것은 앞으로 협상과 같은 비즈니스 활동의 흐름과 본질을 이해하는 데 꼭 필요한 출발점이 된다.

AI, 규칙에서 협상 테이블까지

AI의 역사는 1950년대 앨런 튜링(Alan Turing)이 던진 질문, "기계가 생각할 수 있는가?"에서 시작됐다.[34] 당시의 인공지능은 사람이 미리 정해놓은 규칙과 절차를 입력하면, 기계가 이를 그대로 따르는 규칙 기반 시스템이었다. 체스 프로그램처럼 명확한 규칙이 존재하는 정형화된 영역에서는 유용했지만, 복잡하고 예측이 어려운 협상과 같은 인간 중심의 활동과는 거리가 멀었다.

1980년대 이후 AI는 기계학습의 시대로 접어들었다. 기계가 데이터를 기반으로 스스로 패턴을 찾아내는 방식으로 진화한 것이다.[35] 스팸메일 분류, 음성 인식, 문자 인식 등에서 점차 성과를 내기 시작하면서 AI는 실용적인 기술로 자리 잡아갔다. 1997년에는 IBM의 '딥 블루'가 세계 체스 챔피언 가리 카스파로프를 꺾으며, AI의 가능성을 전 세계에 각인시켰다.[36]

그러나 당시의 AI는 여전히 정해진 규칙 안에서만 작동했고, 협상처럼 상황에 따라 유연한 판단이 필요한 복잡한 업무와는 거리가 멀었다.

2000년대 들어 인터넷과 스마트폰의 확산은 AI의 성장에 필요한 연료를 공급했다. 방대한 데이터가 축적됐고, GPU의 발달로 연산 속도와 처리 능력이 비약적으로 향상됐다. 이러한 조건 위에서 딥러닝이 본격적으로 등장했다. 2012년 이미지넷 대회에서는 딥러닝 기반의 신경망 모델이 기존 기술을 압도하며, 전 세계가 새로운 AI 혁명의 시작을 실감했다. 이 시점을 기점으로 AI는 단순한 규칙 수행을 넘어, 복잡한 패턴을 인식하고 예측하는 단계로 진화했다. 그러나 여전히 협상 전략을 수립하거나, 계약서를 해석하고 조건을 비교하며 ZOPA를 분석하는 일은 AI의 역량을 벗어나는 영역이었다.

그리고 2020년대에 접어들며 상황은 근본적으로 바뀌었다. OpenAI의 ChatGPT, 구글의 Gemini, 앤트로픽의 Claude와 같은 생성형 AI의 등장은 AI를 본격적으로 협상 준비 단계에 투입할 수 있는 수준으로 끌어올렸다. 이들은 단순히 텍스트를 읽고 쓰는 능력을 넘어, 계약서를 분석하고 시장 데이터를 비교하며, ZOPA를 설정하고 협상 전략까지 수립할 수 있게 됐다. 인간과 자연스럽게 대화를 주고받으며 복잡한 의사결정을 지원하는 '협상 파트너'로 자리매김한 것이다.

AI는 더 이상 단순한 보조 도구가 아니다. 이제는 협상 전략 수립과 같은 고차원적인 업무에도 깊숙이 관여하는 정교한 분석 도구로 자리 잡았다. 그러나 최종적인 의사결정은 여전히 인간의 몫이다.

산업별 협상 지형의 변화

AI의 영향력은 특정 산업에 국한되지 않는다. 오히려 모든 산업에서 협상의 방식과 기준 자체가 바뀌고 있다.

1. 제조업, 품질에서 데이터로

과거 제조업 협상의 핵심은 '품질'과 '납기'였다. 구매 담당자는 공급업체의 공장을 직접 방문해 생산 설비를 점검하고, 과거 납품 실적을 꼼꼼히 검토했다. "귀사의 불량률은 몇 퍼센트입니까?", "납기 지연 이력이 있습니까?"와 같은 질문들이 협상에서 가장 중요한 기준이었다.

하지만 독일의 지멘스가 AI 기반 예지 정비(Predictive Maintenance) 시스템을 도입하면서, 제조업 협상의 중심이 바뀌기 시작했다.[37] AI 센서는 설비의 고장을 사전에 예측해 불필요한 정비 비용을 줄이고, 생산성을 크게 높였다.[38] 그 결과, 협상 테이블에서는 더 이상 단순한 품질이나 납기만이 핵심이 아니다. 이제는 "귀사의 AI 예측 정확도는 몇 퍼센트입니까?", "고장 예측 실패율은 얼마나 됩니까?"와 같은 질문이 핵심 기준으로 떠오르고 있다.

테슬라는 한 걸음 더 나아갔다. 차량에서 수집한 주행 데이터를 AI로 분석하고, 이를 기반으로 소프트웨어를 무선 업데이트한다.[39] 이처럼 데이터를 중심에 둔 운영 방식은 부품 공급업체와의 협상 방식도 바꿔 놓았다. 이제는 "귀사의 부품이 생성하는 데이터의 질이 어떤가요?"라는 질문이 가격만큼이나 중요한 협상 조건이 됐다.[40] 제조업 협상의 무게 중심이 물리적 품질에서 데이터 품질로 이동하고 있는 것이다.

2. 금융업, 창구에서 알고리즘으로

"대출 금리를 조금만 낮춰주실 수 없을까요?"

2020년, 은행 창구에서는 대출 상담사와 고객 사이에 작지만, 분명한 협상이 이루어졌다. "단골 고객입니다", "재직 기간이 깁니다" 같은 말이 효과를 발휘했고, 상담사는 상사와 상의해 금리를 0.2%포인트 낮춰줄 수 있었다. 고객은 담당자와 눈을 마주치고, 자신의 사정을 설명하며, 관계를 활용해 유리한 조건을 이끌어냈다.

하지만 2024년, 한국의 토스와 카카오뱅크는 AI를 활용해 대출 심사를 단 3분 만에 끝낸다. AI가 270개의 변수를 단 0.8초 만에 분석해 대출 한도와 금리를 자동으로 산출한다.[41] "금리 4.2%입니다"라는 결과가 화면에 뜨면, 고객은 더 이상 "깎아주세요"라고 말할 상대가 없다. 개인 고객이 알고리즘과 협상하는 것은 사실상 불가능하다.

JP모건 체이스는 AI를 활용해 12,000건의 대출 계약서를 자동으로 검토하며 법률 리스크를 줄이고 업무 효율성을 크게 높였다. 대기업 간 대출 협상에서도 AI는 계약서를 분석하고, 잠재 리스크를 평가하며, 협상 전략까지 제시한다.[42] '이 문구는 소송 위험이 27% 높습니다'라는 AI의 분석 결과가 협상 전략 수립의 출발점이 되는 식이다. 이처럼 협상은 여전히 존재하지만, 그 준비 과정은 점점 더 데이터와 AI 분석을 기반으로 이루어지고 있다.

금융 협상의 무게 중심이 달라졌다. B2C 영역에서는 알고리즘이 협상을 지배하고, B2B 영역에서는 데이터가 협상 준비를 이끌고 있다.

3. 유통업, 협상에서 자동화로

"이번 달 발주량을 10% 늘려주시면 단가를 5% 깎아드리겠습니다."

과거 유통업체와 공급업체 간의 협상은 이런 식이었다. 담당자끼리 커피를 마시며 물량과 가격을 조율했다. 경험 많은 영업사원은 상대의 재고 상황을 눈치껏 파악하고, 적절한 타이밍에 유리한 조건을 제안했다.

그러나 아마존은 추천 알고리즘을 활용해 고객의 구매를 유도하고 매출을 극대화한 뒤, 그 데이터를 바탕으로 해서 공급업체와 협상에 나선다.[43] 월마트는 실시간 재고 데이터를 분석해 AI가 '다음 주 수요는 정확히 1,247개'라고 예측하면, 이 숫자를 근거로 공급업체와 가격 협상을 진행한다.[44]

한국의 CU와 GS25도 AI 기반 수요 예측 시스템을 도입해 발주량을 최적화하고 있다.[45] 이제 점포 운영주와 본사 간 협상에서도, AI가 제시한 데이터가 협상의 기준점으로 작용한다. "이번 주 우유 판매량은 전년 대비 12% 증가할 것으로 예상됩니다"라는 AI의 예측 앞에서, 과거의 경험과 직관은 설 자리를 잃고 있다.

이처럼 산업 전반에서 AI는 단순한 효율성과 비용 절감을 넘어, 협상의 구조 자체를 변화시키고 있다. 경험과 직관이 주된 무기였던 시대는 지나고, 이제는 데이터와 알고리즘이 협상의 준비 과정을 뒷받침하는 시대가 열렸다.

정보 격차의 해소

AI의 등장은 협상 환경을 근본적으로 바꾸고 있다. 과거에는 제한된 정보와 경험, 직관에 의존했지만, 이제 협상가는 AI가 제공하는 방대한 데이터와 분석을 기반으로 더 정교하고 과학적인 준비가 가능하다. AI는 정보 격차를 줄이고, 시나리오를 예측하며, 전략 수립을 지원하는 핵심 도구가 됐다. 협상가의 역할도 직관적 판단자에서 데이터 기반 의사결정자로 바뀌고 있다.

한국의 한 식품 제조사 영업팀장 L씨는 대형 유통업체와의 납품 계약 협상을 며칠 앞두고 있었다. 그때 유통업체에서 먼저 연락이 왔다. "요즘 경쟁사들이 단가를 많이 내리고 있어요. 다음 주 미팅 전에 귀사도 8% 정도 인하 방안을 검토해주세요." L씨는 당황했다. 정말 경쟁사들이 그렇게까지 단가를 내렸을까? 과거 같았으면 업계 지인들에게 전화를 돌려 "요즘 분위기 어때요?"라고 물어봤겠지만, 정확한 정보를 얻기는 쉽지 않다.

L씨는 AI 시장 분석 도구를 실행했다. 유사 제품의 최근 6개월 거래 데이터, 원자재 가격 추이, 경쟁사 납품 단가 범위 등을 입력했다. 잠시 후, AI는 상세한 분석 리포트를 제시했다. 해당 품목의 최근 3개월 평균 단가 인하율은 2.3%, L씨 회사 제품의 품질 등급을 반영한 적정 인하율은 1.8~3.2%였다. 경쟁사 평균 인하율도 2.7%에 불과했다. L씨는 팀원들과 데이터를 검토하며 전략을 논의했다. "8%는 시장 평균의 3배입니다. 명백히 과도한 요구죠. 우리는 3%를 목표로 하되, 최대 4%까지만 열어둡시다."

며칠 뒤 협상 테이블에서 L씨는 자신 있게 말했다. "시장 분석 결과, 평균 인하율은 2~3% 수준입니다. 8%는 현실적이지 않습니다. 저희는 3%까지 검토 가능합니다." 유통업체도 더 이상 강하게 밀어붙이지 못했다. L씨가 제시한 데이터는 명확했고, 그들도 시장 상황을 잘 알고 있었기 때문이다. 결국 양측은 3.5% 인하에 합의했다.

과거 협상에서는 정보를 더 많이 가진 쪽이 우위를 점했다. 정보의 독점은 전략적 무기가 되어, 상대를 압박하는 수단으로 쓰였다. 그러나 이제는 AI가 공개 데이터와 시장 동향을 분석해 가격, 수요, 경쟁사 전략까지 제시한다. 그 결과 협상 준비의 불확실성은 줄고, 전략 수립은 더 객관적이고 합리적으로 바뀌고 있다.

정보 비대칭이 해소되면서, 협상은 더 이상 정보를 독점한 쪽이 일방적으로 유리한 게임이 아니다. 양측 모두 AI를 통해 시장 데이터를 분석할 수 있다면, 협상은 정보 격차를 이용한 압박이 아니라, 가치를 어떻게 창출하고 나눌 것인가에 대한 논의로 바뀐다.

협상가는 더 이상 '상대가 나보다 더 많이 알고 있지 않을까?' 하는 불안 속에서 싸울 필요가 없다. 이제는 "공통된 정보를 바탕으로 어떻게 서로에게 이로운 합의를 만들 것인가?"에 집중할 수 있다. 정보 수집보다 더 중요한 것은 관계를 구축하고, 창의적인 해결책을 설계하는 능력이다.

전략의 진화

AI는 단순히 정보를 제공하는 수준을 넘어, 협상 전략 수립과 실행 관리까지 지원하는 단계로 진화하고 있다. 협상가는 이제 다양한 시나리오를 사전에 시뮬레이션하고, 각 선택의 결과를 예측하며, 계약 이후에는 이행 과정을 체계적으로 모니터링할 수 있다.

글로벌 전자제품 제조사 M사는 핵심 부품 공급업체와 장기 계약을 앞두고 전략 회의를 열었다. 쟁점은 계약 기간(2년 vs. 3년)과 단가 인하 폭이었다. 협상 팀장은 AI 전략 도구에 과거 계약 데이터, 시장 가격 변동성, 공급업체 재무 상태 등을 입력하고, 세 가지 시나리오 분석을 요청했다.

AI는 다음과 같은 전략을 제시했다. 첫째, 2년 계약에 단가 5% 인하로 12억 원을 절감하지만, 재협상 리스크가 있었다. 둘째, 3년 계약에 단가 3% 인하로 9억 원 절감과 장기 안정성 확보였다. 셋째, 3년 계약에 단가 5% 인하와 물량 20% 증대를 결합한 전략으로, 15억 원 절감과 공급업체 수익 증대를 동시에 달성하는 윈윈안이었다.

팀은 '물량 증가 부담은 있지만, 판매 목표를 고려하면 소화 가능하다. 공급업체도 이익이 있으니 수용할 것이다'라는 판단하에 세 번째 전략을 선택했다. AI 전략을 기반으로, 현장 맥락과 사업 목표를 반영한 의사결정이었다. 실제 협상에서도 이 전략은 효과를 발휘했고, 양측은 만족스럽게 계약을 체결했다. 과거에는 숙련된 협상가만이 가능한 분석이었지만, 이제는 AI 덕분에 누구나 체계적인 시뮬레이션으로 협상을 준비할 수 있다.

하지만 계약을 체결했다고 해서 협상이 끝나는 것은 아니다. 계약 이행 과정에서 약속이 지켜지지 않으면 분쟁이 생기고, 결국 신뢰가 무너진다. 건설사 N사는 자재 공급업체와 매달 15일까지 납품하기로 계약했지만, 공급업체는 종종 납기를 지키지 않았다. 과거에는 담당자가 일일이 전화를 걸어 납품 여부를 확인했고, 문제가 생겨야 그 사실을 알 수 있었다.

하지만 이제 N사는 AI 기반 계약 관리 시스템을 도입했다. AI가 납품 일정을 자동으로 추적하고, 지연 징후가 감지되면 사전 경고를 보낸다. "공급업체 A의 생산 라인에 이상 신호 감지. 이번 달 납기 지연 가능성 73%."

경고를 받은 N사 담당자는 납기일 전에 공급업체에 연락했다.
"이번 달 납품에 혹시 문제가 있으신가요?"

공급업체는 놀라며 답했다.
"어떻게 아셨죠? 설비 고장으로 3일 정도 지연될 것 같습니다."

N사는 즉시 대체 공급선을 확보해 공사 일정 차질을 막았다.

AI는 계약 이행 상황을 실시간으로 모니터링하고, 약속된 조건이 어겨질 가능성이 생기면 자동으로 알림을 준다. 이는 계약 불이행으로 인한 갈등을 줄이고, 장기적 파트너십을 안정적으로 유지하는 데 기여한다. 협상 이후의 관리가 자동화되면서, 협상가는 사후 점검에 쓰던 시간을 새로운 협상 준비에 집중할 수 있게 됐다.

인간과 AI의 파트너십

AI가 정보를 분석하고 전략을 수립하는 시대, 인간 협상가는 무엇을 해야 할까? 이 질문은 AI 시대 협상의 본질을 짚는다.

IT 서비스 기업 P사의 영업이사 박 이사는 대기업과의 3년 장기 계약을 앞두고 AI를 활용해 철저히 준비했다. AI는 적정 계약 금액, 최적 계약 기간, ZOPA 분석, 그리고 세 가지 협상 전략을 제시했다. 박 이사는 그중 전략 B를 선택해 협상 테이블에 나섰다. 숫자도 정확했고, 논리도 빈틈없었다.

하지만 막상 협상이 시작되자 분위기는 예상과 달랐다. 상대 기업 임원이 말했다. "솔직히 귀사 제안은 합리적입니다. 숫자도 맞고요. 하지만 우리 내부에 과거 SI 프로젝트 실패 경험이 있어서… 경영진을 설득하기가 쉽지 않네요." 박 이사는 직감했다. 이것은 숫자의 문제가 아니라 신뢰의 문제다. 그는 AI가 제시한 전략을 잠시 내려놓고, 상대의 우려에 집중해 귀를 기울였다. 임원은 3년 전 프로젝트가 예산 초과와 일정 지연으로 끝났던 경험을 털어놓았다.

박 이사는 그제야 상대의 진짜 고민을 이해했다. 그는 조심스럽게 제안했다. "그렇다면 첫 6개월은 파일럿 프로젝트로 진행해보는 것은 어떨까요? 성과가 확인되면 본 계약으로 전환하는 방식으로요. 저희가 먼저 신뢰를 보여드리겠습니다." 그러자 상대 임원의 표정이 누그러졌다. "그렇게 해주시겠다고요? 좋습니다. 그럼 진행하시죠."

AI가 정보를 분석하고 전략을 수립할 수는 있지만, 신뢰를 구축하고 상황에 맞는 창의적 해법을 찾는 일은 여전히 인간의 역할이다. AI는 논리적인 시나리오는 제시할 수 있지만, 협상 테이블 위의 미묘한 감정의 흐름, 드러나지 않은 우려, 조직 내부의 복잡한 역학까지 읽어내지는 못한다. 박 이사가 AI 전략만 따랐다면, 그 계약은 성사되지 않았을 것이다.

과거 협상가는 정보 수집과 데이터 분석에 많은 시간을 들여야 했다. 그러나 이제 AI가 이러한 반복적이고 분석적인 작업을 대신하면서, 협상가는 더 본질적인 질문에 집중할 수 있게 됐다. 예를 들어, 상대는 왜 이 조건을 고집하는가? 그 뒤에 숨은 이해관계는 무엇인가? 어떻게 하면 양측 모두에게 이익이 되는 제3의 길을 만들 수 있을까? 이런 질문에 답하는 일은 여전히 인간의 몫이다.

AI는 협상가를 대체하는 것이 아니라 관계 형성, 창조적 대안 제시, 윤리적 판단 등 협상가의 가장 중요한 역할에 집중할 수 있도록 도와주는 조력자다. 협상의 미래는 기술과 인간이 각자의 강점을 살려 함께 협력하는 새로운 파트너십에 있다. 역설적이게도, 기술의 발전은 협상을 더욱 인간적인 활동으로 만들어가고 있다.

선택의 기로

지금 이 순간에도 협상 준비는 두 갈래로 나뉜다. 한쪽에는 AI를 활용하는 협상가가 있다. 그는 협상 전 AI에게 시장 적정가, ZOPA, 최적 전략을 요청하고, 몇 분 만에 데이터 기반의 명확한 분석을 얻는다. 이를 팀과 함께 검토한 뒤 최종 결정을 내리고, 협상 테이블에 자신 있게 나선다. 그는 이미 상대의 재무 상태, 과거 계약 패턴, 업계 평균 조건까지 파악한 상태다. 숫자로 뒷받침되는 그의 주장은 쉽게 반박할 수 없다.

다른 쪽에는 여전히 과거의 방식을 고수하는 협상가가 있다. 그는 경험과 직관에 의존하며, 지인들에게 전화해 시장 분위기를 묻고 대략적인 감으로 전략을 세운다. '작년에도 이 정도였으니까 올해도 비슷하겠지'라는 식이다. 하지만 그의 상대는 이미 AI로 철저히 준비한 상태다. 협상 테이블에서 구체적인 데이터와 분석 결과를 들이밀면, 그는 "제 경험상"이라는 말로 대응할 수밖에 없다. 협상은 시작부터 불리하다. 정보의 비대칭은 이제 정보를 얼마나 많이 아는가가 아니라, AI를 얼마나 잘 활용하는가에 따라 결정된다.

AI 시대 협상의 격차

격차는 매일 벌어지고 있다. 세계 최대 컨설팅 회사 매킨지는 이미 방향을 정했다. 최근 18개월간 직원 5,000명을 줄이는 대신, AI 에이전트 12,000개를 투입했다. 목표는 '직원 한 명당 AI 1개'다.[46] AI는 정보 분석,

전략 수립, 리포트 작성을 맡고, 사람은 고객과의 신뢰 구축과 문제의 본질 해석에 집중한다. 현재 매킨지 수익의 40%가 AI 자문에서 발생한다.[47] 이는 단순한 효율화가 아니라, 업무 방식의 근본적인 전환이다. 고객보다 먼저 진화하지 못하는 기업은 더 이상 고객과 미래를 설계할 수 없다.

이러한 변화는 협상 현장에도 그대로 이어진다. AI를 활용하는 협상가와 그렇지 않은 협상가 사이의 격차는 단순히 정보의 양이나 속도에서 그치지 않는다. 협상 준비의 깊이, 전략의 정교함, 대안을 제시하는 창의성까지 모든 면에서 차이가 벌어진다. AI를 활용하는 협상가는 여러 시나리오를 시뮬레이션하고, 상대의 반응을 예측하며, 최악의 상황에 대비한 플랜 B와 C까지 준비한다. 반면 AI 없이 협상에 임하는 이는 여전히 하나의 전략에 의존하고, 돌발 상황에는 즉흥적으로 대응할 수밖에 없다.

더 큰 차이는 시간이다. AI를 활용하는 협상가는 정보 수집과 분석에 들이던 시간을 줄이고, 그 줄인 시간만큼을 상대를 이해하고 관계를 구축하는 데 집중할 수 있다. 협상은 결국 사람이 결정하는 일이다. 아무리 정교한 데이터와 전략이 있어도, 상대가 신뢰하지 않으면 합의는 이루어지지 않는다. AI는 협상가에게 정보와 전략이라는 강력한 도구를 제공함과 동시에, 사람 간의 진짜 연결에 몰입할 수 있는 '시간'이라는 자원을 돌려준다. 결국 AI 시대의 협상에서 앞서는 사람은 기술을 가장 잘 다루는 사람이 아니라, 기술을 통해 가장 인간적인 협상을 이끌어내는 사람이다.

***

AI는 이미 협상 준비 단계에 투입되고 있다. 어떤 기업은 AI를 활용해 정보를 분석하고 전략을 수립하며 협상력을 높이는 반면, 어떤 기업은 여전히 과거의 방식에 머물러 있다. AI를 활용하는 협상가는 데이터 기반의 정교한 전략으로 유리한 조건을 이끌어내지만, AI를 활용하지 못하는 협상가는 점점 더 불리한 위치로 밀려난다.

불과 10년 전만 해도 협상은 경험 많은 베테랑의 영역이었다. "그 사람, 협상 감각이 있어"라는 말이 최고의 칭찬이었다. 그러나 지금 협상은 감각이 아니라 준비의 싸움이 됐다.

AI는 협상의 문턱을 낮췄다. 신입 협상가도 AI와 함께라면 베테랑 못지않은 전략을 수립할 수 있다. 동시에 협상의 수준도 높아졌다. 상대 역시 AI로 철저히 준비해 나오기 때문이다.

이제 협상은 'AI를 쓰느냐, 마느냐'가 아니라 'AI를 얼마나 잘 활용하느냐?'의 문제다. 정보 수집, ZOPA 분석, 전략 수립은 AI에게 맡기고, 신뢰 구축과 창의적 해법, 최종 의사결정은 인간이 맡는다. 이것이 AI 시대 협상가의 역량이다.

제14강
AI 시대, 협상의 방식을 재설계하라

Q. AI가 인간 협상가를 완전히 대체할 수 있을까?

AI는 전 세계 일자리의 약 40%에 영향을 미칠 것으로 전망되며, 선진국의 경우 그 비율은 60%에 달한다.[48] 협상 분야도 예외는 아니다. 데이터 분석, 전략 수립, 시나리오 예측 등 많은 협상 준비 과정이 이미 AI에 의해 변화하고 있으며, 이는 협상가의 역할과 역량에도 근본적인 재정의를 요구하고 있다.

2024년, 이러한 예측은 현실로 나타났다. 월마트는 AI를 활용해 중소 공급업체와의 협상을 자동화했으며, 공급업체의 90%는 "AI와의 협상이 인간과의 협상보다 동등하거나 더 수월했다"라고 응답했다. Supply Chain Management Review에 따르면, Pactum AI는 Fortune 500 기업들과 총 80억 달러 규모의 협상을 성사하며 AI 협상의 가능성을 입증하고 있다.

조달 분야 전문 연구에 따르면, 구매 담당자의 60%는 AI에 의해 대체될 위험이 크고, 계약 전문가의 50%는 중간 수준의 대체 가능성에 노출된 것으로 나타났다.[49] 또한 Hackett Group이 2025년에 발표한 조사에서는 조달 리더의 64%가 "AI가 향후 5년 내 자신의 업무 방식을 근본적으로 변화시킬 것"이라고 응답했다. 이는 조달·협상 분야 역시 AI의 영향에서 결코 예외가 아님을 보여준다.[50]

JP모건 체이스는 AI를 활용해 12,000건의 계약서를 자동으로 검토하며, 과거에는 몇 주가 걸리던 작업을 단 몇 초 만에 완료했다. LG화학 역시 루미넌스 AI를 도입해 계약 검토 시간을 몇 주에서 몇 시간으로 단축했으며, 배터리 원재료 공급 계약에서는 AI가 리스크 조항을 사전에 발견해 수천억 원 규모의 손실을 예방했다. 이처럼 AI는 단순한 효율화 수준을 넘어, 협상과 계약 과정에서 실질적인 비즈니스 가치를 창출하고 있다.

네덜란드 통신사 KPN의 CPO는 더 직설적으로 말한다. "향후 5~10년 내 조달 업무의 50~70%가 자동화될 것입니다. 24시간 작동하는 봇을 사용하는 것이 소싱 담당자를 쓰는 것보다 저렴하기 때문입니다."

그렇다면 인간 협상가는 이제 필요 없는 존재일까?

계약서 검토의 혁신

계약서는 협상의 최종 결과물이다. 하지만 수백 페이지에 달하는 방대한 분량의 계약서를 일일이 검토하는 과정은 협상의 속도를 늦추고, 막대한 시간과 비용을 요구해왔다. 게다가 작은 실수 하나가 수천억 원대의 손실로 이어질 수 있어, 이 과정은 기업에 늘 큰 부담이었다.

루미넌스(Luminance)는 이 문제를 해결하기 위해 등장한 법률 특화 AI다. 영국 케임브리지대 수학자들이 개발한 이 플랫폼은 복잡한 계약서 속 핵심 조항과 잠재적 리스크를 신속하게 식별한다. 단순한 키워드 검색을 넘어서 언어의 패턴과 문맥을 이해하는 머신러닝 기반 분석을 통해, 인간 변호사조차 놓칠 수 있는 중요한 내용을 포착할 수 있다.[51]

글로벌 로펌 슬로터앤메이(Slaughter and May)[52]는 루미넌스를 활용해 대규모 M&A 계약 검토 시간을 몇 주에서 단 몇 시간으로 단축시켰다. 인수합병 협상 과정에서 루미넌스는 기존 계약서에 숨겨진 부채 조항, 보증 의무, 위약 조건 등 잠재적 위험 요소를 몇 분 만에 식별했다. 과거에는 수십 명의 변호사가 투입되어야 했던 작업을 이제 AI가 수행하고, 변호사들은 좀 더 전략적인 핵심 쟁점에 집중할 수 있게 됐다.

한국에서도 루미넌스를 도입한 대표적인 사례는 LG화학이다. LG화학은 2021년부터 루미넌스 AI를 활용해 글로벌 사업 확장 과정에서 발생하는 대규모 계약 검토 업무에 적용하고 있다.[53] 배터리, 석유화학, 첨단소재 분야에서 다국적 기업들과 잦은 계약을 체결해야 하는 LG화학에게 계약 리스크 관리의 중요성은 매우 크다.

도입 이전에는 해외 법무팀과 외부 로펌에 의존해 계약서를 검토하는 데 몇 주일이 걸렸지만, 루미넌스를 통해 이 작업을 단 몇 시간 만에 마칠 수 있게 됐다. 특히 해외 기업과의 협상에서는 루미넌스가 검토한 결과를 근거로 "이 조항은 리스크가 크다"라고 명확히 제시할 수 있게 되면서, LG화학은 애매한 표현이나 불리한 조항이 포함되는 것을 방지하고, 보다 주도적으로 협상을 이끌 수 있는 협상력을 확보하게 됐다.

루미넌스 AI의 도입은 단순히 계약 검토 시간을 단축하는 데 그치지 않는다. 협상에서 진정한 경쟁력은 리스크를 사전에 식별하고, 이를 협상 카드로 전환하는 능력이다. 루미넌스는 협상가가 이러한 전략적 판단을 좀 더 정교하게 수행할 수 있도록 돕는다. AI가 제시한 분석 결과는 객관적이고 신뢰성이 높으므로, 상대방은 이를 쉽게 반박하기 어렵다. 협상가는 이 데이터를 근거로 더 유리한 조건을 제시하고, 협상의 주도권을 확보할 수 있다.

그러나 루미넌스가 협상가를 완전히 대체하는 것은 아니다. AI는 계약 조항의 위험성을 식별하고 분석할 수 있지만, 그 위험을 어떻게 해석하고, 어떤 전략으로 대응할지는 여전히 인간 협상가의 몫이다. 예를 들어, 특정 리스크가 발견되더라도 장기적인 파트너십을 고려해 이를 수용하는 결정을 내릴 수 있다. 이런 전략적 판단과 관계적 감각은 AI가 대신할 수 없는 인간 고유의 역할이다.

반복적 협상의 자동화

세계 최대 유통기업인 월마트는 전 세계 수천 개의 공급업체와 매일같이 협상을 진행한다. 이 협상은 단순히 대규모 계약에 국한되지 않으며, 소규모 지역 공급업체와의 거래까지 포함된다. 대부분은 반복적이고 표준화된 계약으로, 규모는 작지만 빈도가 높고 업무량이 많다.

문제는 협상 규모가 워낙 방대하다 보니, 사람이 일일이 대응하기에는 시간과 인력 소모가 너무 크다는 점이었다. 특히 금액이 작거나 단순한 계약은 담당자 입장에서 우선순위가 낮아 소홀히 다루어졌고, 이는 결국 월마트 전체의 수익성에 잠재적인 손실을 초래하는 요인이 됐다.

월마트는 이러한 구조적 한계를 해결하기 위해 생성형 AI 협상 솔루션인 팩텀(Pactum)을 도입했다.[54] 선택에는 세 가지 핵심 이유가 있었다.

첫째, 협상 규모의 압박이다. 수천 개의 공급업체와 표준화된 계약을 반복적으로 체결해야 하는 상황에서 인력만으로는 처리 한계가 명확했다.

둘째, 소액 거래의 비효율성이다. 금액은 적지만 빈번하게 발생하는 계약들이 방치되면서, 장기적으로 수익 손실로 이어지고 있었다. 이 영역을 자동화하면 전체 수익성을 크게 높일 수 있었다.

셋째, 디지털 전환의 연장선이다. 월마트는 이미 공급망, 물류, 재고 관리에 AI를 도입하며 디지털 전환을 가속화하고 있었고, 협상 역시 효율화가 필요한 마지막 고리로 인식됐다.

팩텀은 반복적이고 비전략적인 협상을 자동화하는 데 강점을 가진 플랫폼이었다. 공급업체는 24시간 언제든지 AI와 협상을 시작할 수 있었고, 감정이나 편견 없이 일관된 논리와 데이터 기반 조건이 제시됐다. 협상 과정은 모두 기록으로 남아 계약 조건이 불명확해지는 일이 줄었으며, 사람 사이에서 흔히 발생하던 커뮤니케이션 오류와 오해도 많이 감소했다.

특히 흥미로운 점은 월마트와 협력하는 공급업체의 약 75%가 사람보다 AI와의 협상을 선호했다는 사실이다. 공급업체 입장에서는 더 빠르고, 공정하며, 투명한 협상 절차를 경험할 수 있었기에 만족도가 높았다. 성과는 더욱 분명했다.

- 과거 평균 12일이 걸리던 협상이 2일 이내로 단축
- 반복적 협상을 맡았던 인력은 전략적 계약과 장기 파트너십 구축에 집중
- ROI 300% 이상 개선
- 협상 데이터의 체계적 축적으로 향후 전략 수립 가능
- 공급업체 만족도 향상으로 장기 협력 관계 공고화

월마트의 사례는 협상의 구조적 전환을 단적으로 보여준다. 전략적으로 중요한 일부 협상은 여전히 인간 협상가의 몫이지만, 전체 협상의 80%를 차지하는 반복적이고 비전략적인 영역은 이제 AI가 담당한다. 팩텀 공동창업자 마틴 랜드(Martin Rand)는 "전체 협상 중 약 20%만이 전략적이며, 나머지 80%는 반복적인 비전략적 협상인데, 현재의 구매 담당자들은 이 80%를 처리할 시간조차 없다"라고 말한다.

월마트는 이 점을 정확히 이해하고, 협상 업무를 전략적 협상과 비전략

적 협상으로 구분해 AI를 효율적으로 투입했다. 그 결과, 협상가는 더 이상 반복적인 업무에 에너지를 쏟지 않고, 신뢰 구축과 창의적 해법 설계 같은 본질적인 역할에 집중할 수 있게 됐다.

지금까지 AI가 잘 해내는 세 가지 영역을 살펴봤다. 첫째, 방대한 데이터를 기반으로 한 정밀한 분석. 둘째, 리스크를 빠르게 포착하는 계약 검토. 셋째, 시간과 비용을 줄이는 반복 협상의 자동화. 이 세 가지 영역에서 AI는 인간보다 빠르고, 정확하고, 효율적이다.

그렇다면 이제 질문을 다시 던질 차례다. "AI가 협상가를 완전히 대체할 수 있을까?" 이 질문에 답하기 위해 우리는 이제 AI가 아직 하지 못하는 것들을 살펴봐야 한다.

데이터 너머의 협상

AI는 데이터를 분석하고 최적 조건을 계산하는 데 뛰어나지만, 협상은 단순한 숫자 게임이 아니다. 신뢰를 구축하고 관계를 유지하며, 상대의 감정과 숨은 의도를 읽어내는 능력이 협상의 성패를 좌우한다. AI는 "이 가격이 최적입니다"라고 말할 수 있지만, "상대가 지금 무엇을 걱정하는가?", "어떻게 하면 신뢰를 얻을 수 있을까?"와 같은 인간적 통찰에는 한계가 있다.

AI는 숫자를 계산할 수는 있어도, 상대 조직의 내부 사정이나 과거 경험, 심리적 불안을 읽어내지는 못한다. 협상은 논리와 감정, 데이터와 인간

이해가 함께 작동하는 복합적인 과정이다. 최적의 숫자를 제시하는 것은 AI의 역할이지만, 협상은 숫자만으로 이루어지지 않는다. 신뢰를 쌓고, 숨겨진 고민을 파악하며, 맥락에 맞는 해법을 제시하는 일은 여전히 인간 협상가의 몫이다.

***

협상의 미래는 이미 시작됐다. 그리고 그 미래는 냉혹하다.

협상 업무의 상당 부분이 AI로 대체되고 있다. 데이터 분석, 계약서 검토, 반복 협상, 리스크 평가 같은 일은 과거에는 숙련된 협상가가 며칠에 걸쳐 처리했지만, 이제는 AI가 몇 분 만에 더 빠르고, 더 정확하며, 더 저렴하게 해낸다. 기업들은 이미 선택을 끝냈다. 인력을 줄이고 AI를 늘리는 방향으로.

협상 업무의 80%는 이미 AI가 더 잘한다. 그렇다면 남은 20%는 무엇인가? 신뢰를 구축하고, 맥락을 읽고, 창의적인 해법을 설계하는 일이다. 이것은 AI가 숫자로 증명할 수 없는 영역이다. 하지만 착각하지 마라. 이는 '인간다움만 있으면 된다'라는 위로가 아니다. 오히려 AI가 처리하는 80% 위에서, 나머지 20%를 탁월하게 수행할 수 있는 사람만이 살아남는다는 냉혹한 생존 조건이다.

더 정확히 말하면, AI를 활용하면서도 AI가 할 수 없는 일을 해내는 사람만이 살아남는다. 경험과 노하우에만 의존하는 협상가는 정보에 밀리고, 전략에 밀리며, 속도에서 뒤처진다. 반대로 AI에만 의존해 인간 고유의 역할을 소홀히 하는 이도 마찬가지다. AI가 제시한 완벽한 조건도 상대의 신뢰를 얻지 못하면 무의미하다.

협상의 미래는 기술과 인간이 각자의 강점을 살려 협력하는 데 있다. 양쪽 모두에 능한 사람만이 앞으로의 협상을 주도할 수 있다.

제15강
에잇블록협상모델로 AI를 지휘하라

Q. 에잇블록협상모델을 AI로 어떻게 실행하는가?

협상은 생각의 흐름이다. 그리고 AI는 그 생각을 실행으로 옮기는 엔진이다.

13강에서는 AI가 협상 준비를 어떻게 바꾸고 있는지 살펴봤고, 14강에서는 AI가 할 수 있는 일과 없는 일을 구분했다. AI는 데이터를 분석하지만 신뢰를 구축하지 못하고, 최적 조건을 계산하지만 맥락은 읽지 못한다.

그렇다면 질문이 생긴다. "협상가는 AI를 어떻게 활용해야 하는가?"

답은 에잇블록협상모델에 있다. 이 모델은 협상을 8개 블록으로 구조화한 프레임워크다. 협상가는 AI가 던지는 여섯 가지 질문에 답하고, AI는 이를 기반으로 각 블록에 맞춘 전략을 수립한다.

준비 단계에서 시작해 상대의 욕구 탐색, 창조적 대안 도출, ZOPA 분석, 최종 합의안 설계까지 이어진다. 전략이 부족하거나 정보가 불명확하면, 협상가는 데이터를 추가해 전략을 정교하게 다듬을 수 있다.

이제 협상가는 연주자가 아니라 지휘자다. 더 이상 경험과 노하우에만 의존하지 않는다. AI를 활용해 정보를 분석하고 전략을 설계하며, 협상의 흐름을 전체적으로 조율하는 역할로 진화하고 있다.

여기서는 에잇블록협상모델을 기반으로 AI를 어떻게 지휘하고 실행하는지를 살펴본다. 먼저 ChatGPT GPTs 기반 에잇블록협상모델 AI를 활용해 협상 사고 구조를 설계하는 과정을 정리하고, 이를 실제 산업 협상에 적용한 사례를 분석한다. 반도체, IT, 건설, 소매 유통, 프랜차이즈 등 5개 산업을 중심으로 기술 사양, 속도, 이해관계자 조율, 장기적 관계, 수요와 가격 탄력성 등 각기 다른 협상 초점이 에잇블록 프레임워크 안에서 어떻게 구조화되는지를 살펴본다.

이어서 에잇블록 AI 협상 시뮬레이터를 통해 AI 시대에 협상 역량을 훈련하고 발전시키는 새로운 접근법을 경험할 수 있다. 시뮬레이터는 실제 협상 상황을 모사한 대화형 환경에서 학습자가 에잇블록 프레임워크를 직접 적용하도록 설계됐다. AI 협상 상대와 실시간으로 주고받으며, AI 협상 코칭을 통해 실전 감각을 체득할 수 있다.

겉보기에는 전혀 다른 협상처럼 보이지만, 에잇블록협상모델을 적용하면 핵심 쟁점과 교환 가능한 조건들이 같은 구조로 정리된다. AI는 산업과 상황에 흩어진 정보를 빠르게 수집·정리해 변수들을 드러내고, 에잇블록협상모델은 그 변수를 8개 블록의 전략 언어로 재배열해 실행 가능한 선택지로 바꾼다.

이렇게 역할이 분리되면 협상 준비는 속도와 품질을 동시에 얻는다. AI가 분석의 기반을 깔고, 협상가는 그 위에서 우선순위를 정하고 관계와 신뢰를 설계한다. 결국 협상은 말솜씨 경쟁이 아니라, 인간이 방향을 잡고 AI가 실행을 돕는 '설계와 운영'의 게임으로 바뀐다.

이것이 바로, 인간이 주도하고 AI가 실행하는 비즈니스 협상의 새로운 패러다임이다.

에잇블록협상모델 AI

우리는 협상을 '감각의 영역'이 아니라 설계 가능한 '사고의 과정'으로 다루기 위해, 에잇블록협상모델을 기반으로 한 AI 협상 설계 프로그램을 개발했다. 에잇블록협상모델 AI는 사람과 AI의 대화를 통해 협상의 전 과정을 사전에 구조화하고 준비할 수 있도록 설계된 실행형 협상 시스템이다.

이 시스템은 단순히 협상 정보를 입력받아 결과를 제시하는 도구가 아니다. AI가 던지는 질문 자체가 협상의 사고 과정을 설계하며, 사용자는 질문에 답하는 과정만으로 협상의 핵심 요소를 빠짐없이 점검하고 전략을 완성해나가게 된다.

현재 에잇블록협상모델 AI는 두 가지 형태로 개발되어 활용되고 있다.

하나는 ChatGPT GPTs 기반 '에잇블록협상모델 AI'로, ChatGPT 사용자라면 누구나 실제 협상 상황을 가정해 협상 시연과 핵심적인 협상 전략 설계를 경험할 수 있는 프로그램이다.

다른 하나는 에잇블록 AI 협상 시뮬레이터(8-BNM AI Simulator)다. 이 프로그램은 협상의 여덟 가지 핵심 요소를 체계적으로 분석하고, AI 상대방과의 실전 롤 플레이를 통해 전략을 검증할 수 있도록 설계된 전문 협상 훈련 플랫폼이다.

시뮬레이터는 단순한 전략 수립에 그치지 않는다. 사용자가 입력한 협상 상황을 바탕으로 상대방의 예상 반응을 시뮬레이션하고, AI와의 대화형 연습을 통해 다양한 시나리오에 대응하는 역량을 키울 수 있다. 나아가 합의서 초안, 협상 코칭 리포트, 협상 결과 보고서까지 자동 생성해 준비-실행-정리의 전 과정을 일관되게 지원한다.

⑤ ChatGPT GPTs 에잇블록협상모델 AI	8-BNM AI Simulator 에잇블록 AI 협상 시뮬레이터

이 책에서는 이 가운데 누구나 쉽게 활용할 수 있는 ChatGPT GPTs 기반 '에잇블록협상모델 AI'를 중심으로, AI가 협상 준비와 사고 구조를 어떻게 변화시키는지를 살펴보고자 한다.

[ChatGPT GPTs] 에잇블록협상모델 AI의 핵심 구성

에잇블록협상모델 AI는 '질문 몇 개로 협상의 전 과정을 이끌어가는' 실행형 협상 시스템이다.

이 에잇블록협상모델 AI는 다음의 5단계를 통해 단계별 핵심 질문과 자동 생성되는 추가 질문을 결합해 복잡한 협상 상황을 체계적으로 분석하고, 실무자가 바로 활용할 수 있는 협상 설계안을 한 눈에 보여준다.

1단계. 6개 핵심 질문으로 '전략의 뼈대'를 자동 구성

에잇블록협상모델 AI는 협상 상황을 빠르게 구조화하기 위해, 대화 시작 단계에서 아래 6개 질문을 순서대로 수집한다. 이 입력만으로도 협상의 1단계인 현황 분석부터 ZOPA 설정(Block 1~4 영역)까지의 초안을 자동으로 구성한다.

> 1. 소속 회사의 이름과 역할은 무엇인가요?
> 2. 상대방 회사의 이름과 역할은 무엇인가요?
> 3. 이번 협상에 영향을 미칠 수 있는 제3의 대상은 누가 있나요?
> 4. 이번 협상에서 다룰 안건에는 어떤 것들이 있고, 또 있을 수 있나요?
> 5. 핵심 안건은 무엇이며, 그것에 대한 우리의 하한선과 상한선은 얼마인가요?
> 6. 이 밖에 이번 협상을 이해하는 데 필요한 내용을 자유롭게 알려주세요.

이 단계에서 AI가 자동으로 수행하는 작업은 다음과 같다.
- 이해관계자(제삼자)와 영향 경로를 정리하고, 기회요인/위협요인(리스크)

을 분류한다.

- 협상 안건을 '가격만'이 아니라 납기, 물량, 품질, 결제 조건, 리스크 분담 등 교환재(Trade-offs)까지 확장해 목록화한다.
- 핵심 안건의 상한/하한(합의 가능 범위의 윤곽)을 중심으로 협상 범위를 수치화하고, 근거가 필요한 항목을 자동 표시한다.

2단계. 블록별 '누락 탐지'와 보완 질문(전략 품질을 끌어올리는 구간)

초안이 생성되면 AI는 협상 전략에서 빈칸이 생기기 쉬운 지점을 자동 점검하고, 필요할 경우 짧은 보완 질문으로 정확도를 높인다.

특히 다음 단계(상대 분석 및 최종 패키지 설계)로 넘어가기 위해, AI는 상대 관점 데이터를 확보하는 질문을 추가로 수행한다.

- (Block 5 보완 질문) 상대방의 표면적 요구사항은 어떤 것들이 있었나요?
- (Block 7 보완 질문) 상대방의 목표가격과 결렬가격은 얼마라고 추정하시나요?
- (Block 8 보완 질문) 협상 안건별로 상대방이 제시한 조건에는 어떤 것들이 있나요?

이 과정을 통해 AI는 '우리 기준의 범위'만이 아니라 '상대 기준의 범위와 조건'까지 반영해 실제로 조율 가능한 협상 구간을 계산하고 전략을 현실화한다.

3단계. 8개 블록을 순차 완성(사용자 확인 → 다음 블록)

AI는 8개 블록을 한 번에 쏟아내지 않고, 블록 단위로 초안 제시 → 사용자 확인/수정 → 다음 블록 진행의 흐름으로 완성도를 높인다.

이 구조는 협상 준비에서 자주 발생하는 '중요 전제가 틀린 채로 뒤 단계가 무너지는 문제'를 줄이고, 전략의 일관성과 실행력을 확보하기 위한 설계다.

4단계. 창조적 옵션 생성(합의를 만드는 '선택지' 설계)

핵심 쟁점이 확인되면 AI는 협상이 단일 가격 싸움으로 축소되지 않도록, 핵심 의제(Core Agenda)를 중심으로 다음 네 가지 방식의 대안을 최소 4개 이상 도출한다.

---

1. Find a Bridge : 양측의 Interest를 동시에 충족하는 제3의 대안
2. Set Conditions : 조건 충족 시 A, 미충족 시 B의 조건부 합의
3. Expand the Pie : 새로운 안건을 추가해 교환 폭을 확장
4. Split the Pie : 쟁점을 분할, 단계화해 합의 난이도를 낮춤

이 단계의 목표는 '말로 설득'하는 것이 아니라, 상대가 실제로 고를 수 있는 구조화된 선택지를 만들어 합의 확률을 높이는 것이다.

마지막으로 AI는 안건별 우선순위를 반영해 안건별 A/B/C 선택지와 패키지 조합(3세트 이상)을 완성한다.

실무자는 이 패키지를 기반으로 '한 번의 제안 → 상대 반응 확인 → 다음 제안'의 운영을 수행할 수 있으며, 협상 과정에서 발생하는 변수를 '양보'가 아니라 '교환'으로 관리하게 된다.

[ChatGPT GPTs] 에잇블록협상모델 AI 전개 과정

[ChatGPT GPTs] 에잇블록협상모델 AI에 접속하려면, 제공된 QR코드를 스캔하거나 아래 링크를 입력하면 된다. 단, 사전에 ChatGPT에 무료 또는 유료 회원가입이 되어 있어야 한다.

[ChatGPT GPTs] 에잇블록협상모델 AI
https://tinyurl.com/22urlpvr

1. QR코드 또는 링크에 접속하면, '8-Block Chatbot' 화면이 나타난다.

화면의 [Let's Start!] 버튼을 누르거나 또는 대화창에 '시작'을 입력하면 협상 설계를 위한 질문이 순차적으로 시작된다.

2. 첫 단계에서는 사용자의 소속 회사, 이름, 역할을 입력하도록 안내한다.

이 정보는 AI가 협상 상황의 맥락과 사용자의 입장을 이해하는 데 활용된다. 실명을 입력할 필요는 없지만, 조직의 규모와 역할이 드러나도록 입력하는 것이 좋다. 이 책에서는 예시를 위해 가상의 '한국전자 영업팀 과장'이라는 설정을 사용한다.

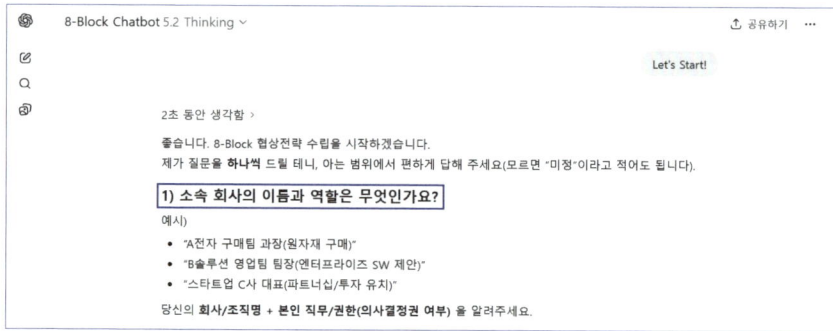

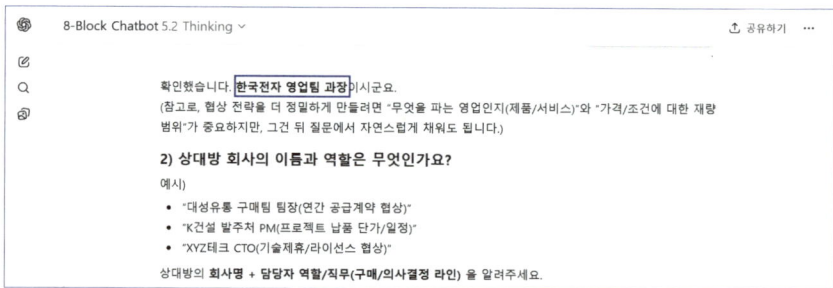

3. 이후 챗봇은 협상의 상대방에 관한 질문으로 대화를 이어간다.

상대방 회사의 이름과 역할을 입력하는 단계로, 협상 상대에 대한 기본 정보를 수집하는 과정이다. 예시에서는 '대한유통 바이어(구매 담당)'라는 가상의 협상 상대를 설정한다.

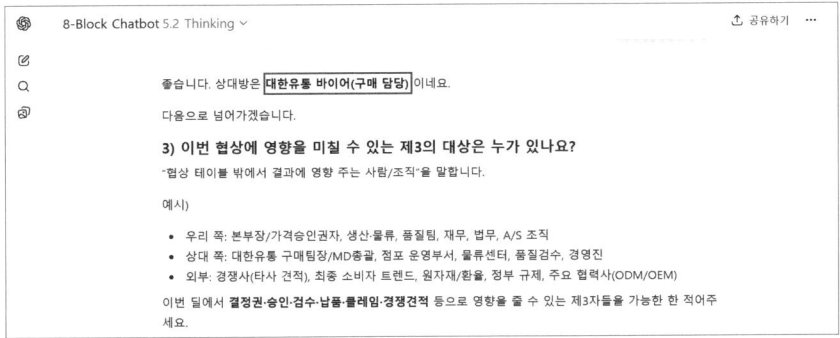

4. 다음 단계에서는 협상의 안건을 입력한다.

이때 단순히 가격만 입력하기보다는 납기, 물량, 품질, 결제 조건, 리스크 분담 등실제 계약에 영향을 미칠 수 있는 조건들을 최대한 폭넓게 적어주는 것이 중요하다. 입력 정보가 구체적일수록 AI는 협상 구조를 좀 더 정교하게 분석할 수 있다.

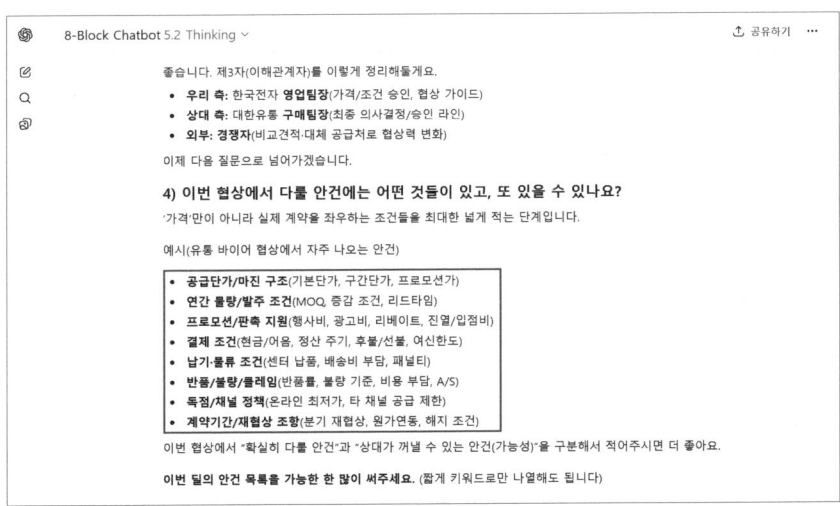

5. 입력된 협상 안건을 바탕으로 AI는 내용을 분석·정리하고, 그중 핵심 안건과 가격 제안 항목을 사용자가 선택하도록 안내한다. 이 과정에서 협상의 중심 쟁점이 자연스럽게 드러나게 된다.

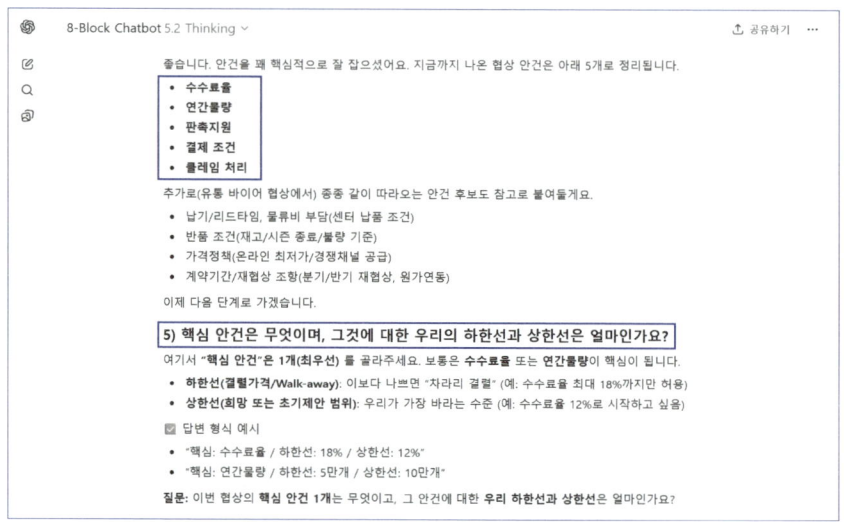

6. 이어 AI는 우리 측 제안을 기준으로 가격 조건과 유리한 제안 요소를 상세히 분석한다. 단순한 가격 비교가 아니라, 협상에서 활용 가능한 강점과 조정 가능한 영역을 구조적으로 정리해준다.

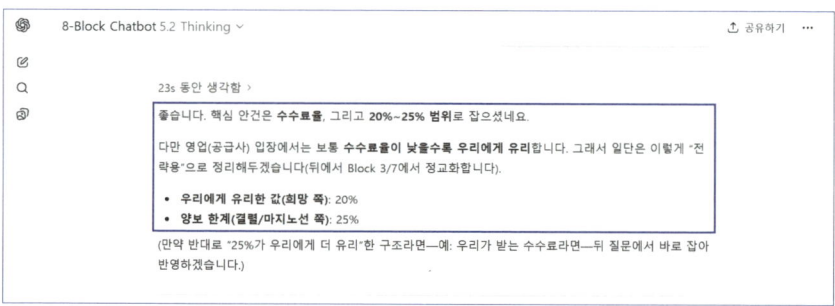

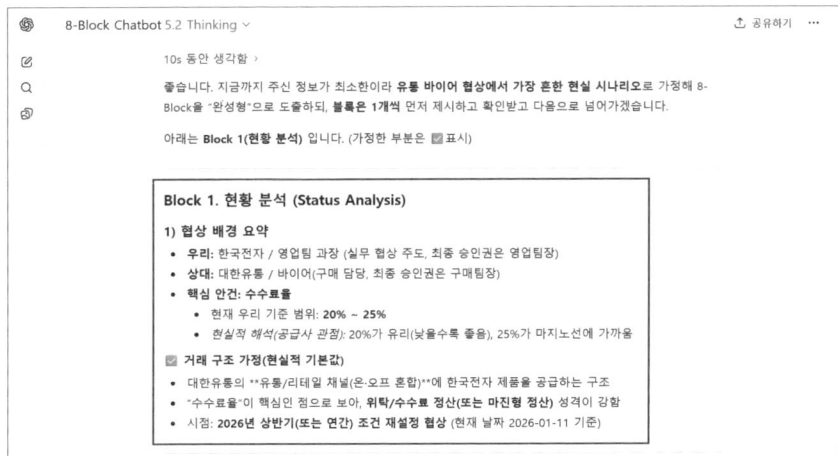

6) 이밖에 이번 협상을 이해하는 데 필요한 내용을 자유롭게 알려주세요.

예시(아는 것만 편하게)
- 거래 구조: **매입/위탁/수수료 정산 방식**, 가격표/공급가 구조
- 제품/카테고리, 예상 소비자군, 유통채널(오프라인/온라인/라이브 등)
- 협상 일정: 언제까지 합의 필요? (입점/행사/런칭 데드라인)
- 경쟁사 상황: 경쟁사 제안 조건/가격대, 대한유통이 비교하는 대체재
- 기존 거래 관계: 첫 거래인지, 과거 문제(클레임/납기/반품) 있었는지
- 내부 제약: 원가, 생산/납기 한계, 판촉비 예산, 결제 조건 한계 등

추가로 공유할 정보를 자유롭게 적어주세요. (짧게 키워드로만 써도 됩니다.)

7. 이제 AI는 앞서 입력된 정보를 종합해 전략 수립을 위한 에잇블록협상모델을 도출한다. 사용자는 여덟 가지 블록별로 정리된 협상 구조를 통해 자신의 전략 방향을 한눈에 파악할 수 있게 된다.

이와 같이 에잇블록협상모델 AI는 사용자가 자신의 협상 상황을 입력하는 것만으로도 협상의 전 과정을 분석하고 전략을 수립하며 실행까지 준비할 수 있도록 돕는다.

이어서 에잇블록협상모델 AI 챗봇을 활용한 협상 사례를 살펴본다. 반도체, IT, 건설, 소매 유통, 프랜차이즈 등 5개 산업을 배경으로 구성된 사례를 통해 에잇블록협상모델 기반의 AI 협상 설계가 현장에서 어떻게 적

용될 수 있는지 확인해본다.

참고로, 소개된 사례들은 협상 교육용으로 개발된 가상의 시나리오로, 등장하는 모든 기업명과 상황은 가상이다. 실존 기업과의 유사성은 전적으로 우연이며, 어떠한 실제 사례와도 관련이 없음을 밝힌다.

CASE 1. 반도체 - AI 칩 위탁계약 협상

AI 반도체를 생산하는 공장

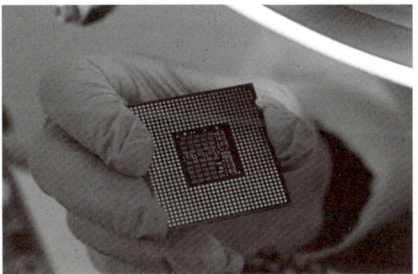
위탁 생산 대상인 차세대 AI 칩

스타전자는 차세대 5nm 공정의 첫 상용화를 추진하며 글로벌 팹리스 기업 루미나텍과 AI 칩 대량 양산 계약을 협상하고 있다. 루미나텍은 연 매출 150억 달러 규모의 기업으로, 이번 차세대 AI칩은 2026년 양산을 목표로 하는 핵심 전략 제품이다. 안정적 공급망 확보가 중요하기 때문에 여러 후보 중 기술력과 생산 능력을 검증받은 스타전자를 최종 파트너로 선택했다. 그러나 협상 초기부터 품질 보장과 리스크 분담을 둘러싼 입장 차이가 드러났다.

스타전자는 이번 계약이 새로운 공정의 신뢰성을 시장에 증명할 기회라고 판단한다. 따라서 장기적인 파트너십 구축에 비중을 두면서도, 신규 공정 특성상 초기 수율 변동성이 불가피하므로 수율을 특정 수치로 보장하는 것은 과도한 재무 위험이라고 본다. 반대로 루미나텍은 과거 수율 문제로 손실을 경험한 탓에 안정적인 품질 기준 확보가 무엇보다 중요하다. 루미나텍은 초기부터 95% 이상의 수율을 명문화하고, 불량 발생 시 재생산·대체 납품·할인 등을 포함한 보상 체계를 요구하고 있으며, 품질 관리를 위해 엔지니어 상주와 공동 TF 운영을 요청하고 있다.

스타전자는 품질 개선 노력에는 동의하지만, 기밀 유지와 인력 부담 문제로 전담 인력 상주는 제한적으로만 수용하려 한다. 또한 명확한 수율 보장보다는 수율이 개선되는 단계별 방식과 한시적 보상 구조를 제안하고 있다. 협상의 본질은 신규 공정에서 발생할 수 있는 기술적 리스크와 재무적 부담을 누가 얼마나 책임질 것인가에 대한 의견 차이다. 루미나텍은 '책임의 명확한 계약화'를, 스타전자는 '공동 개선과 현실적 분담'을 강조하며, 양측은 기술 신뢰와 리스크 관리 사이의 균형점을 찾고 있다.

	스타전자 에잇블록협상모델 AI 분석	
Block 1	**Block 1. 현황 분석_ Status Analysis**	
	항목	내용
	상대방 분석	- **루미나텍**: 글로벌 고객사, 5nm 대량 양산을 안정적으로 확보하려는 목적 - **초기 핵심 요구**: (1) 초기 양산 수율 95% 이상 계약 명시 (2) 불량 시 무상 재생산·대체 납품·차기 주문 할인 포함 보상 (3) 전담 엔지니어 상주 및 공동 품질 개선 TF 운영 - **의사결정 포인트(추정)**: 공급 안정성, 법적 책임(보장/배상) 구조, TCO 예측가능성, 출시 일정(타임 투마켓)
	이해관계자 분석	- **스타전자 내부**: 공정개발/생산(수율·CAPA), 품질(QA/QC), 영업·계약, 법무(보증·면책), 보안(상주·접근통제), 재무(손익·충당) - **루미나텍 내부(추정)**: 제품기획/PM(출시), 구매/SCM(단가·공급), 품질(불량/리콜), 법무/컴플라이언스(책임), 경영진(전략 파트너) - **외부(추정)**: 최종 고객/시장(성능·출시), 규제·인증, 경쟁 파운드리(대체 공급처)
	기회요인 분석	- **5nm 신공정 레퍼런스 확보 및 글로벌 입지 강화(전략적 계약)** - 루미나텍은 초기 파트너로서 CAPA/지원 패키지를 원할 가능성 → 장기 계약(멀티 노드)로 확장 여지
	위협요인 분석	- **신규 공정 초기 변동성으로 95%를 "보장"하면 비용·신뢰·사업 파급 리스크 확대** - 광범위 보상(재생산/대체 납품/할인)은 생산 차질·장기 수익성 약화 - 상주/공동 TF는 인력·보안 관리 부담
Block 2	**Block 2. 목표 설정_ Establishing Objectives**	
	우선순위	협상 안건	최종 목표
	❶	수율/품질 보증 구조	"보장" 문구를 관리 목표+측정 기준+개선 로드맵으로 전환. 램프업 기간(예: 3개월/3Lot) **단계 KPI(90→93→95)**로 설계
	❷	불량 보상/책임 한도	재생산·대체 납품은 조건부/한도부, 할인은 크레딧 캡으로 전환. 간접손해 면책 + 총 책임 한도(예: 직전 2~3개월 공급액) 명시
	❸	전담 엔지니어/공동 TF 운영	상주는 정기 파견+원격 지원 중심. 접근 권한 최소화/보안 구역/로그 의무. TF는 주간 운영 대신 **월 2회+월 간 리뷰**로 효율화

Block 2	❹	가격(웨이퍼 단가) 및 초기 지원 (NRE)	리스크·지원 수준을 반영해 단가 확보. 초기 램프업 비용은 **NRE(1회성)** 또는 **물량 연동 크레딧**으로 구조화
	❺	물량/기간/CAPA	12~24개월 장기 커밋(분기 MOQ) 확보. 대가로 우선 CAPA/리드타임 혜택 제공
	기타	납기·변경관리/보안·IP	ECO/스펙 변경 시 리드타임·비용 규정. 상주/접근을 전제로 **보안·IP 보호 조항 강화**

Block 3. ZOPA 설정_ Determining the ZOPA

핵심 안건(가격): 5nm 웨이퍼 단가(USD/wafer) + 초기 램프업 지원(NRE/엔지니어링 비용)

- **D. 희망가격: 16,500 USD/wafer**
  - 초기 램프업 3개월, 공정·품질 지원 패키지 포함(전담 대응/리포팅 등)
- **T. 목표가격: 15,000 USD/wafer**
  - 물량 커밋 시 2~3% 리베이트/크레딧 옵션으로 "체감 단가" 조정
- **W. 결렬가격: 13,500 USD/wafer**
  - 이 수준 이하에서는 신규 공정 변동성과 보상 부담 대비 손익/리스크 불균형

근거(가정)

1. 신규 5nm 안정화 비용·리스크 프리미엄 2) 전담 지원/공동 개선 인력비 3) 보상 조항 잠재비용 4) 장기 물량 커밋 여부에 따른 할인 여지

Block 4. BATNA 검토_ Reviewing the BATNA

구분	BATNA
우리	- 대체 고객(다른 팹리스/IDM)의 파일럿·중소 물량 우선 배정 → 수율 데이터 축적 후 대형 계약 재협상 - 성숙 공정 물량 확대(단기 수익 방어) - 램프업 일정 재조정(양산 시작 시점 유연화)로 리스크 축소
상대방	- 기존 공급망 유지(성숙 노드/타 파운드리) 또는 멀티소싱 - 출시 일정 조정/사양 조정으로 5nm 의존도 축소 - 보수적 조건을 수용할 다른 공급처 탐색

Block 5. 욕구 탐색_ Identifying Interest

Position

- 초기 양산 수율 95% 이상 계약 명시
- 불량 시 무상 재생산·대체 납품·차기 주문 할인 포함 보상 조항
- 전담 엔지니어 상주 및 공동 품질 개선 TF 운영

Interest (추정)

- 출시 일정 준수(타임투마켓)와 시장 신뢰 확보
- 품질 실패 시 리콜/평판/재무 리스크를 계약으로 완충(공급사 책임화)
- 초기 공정 변동성에 대한 통제감(현장 가시성, 빠른 이슈 대응)
- 총소유비용(TCO) 예측 가능성 확보(불량 비용 상한 고정)

Block 6. 창조적 대안 도출_ Developing Creative Option

Core Agenda : 초기 양산 품질 리스크 관리(수율·보상·지원 체계)

구분	우리	상대방
Position	절대 보장/무제한 보상은 불가. 램프업 구간은 "관리 목표"로 운영	계약상 95% 명시 + 구체 보상 + 강한 현장 지원 필요
Interest	손익·CAPA·평판 리스크 최소화, 보안 통제 유지, 장기 파트너십	출시/품질 사고 리스크 최소화, 비용 예측 가능, 통제·가시성 확보

Creative Option

- **Find a Bridge**
  - "수율 보장" 대신 **품질 KPI + 개선 트리거**: 90/93/95 단계 KPI + 미달 시 자동 공동 개선 프로세스 발동
  - 수율 대신 **usable die/납품 가능 수량** 기준 성과 측정(양측 관점 연결)
- **Set Conditions**
  - 재생산/대체 납품은 **공정 귀책 + 한도** 조건부(월 1회, 물량의 X% 캡 등)
  - 할인은 "차기 주문 할인" 대신 **크레딧**으로 전환 + KPI 달성 시 소멸(인센티브/페널티 결합)
- **Expand the pie**
  - 루미나텍 장기 물량 커밋(12~24개월) + 로드맵 공유 ↔ 가격/우선 CAPA/전담 지원 패키지 제공
  - 공동 성공사례(레퍼런스) 공개 범위 합의로 스타전자 기술 입증 가치 창출
- **Split the pie**
  - 95%를 단일 수치로 두지 않고 **램프업 vs 안정화(steady state)** 분리, 제품군/레이어별로 세분
  - 보상도 재생산/대체 납품/크레딧으로 분리해 각각 캡·프로세스 적용

Block 7. ZOPA 최적화_ Optimizing the ZOPA

우리(판매자) 가격 범위(유지)

- D 16,500 / T 15,000 / W 13,500 (USD/wafer)
- 단, (물량 커밋·보상 한도·지원 범위) 조합에 따라 단가 이동폭을 사전 정의

상대방(구매자) 희망/목표/결렬 추정(가정)

- D 13,500 / T 14,500 / W 15,500 (USD/wafer)
- 초기 불량/지연 리스크를 가격으로 상쇄하려는 성향 반영

조율 가능한 영역(가정)

- 단가만 보면 **13,500~15,500**에서 합의 가능
- 다만 "보상/보장"이 강해질수록 **단가 상단(15.0~15.5k)**, "보상 한도+단계 KPI"로 완화될수록 **하단 (14.0~14.8k)** 으로 이동하도록 **패키지화**가 핵심

협상 레볼루션

Block 8. 최종안 도출_ Arriving at a Final decision

Agenda	1안	2안	3안
가격(USD/wafer)	15,500 (보상/지원 강화 포함)	15,000 (균형 패키지)	14,500 (장기 물량 커밋·조건부)
수율/품질 구조	초기 3개월 93% 목표, 6개월 내 95% 로드맵 + 주간 KPI	초기 3개월 90→93→95 단계 KPI + 미달 시 개선 트리거	6개월 이후 95% 목표, 램프업은 Best effort + 공개 리포트
보상/책임 한도	재생산/대체 + 크레딧(분기 5% 캡), 총책임 3개월 공급액	대체 납품 우선 + 크레딧(분기 3% 캡), 총책임 2개월 공급액	크레딧 중심(분기 2% 캡), 재생산 제한(월 1회), 총책임 1개월 공급액
전담 엔지니어/TF	현장 상주 1명(권한 제한) + TF 주 1회	주 2회 파견 + 원격 상시 + TF 월 2회	원격 중심 + 월 1회 방문 + 분기 운영위
물량/기간/CAPA	12개월 커밋(분기 MOQ) + 우선 CAPA(리드타임 단축)	9~12개월 커밋(완화 MOQ) + 성과 시 우선권	6개월 파일럿→성공 시 12개월 자동 연장 옵션
보안·IP/변경관리	최소권한·로그·감사 + 변경관리 SLA	동일하되 감사 주기 완화 + 공동 승인 프로세스	원격 중심(물리 접근 최소) + 표준 변경 절차

권고 조합(실행안)

- 기본은 **2안**으로 제시(균형·설득력).
- 루미나텍이 "계약상 보장"에 집착하면 **1안**으로 전환하되 **단가·한도·귀책 조건을 연동**해 리스크를 가격으로 회수.
- 단가 압박이 강하면 **3안**을 꺼내되, **장기 물량 커밋/조건부**로 리스크 교환 구조를 명확히.

CASE 2. IT - 데이터 센터 IT 인프라 구축 협상

데이터 센터 구축 예정 부지

데이터 센터 내부 서버 설비

한국SI는 제주에 국내 최초의 HPC 전용 데이터센터를 구축하는 중장기 프로젝트를 추진하고 있으며, 서버·스토리지·네트워크 등 핵심 인프라를 외부 전문 기업에 맡기기로 했다. 제안입찰 결과 ABC글로벌플랫폼이 우선 협상 대상자로 선정됐고, 현재 단가, 유지보수 조건, 납기 등 세부 계약을 조율하는 단계다. 이 프로젝트는 향후 반도체 R&D용 클라우드 시장 선점과 직결되기 때문에, 초기 구축 품질과 안정성이 사업 경쟁력의 핵심이 된다.

이번 협상에서 한국SI는 기술 안정성을 확보하면서도 총예산 140억 원 내에서 비용을 최대한 절감해야 한다. 반면 ABC글로벌플랫폼은 고성능 서버와 보안 기술 등 높은 기술경쟁력을 강점으로 내세우며, 이번 프로젝트를 장기 레퍼런스 확보의 기회로 보고 있다. 그러나 제안 금액이 타사보다 높아 가격 인하 요구에 부담이 있는 상황이다.

핵심 쟁점은 가격 조정, 유지보수 조건, 납기 일정이다. 한국SI는 약 7% 비용 절감과 유지보수 요율 인하, 보증 기간 연장을 요구한다. ABC는 가격 자체를 크게 내리기 어렵다는 입장이지만, 구성 최적화나 운영 효율화를 통해 조정 가능한 대안들을 검토하고 있다.

양측 모두 프로젝트 성공이라는 목표는 동일하지만 접근 방식은 다르다. 한국SI는 비용 효율을, ABC는 기술 가치와 장기적 협력 효과를 중시한다. 따라서 이번 협상은 단순한 가격 인하 여부가 아니라, 성능·비용·지원 체계를 조합해 양측이 받아들일 수 있는 현실적인 해결책을 찾는 과정으로 진행되고 있다.

🌀	한국SI 에잇블록협상모델 AI 분석	
Block 1	**Block 1. 현황 분석_ Status Analysis**	
	구분	내용
	상대방 분석	• **ABC글로벌플랫폼**: 우선협상대상자. 기술평가 96점/업체평가 95점. 기술지원체계 우수, 파트너십 양호, 가격 경쟁력은 상대적으로 낮음. • 제안 조건(주요): 총액 105억, 납기 8개월, 인력 30명(전문10/지원15/교육5), 워런티 1년, 유지보수 요율 17%/년 • 협상 레버리지: 설계 단계 일부 참여로 솔루션 이해도 기대, 레퍼런스/장기 관계 동기 존재
	이해관계자 분석	• 내부: 클라우드사업/센터 구축 PMO, 기술팀(BMT), 보안팀(제로트러스트), 운영팀(3년 안정운영), 재무(예산), 법무/계약, 경영진(상생·리스크) • 외부: 경쟁사(BK아이티솔루션, C클라우드시스템), 원천/파트너사(서버·CPU·DPU 등), 금융기관(협력사 금융지원), 향후 고객/레퍼런스 이해관계자(반도체 R&D/HPC 수요처)
	기회요인 분석	• 전략사업: 2024년 말 가동 목표, HPC 전용 대규모 데이터센터 구축(시장 상징성/내부 우선순위 높음) • 경쟁구도: 가격은 경쟁사(90~95억) 대비 높으나, 기술·지원 우위로 **가치 기반 패키지 협상(가격↔조건 교환)** 여지 • 장기 거래: 유지보수·증설 가능성 → 레퍼런스/장기계약을 교환재로 조건 개선 가능
	위협요인 분석	• 일정 리스크: 납기 8개월 지연 시 센터 가동 일정 영향 • 품질/성능 리스크: BMT 결과 및 운영 안정성(특히 HPC 워크로드) • TCO 상승: 유지보수요율 17% 고정 및 향후 증설 단가 고착 위험 • 내부 KPI 동시 충족: 원가절감(예산 대비 7%) + 상생 요구
Block 2	**Block 2. 목표 설정_ Establishing Objectives**	
	우선순위 협상 안건	최종 목표
	① 프로젝트 금액(초기 구축 총액)	• **98억** 수준(제안 105억 대비 약 7% 절감) 목표로 합의 • 성능/품질 저하 없이 "구성 최적화 + 상생 패키지 교환"으로 절감 달성
	② 워런티 기간	• **24개월(2년)** 목표(최소 18개월) • 교체/수리 SLA, 범위(부품·출장·원격) 명문화
	③ 유지보수(기간·요율)	• 워런티 이후 **2~3년** 유지보수 계약 • **15~16%**/년 목표(최대 17%) + 상주/응답시간 포함

Block 2			
	④	납기/마일스톤	• **7개월** 목표(최대 8개월) • 발주→납품→설치→BMT→인수 마일스톤 + 지연 패널티/대체 플랜
	⑤	인력·기술지원·교육	• 핵심 구간(설치/BMT/초기 안정화) 전문인력 상향/상주 확보 • 교육(현재 5명) 커리큘럼·성과기준 명확화
	기타	계약/상생 조건(보증보험, 결제조건 등)	• 보증보험 면제 또는 최소화, 대금은 검수·인수 연동 (마일스톤 지급) • 레퍼런스 제공/공동 홍보 등 상생 조건을 **가격·서비스 개선과 교환**

Block 3. ZOPA 설정_ Determining the ZOPA

최우선 안건: 프로젝트 금액(초기 구축 총액)

- **D. 희망가격:** 92억
- **T. 목표가격:** 98억
- **W. 결렬가격:** 103억

근거(핵심 논리)

- 경쟁 기준선: 경쟁사 제안가가 **90~95억**이므로, ABC의 기술/지원 프리미엄을 인정하되 격차를 줄여야 함
- 내부 KPI: 구매팀 원가절감 목표(예산 대비 7%)를 **제안가 105억 기준 약 7% 절감(≈98억)**으로 전환해 목표가격 설정
- 가격만 깎는 방식 지양: 성능/품질/기술지원 저하 없는 절감이 원칙(조건 교환형 패키지)
- 103억 초과 시 대안 실행(차순위 전환/분할 발주)이 합리적(가격-가치 균형 붕괴)

Block 4. BATNA 검토_ Reviewing the BATNA

구분	우리	상대방
BATNA	• 차순위 전환: **BK아이티솔루션(95억)** 또는 **C클라우드 시스템(90억)**과 우선협상 전환 • 분할 발주: HPC/서버(ABC) + 네트워크/스토리지(타사)로 분리해 총액 압박 • 단계 도입: 1차 최소 구성 후 증설 옵션(일정 확보/리스크 분산)	• 다른 프로젝트/고객 수주로 매출 대체 • 유지보수·확장 매출 중심 딜로 자원 재배치 • 가격 양보 최소화 대신 서비스 범위 조정
시사점	• 우리 BATNA의 가격 기준(90~95억)이 선명해 **가격 협상력 우위.** 다만 기술지원 격차를 정량화해 "프리미엄의 상한"을 설계해야 함	• 상대는 "레퍼런스 + 장기 관계" 동기가 크므로, **초기 가격 양보 ↔ 레퍼런스/장기계약** 교환 구도가 성립

Block 5. 욕구 탐색_ Identifying Interest

Position (상대방의 표면적 요구/입장)

- 총액 **105억** 기준 계약(프리미엄 사양 유지)
- 워런티 **1년**, 유지보수요율 **17%/년**, 납기 **8개월**, 인력 **30명** 조건 유지
- "기술지원 체계 우수/성능 우위"를 근거로 가격 프리미엄 정당화

Interest (상대방의 내면적 욕구/목적)

- **이익률 방어:** 고사양/수렴/전문인력/조달 리스크를 가격에 반영
- **리스크 최소화:** 납기·BMT·운영 안정화 책임 범위 명확화, 과도한 패널티 회피
- **레퍼런스 확보:** 국내 최초급 HPC 전용 대규모 데이터센터 실적을 마케팅 자산화
- **장기 수익:** 유지보수/증설로 LTV 확대(초기 양보를 장기 회수)
- **관계 고착:** 설계 참여 이력 기반 파트너십 잠금(경쟁사 진입 차단)

협상 레볼루션

Block 6	**Block 6. 창조적 대안 도출_ Developing Creative Option**

Core Agenda : 총소유비용(TCO) / 운영 안정성 / 기술지원 범위

- **우리**
  - Position: 성능/품질 유지 전제로 총액 절감(≈98억) + 워런티·유지보수 조건 개선
  - Interest: 2024년 말 가동 목표, 3년 안정 운영, 원가절감 KPI 달성, 리스크 최소화
- **상대방**
  - Position: 105억 및 기존 조건(1년/17%/8개월) 유지 또는 제한적 조정
  - Interest: 마진/리스크 관리 + 레퍼런스/장기계약 확보

Creative Option

- **Find a Bridge:** 레퍼런스 제공(공동 케이스 스터디/홍보) + 장기 유지보수(2~3년) 확약 ↔ 초기 구축가 인하(패키지 딜)
- **Set Conditions:** BMT/납기 마일스톤 달성 시 인센티브, 미달 시 가격 크레딧·무상지원(성과 연동형)
- **Expand the pie:** 향후 증설 옵션(단가 캡/우선공급권) + 보안 고도화 컨설팅/교육 확대를 넣어 상대 총 매출을 키우고 초기 단가를 낮춤
- **Split the pie:** 초기 필수 구성 vs 확장 구성 분리 계약(초기 비용↓, 성과 확인 후 증설 발주)

Block 7	**Block 7. ZOPA 최적화_ Optimizing the ZOPA**

- **우리(구매자) 범위:** D 92억 — T 98억 — W 103억
- **상대방(판매자) 범위(추정):** D 105억 — T 101억 — W 97억
- **예상 ZOPA: 97억 ~ 103억**

운용 가이드

- 97~100억: 레퍼런스/장기계약/증설옵션으로 상대 체감가치 보전(가격 양보분 상쇄)
- 100~103억: 워런티·유지보수·SLA 강화와 지연 리스크 통제(패널티/크레딧)로 실질 TCO 절감 확보
- 103억 초과: BATNA(차순위 전환·분할 발주) 가동

Block 8	**Block 8. 최종안 도출_ Arriving at a Final decision**

Agenda	1안	2안	3안
프로젝트 금액	**98억** (레퍼런스/장기계약 제공)	**100억** (구성 최적화·조건 균형)	**102억** (프리미엄 유지, 서비스 강화)
워런티	24개월(핵심 부품 선교체 SLA)	18개월(6개월 단위 연장 옵션)	12개월(대신 초기 안정화 인력 강화)
유지보수	3년 / 15% (상주 1명+응답 4h)	3년 / 16% (원격+월 2회 정기점검)	2년 / 17% (장애대응 크레딧)
납기	7개월(마일스톤·지연패널티)	8개월(마일스톤·예비부품 선출고)	8개월(지연 시 무상지원 확대)
인력/지원	전문 12·지원 15·교육 6 (초기 3개월 상주)	전문 10·지원 15·교육 5 (핵심 구간 상주)	전문 10·지원 15·교육 5 (원격 중심)
기타	보증보험 면제/최소 + 대금 (검수·인수 연동)	보증보험 일부 면제 + 마일스톤 지급	보증보험 유지 + 표준 지급조건

재건축 대상 아파트 단지 전경

시공사의 설계 제안과 선정 조건

서울 강남구의 '강남 푸른숲 재건축 단지'는 총사업비 약 2조 원 규모의 대형 사업으로, 2021년 경쟁 입찰을 통해 에이스건설이 시공사로 선정됐다. 당시 합의된 가계약 공사비는 3.3㎡당 530만 원이었으나, 본계약 체결을 앞둔 2024년 에이스건설은 자재비와 인건비 상승을 근거로 930만 원으로 인상해줄 것을 요구하며 공사비 재조정을 요청했다. 이는 기존 대비 큰 폭의 인상으로, 공사 품질 유지와 함께 조합원 부담을 최소화해야 하는 상황에서 조율 필요성이 협상의 배경이 되고 있다.

이번 협상은 시공사인 에이스건설과 강남 푸른숲 재건축 조합 간의 본계약 조건 조정이 핵심이다. 에이스건설은 수익성 회복과 고급 브랜드 '아르티움' 적용을 통해 단지 가치를 높이려 하며, 조합은 품질을 유지하되 과도한 인상으로 조합원 부담이 커지는 것을 우려한다.

핵심 쟁점은 공사비 인상 폭과 사양 수준이다. 에이스건설은 고급 자재와 디자인 강화가 필수라며 인상안을 주장하고, 조합은 인근 단지의 공사비 수준을 근거로 800만 원대가 적정하다고 본다. 양측은 자재 국산화, 설계 단순화, 단계별 사양 조정 등 절충안을 논의하며 합의점을 찾고 있다.

두 당사자는 사업 안정성과 단지 가치 제고라는 목표는 공유하지만 접근 방식은 다르다. 에이스건설은 고급화에 따른 비용 인상, 조합은 조합원 부담 최소화를 위한 사양 조정을 우선하며, 협상은 품질과 비용의 균형을 찾는 방향으로 진행되고 있다.

🔘	에이스건설 에잇블록협상모델 AI 분석		
Block 1	**Block 1. 현황 분석_ Status Analysis**		
	구분	내용	
	상대방 분석	강남 푸른숲 재건축 조합(조합장/대의원회/자문단/조합원). 3,000세대급 대형 재건축 사업의 본계약에서 공사비·사양·리스크를 '조합원 부담 최소화' 관점으로 확정하려는 구매자. 조합원 분담금(추가분담금)과 여론에 민감하며, 상품성(브랜드/특화), 공기(입주 시점), 하자·분쟁 리스크를 핵심 판단축으로 둠.	
	이해관계자 분석	서울시·강남구(인허가/행정), 금융기관(PF/이주비/사업비), 감리·CM, 설계사, 조합원·세입자, 협력사·원자재/마감재 공급사(가격·납기), 경쟁사(H건설 포함), 지역 여론·언론, 향후 강남권 타 사업지 조합(압구정/반포/한남 등).	
	기회요인 분석	① 에이스건설의 정비사업 실적/브랜드(하이엔드 '아르티움')로 프리미엄 설득 여지 ② 실공사비 상승 등 **인상 근거의 객관화 가능** ③ 조합은 지연·재입찰의 기회비용이 큼 → '속도/확실성' 가치로 협상 레버리지 확보 ④ 설계·자재 VE/옵션화로 조합 체감 부담을 낮추며 합의 폭 확대	
	위협요인 분석	① 가계약 대비 체감 인상폭으로 조합원 반발/여론 악화 ② 경쟁사의 저가 제안 가능 ③ 원자재·노무비 변동으로 추가 인상 압력 ④ 인허가/이주 변수로 공기·비용 동시 증가 ⑤ 수익성 개선 압박 속 **과도한 양보 시 내부 수익률 훼손**	
Block 2	**Block 2. 목표 설정_ Establishing Objectives**		
	우선순위	협상 안건	최종 목표
	①	공사비(3.3㎡'당) 및 조정 메커니즘	**930만원 기준 합의**를 목표로 하되, 조정은 **-5% 이내**에서만 검토. 대신 **설계/자재 변경·옵션화**로 조합 체감 부담을 낮추고 회사 수익성은 방어.
	②	특화 사양/마감재(하이엔드 패키지)	'아르티움' 핵심 사양은 유지하되, **기본/선택형(옵션)** 구조로 재구성. 비용 대비 체감가치 높은 항목 우선.
	③	공기·일정(본계약~준공/입주)	인허가/이주·철거 변수를 반영한 현실 공정표 제시. **지연 책임·보상 기준을 합리적 룰로 선제 확정**(분쟁 예방).
	④	지급조건(선급금/기성/정산) 및 자금조달	**현금흐름 안정(선급금↑·기성 주기)**과 조합 금융비용 최소화의 균형. PF/이주비 연계 시 조합 의사결정 부담을 줄이는 운영안 제시.
	⑤	리스크 분담(물가·원자재·설계변경·추가공사)	변동요인에 대한 **사전 룰(지수연동/변경관리/단가·검증 프로세스)** 확정으로 분쟁 최소화.

Block 2	기타	하자보수/품질보증/AS·CS	하자 범위·기간·절차 명확화, 자재 보증/검수 프로세스 제시로 신뢰 확보.

Block 3

Block 3. ZOPA 설정_ Determining the ZOPA

가격(3.3㎡당) 설정(공급자 관점)

- **D. 희망가격:** 980만원/3.3㎡
- **T. 목표가격:** 930만원/3.3㎡
- **W. 결렬가격:** 884만원/3.3㎡

근거(핵심 논리)

- 실공사비 상승 및 하이엔드 사양 적용으로 단가 구조가 상승했고, 목표 930은 **최소 수익 방어선**에 해당.
- 조합 수용성은 "가격 인하"보다 **옵션화/VE로 체감 부담 완화** + "인상 근거의 투명화"로 높이는 설계가 효율적.
- 내부 의사결정(조정폭 -5% 이내)을 결렬가격에 반영: **930 × (1-0.05) ≈ 884.**

Block 4

Block 4. BATNA 검토_ Reviewing the BATNA

구분	세부내용
우리	① VE/옵션화로 공사비를 낮추는 대안 설계(핵심 품질·브랜드 유지) ② 협상 장기화 시 일정 확정 조건부 혜택(마일스톤 인센티브) ③ 유사 정비사업 파이프라인으로 자원 재배치 검토 ④ 결렬/분쟁 시 계약·선정 절차에 따른 절차적/법적 대응(최후 수단)
상대방	① 타 시공사(H건설 등)로 재입찰/재협상(단, 일정 지연·불확실성 확대) ② 특화 축소를 전제로 공사비 낮추기(단지 가치/조합원 만족과 상충) ③ 지급조건/정산구조 변경으로 단기 체감 부담 완화

Block 5

Block 5. 욕구 탐색_ Identifying Interest

Position(상대방 표면 요구, 추정)

- 공사비: 인상폭을 낮추거나, 인상 근거를 더 투명하게 제시하라
- 사양: 고급 사양은 필요하나 **우선순위 재조정/선택권**을 달라
- 일정: 입주 시점 확정과 지연 리스크 최소화를 보장하라
- 리스크: 설계변경/추가공사/물가변동으로 인한 추가분담금 폭증을 막아 달라
- 품질/AS: 하자·민원·AS 대응을 강화하라

Interest(상대방 내면 욕구, 추정)

- 조합원 부담 최소화: 추가분담금·이자·이주비 부담을 줄여 **동의(표)** 확보
- 확실성/예측가능성: 본계약 이후 비용·일정이 크게 흔들리지 않는 **룰 기반 운영** 선호
- 단지 가치 극대화: 강남권 경쟁 단지 대비 상품성·브랜드로 **자산가치 상승** 기대
- 의사결정 리스크 회피: 조합 집행부가 책임질 수 있는 **객관적 비교자료/근거** 요구
- 분쟁 최소화: 추가공사·하자·공기 지연 등 **잠재 분쟁을 계약에서 차단**하려 함

Block 6

Block 6. 창조적 대안 도출_ Developing Creative Option

Core Agenda : 공사비와 하이엔드 사양의 균형

- 우리
  - Position: 930만원(조정 -5% 이내) + '아르티움' 핵심 사양 유지
  - Interest: 수익성 방어, 강남 레퍼런스 확보, 향후 수주 경쟁우위
- 상대방
  - Position: 공사비 인상 축소/추가분담금 통제, 선택형 사양으로 비용 조절
  - Interest: 조합원 동의, 비용·일정 예측가능성, 장기 리스크 최소화

협상 레볼루션

Block 6	**Creative Option**

- Find a Bridge
  - 기본형(필수 성능) + 프리미엄 옵션(조합 선택) **2단 구조**로 총액 프레임을 유지하면서 체감 부담 완화
  - 항목별 비율/증빙 수준 합의로 **투명성 확보**(인상 수용성 상승)
- Set Conditions
  - 관리처분/이주 등 **마일스톤 달성 시 인센티브**(특정 항목 단가 인하/무상 제공)
  - 자재 지수가 특정 구간을 벗어날 때만 조정하는 **밴드형 연동**
- Expand the pie
  - 조합 홍보/분양 마케팅 지원, 커뮤니티 운영 컨설팅, 외부환경 특화 확대 등 **비가격 가치 추가**
  - 장기 유지관리 패키지로 **조합의 총생애비용 절감**
- Split the pie
  - 공사비를 기본공사비 vs 특화/옵션으로 **분리**해 합의 폭 확대
  - 동·타입별 사양 차등으로 총액은 관리하면서 **만족도 극대화**

Block 7	**Block 7. ZOPA 최적화_ Optimizing the ZOPA**

우리 가격 범위(3.3㎡당)

- D 980 / T 930 / W 884

상대방 가격 범위(3.3㎡당, 추정)

- D 780 / T 850 / W 900

추정 ZOPA

- 884~900만원/3.3㎡

최적화 포인트

- ZOPA가 매우 좁으므로 "가격 자체"보다 **옵션화·VE·일정 인센티브·유지관리 패키지**로 체감 비용을 낮추는 구성이 핵심.
- 상대의 결렬가격(900)을 넘기 어렵다면, **지연/재입찰/금융비용**을 정량화해 "900 내외 합의가 더 유리"한 선택임을 설계.
- '단가'가 아니라 **조합원 총부담(총사업비+금융비용+변경 리스크)** 시뮬레이션으로 협상 프레임을 전환.

Block 8	**Block 8. 최종안 도출_ Arriving at a Final decision**

Agenda	1안	2안	3안
공사비(3.3㎡당)·조정	930 확정 + 밴드형 지수연동(상·하한) + VE 환급	910~930(조건부) + 마일스톤 달성 시 단계 인하 + 옵션 전환	884~900(최후) + 핵심 사양 일부 옵션화/축소 + 지급조건 개선
특화 사양/마감재	아르티옴 풀패키지(주요 외산 마감) 유지	핵심만 유지, 고가 항목은 선택형으로 분리	특화 범위 축소(동급 대체) + 조합 핵심 2~3개만 무상 유지
공기·일정/지연 리스크	현실 공정표 + 공동 리스크관리 체계	마일스톤 확정 시 공기 단축/입주 시점 확정 혜택	지연 책임 분담 명확화(원인별)
지급조건/자금	선급금+월 기성, 정산 명확 + 금융기관 협업 지원	기성 주기 조정(조합 금융비용 절감) 대신 일부 옵션화	지급조건 개선(선급금 확대/기성 단축)으로 단가 인하 재원 마련
추가공사/설계변경·분쟁	변경관리 프로세스(승인/단가/검증) 사전 합의	주요 추가공사 단가표 사전 확정 + 분쟁 조정 절차	설계 동결(변경 최소화) + 변경 시 부담 원칙 명확화
기타(하자/AS)	하자 대응 SLA + 자재 보증/검수 체계	입주 2년 집중 CS + 커뮤니티 운영 컨설팅	하자보증 강화 ↔ 사양 일부 조정

Block 8	권장 협상 패키지(조합이 고르기 쉬운 묶음 제시)
	• 패키지 A: **930 + 풀패키지 유지 + 밴드형 연동 + 변경관리/하자 SLA 강화**
	• 패키지 B: **910~930(조건부)** + 선택형 사양 + 마일스톤 인센티브 + 추가공사 단가표 사전확정
	• 패키지 C: **884~900(최후)** + 특화 축소/옵션화 + 지급조건 개선 + 설계 동결(변경 최소화)

협상 레볼루션

CASE 4. 소매 유통 - 브랜드 입점 조건 변경 협상

오프라인 유통 매장

매장 내부 상품 진열 모습

헬로우 H&B스토어는 매출 3조 8천억 원, 시장 점유율 90%를 기록하며 국내 H&B 시장을 주도해왔고, 피오레는 입점 후 3년 만에 매출 100억 원을 달성한 대표 성공 브랜드다. 그러나 계약 갱신을 앞두고 피오레는 기존 조건이 현재 매출 구조와 맞지 않는다며 수수료율 50%, 전국 80개 매장 입점, 최대 30% 할인 등 주요 조건의 변경을 요구하게 됐다.

협상은 헬로우 MD팀과 피오레 운영팀이 담당한다. 헬로우는 유망 브랜드를 육성하되, 다른 브랜드와의 형평성과 매장 수익성을 지켜야 한다는 입장이다. 반면 피오레는 높은 수수료율로 이익률이 제한되고 있으며, 생산 물량의 75%가 헬로우에 집중되어 있어 유통 포트폴리오 다변화가 필요하다.

핵심 쟁점은 수수료율 인하, 공급 물량 조정, 매장 확대 및 우선 공급권 유지다. 피오레는 수수료율을 50%에서 45%로 낮추고, 공급 비중을 줄여 온라인 및 해외 확장을 추진하려 한다. 반대로 헬로우는 수익성 악화와 브랜드 간 형평성 문제를 우려해 단순 인하보다는 성과 기반 수수료 체계나 공동 프로모션 등 대안을 제시하고 있다.

양측은 협력 관계를 유지하려고 하지만 방향은 다르다. 헬로우는 정책 일관성과 수익성 관리, 피오레는 이익률 개선과 유통 독립성 확보를 우선한다. 이번 협상은 조건 조정을 넘어 양측의 성장 전략을 맞추며 지속 가능한 파트너십 구조를 다시 설계하는 과정으로 진행되고 있다.

⟳	헬로우 H&B스토어 본사 에잇블록협상모델 AI 분석	
Block 1	**Block 1. 현황 분석_ Status Analysis**	
	구분	핵심 내용
	상대방 분석	- 피오레: 입점 3년 만에 '100억 클럽'에 오른 유망 색조 브랜드(성장 자신감↑) - 계약 갱신 시점에 조건 재협상 요구가 일반적(요구 강도↑) - 현재 조건: 수수료율 50%, 매장 80, 할인 최대 30%, MOQ 1.5만, 우선공급권 온/오프라인
	이해관계자 분석	- 헬로우 H&B 내부: MD/마케팅/앱(매거진관)/물류·발주 운영/오프라인 매장 운영 - 외부: 소비자(MZ), 경쟁 H&B/온라인 채널, 인플루언서·리뷰 커뮤니티, 타 입점 브랜드(형평성 이슈)
	기회요인 분석	- 헬로우 H&B: 오프라인 시장 점유율 90%+ 수준, "K뷰티 성지" 인지도 → 채널 파워 강함 - 앱 '매거진관' 신설(브랜드 콘텐츠 노출/전환 기회) - 피오레: 프로모션 참여 경험/성과 기반으로 공동 기획·선런칭 성사 가능
	위협요인 분석	- 유망 브랜드 이탈 시 매출·카테고리 경쟁력 타격(대체 브랜드 탐색 비용↑) - 과도한 수수료 인하 수용 시: 타 브랜드 '연쇄 인하' 요구 및 형평성 리스크 - 할인·프로모션 미참여 시: 매출 탄력 저하 및 재고/기획 손실 확대
Block 2	**Block 2. 목표 설정_ Establishing Objectives**	
	우선순위	협상 안건 최종 목표
	1	판매 수수료율 - **47~50% 범위 내 합의**(기본은 49~50, 성과조건 충족 시 47~48까지 가능) - 회사 평균 수수료율(47.4)과 중소형 색조 범위(45~50) 내에서 "형평+성과" 논리 구축
	2	최소주문수량(MOQ) - **MOQ 상향**(예: 1.5만 → 1.8~2.2만)**로 공급 안정성 확보 - MOQ 상향율 "우선공급권/매장 확대/콘텐츠 지원"과 교환
	3	우선공급권(온·오프) - 성수기/신제품에 대해 **헬로우 H&B 선런칭** 또는 우선 물량 배정 확보 - 대가로 "기획/콘텐츠/매장 노출" 패키지 제공
	4	가격 할인율(프로모션) - 할인 상한 **30% 유지**를 원칙으로 하되 - 핵심 행사(올영 세일 등)에는 **기획상품/세트 구성 참여**를 의무화 (연 n회)

| Block 2 | 5 | 매장 수(확대/유지) | - 80개 유지+성과 기반 단계적 확대(예: 100→120)
- 확대 조건: 행사 참여율/재고 결품률/리뷰지표/매출 목표 달성 |
| | 기타 | 앱·콘텐츠/마케팅 지원 | - 매거진관·라이브·숏폼 등 콘텐츠 슬롯 제공(대신 독점/우선공급·행
사 참여·신제품 일정 공유) |

Block 3. ZOPA 설정_ Determining the ZOPA

최우선 안건(가격 성격): 판매 수수료율(%)

- **D. 희망가격:** 50% 유지(현재 조건 유지가 기본)
- **T. 목표가격:** 49% (성과/패키지 합의 시 48%까지 '조건부' 목표)
- **W. 결렬가격:** 47% (회사 평균 47.4% 및 타 브랜드 형평을 고려한 하한)

근거(핵심 논리)

- 수수료율은 브랜드 인지도/경쟁력/예상 판매량/프로모션 참여 등으로 결정되며, 중소형 색조 범위는 45~50, 평균은 47.4%
- 피오레는 성공 사례지만 "모든 요구 수용 불가/형평성 고려 필요"

Block 4. BATNA 검토_ Reviewing the BATNA

구분	우리	상대방
BATNA	- 동급 성장 브랜드/신진 브랜드로 대체 입점 확대(카테 고리 포트폴리오 재구성) - PB/단독 기획으로 매출 공백 최소화 - 단, 유망 브랜드 이탈은 손실이므로 "결렬은 최후 수 단"	- 타 H&B/온라인(자사몰·마켓플레이스) 비중 확대 - 해외/면세/팝업 등 채널 다변화로 조건 완화 시도 - 다만 헬로우 H&B 채널 파워가 커 완전 이탈은 부담(점유율 90%+)

Block 5. 욕구 탐색_ Identifying Interest

(상대방 정보만 정리 — 수치는 문서에 없어 "변경 요구 방향"을 합리 가정)

- **Position(표면적 요구)**
  - 수수료율 인하(예: 50% → 45~47% 수준 요구)
  - 매장 수 확대(예: 80 → 120~200)
  - 행사 할인율 상한 축소(예: 최대 30% → 20~25%) 또는 행사 참여 부담 완화
  - MOQ 완화(예: 1.5만 유지 또는 하향), 대신 우선공급권/노출 강화 요구
  - 우선공급권(선런칭/독점 SKU) 명문화 요구
- **Interest(내면적 욕구)**
  - 수익성 방어(할인/수수료 이중 부담 축소)
  - 안정적 성장(매장 확대·우선 노출로 매출 예측 가능성 확보)
  - 브랜드 자산 강화('K뷰티 성지' 채널에서의 위상·콘텐츠·리뷰 누적)
  - 운영 리스크 축소(재고·결품·반품·행사 운영 부담 감소)

Block 6. 창조적 대안 도출_ Developing Creative Option

Core Agenda : 프로모션 참여 강도 / 매장 확대 조건 / 우선공급권(선런칭·물량배정)

- **구분**
  - 우리 Position: "핵심 행사 참여 + 안정 물량 + 형평성 유지"
  - 우리 Interest: "매출/트래픽 극대화, 결품 최소화, 타 브랜드 도미노 방지"
  - 상대방 Position: "조건 개선(수수료·할인·매장)"
  - 상대방 Interest: "수익성·브랜드 자산·운영 부담 관리"
- **Creative Option**
  - **Find a Bridge:** "수수료 인하 대신" **매거진관/콘텐츠+선런칭+베스트 존 진열** 제공(브랜드 자산↑, 우리 트래픽↑)

Block 6	• **Set Conditions:**
	• 조건 A(성과 달성): 수수료 48% + 매장 120 확대
	• 조건 B(미달): 수수료 49~50% + 매장 80~100 유지
	• **Expand the Pie:** 해외/글로벌몰(또는 라이브·퀵커머스) 전용 세트/단독 SKU 추가로 "총이익"을 키워 수수료 갈등 완화
	• **Split the Pie:** 수수료를 "기본 수수료 + 성과 리베이트(성과급)"로 분리(매출/행사 KPI에 따라 환급)

Block 7	### Block 7. ZOPA 최적화_ Optimizing the ZOPA
	우리(헬로우 H&B) 재정의
	• D 50% / T 49%(조건부 48%) / W 47%
	• W는 평균 47.4 및 형평성 논리로 방어
	상대방(피오레) 추정
	• D 45% / T 46~47% / W 48%
	• 논리: 100억 클럽 성과를 근거로 "수익성 개선" 요구 가능
	조율 가능한 범위(추정 ZOPA)
	• **47% 전후**가 가장 현실적인 교집합(대신 매장 확대·콘텐츠·우선공급권·행사 참여로 패키징)

Block 8

Block 8. 최종안 도출_ Arriving at a Final decision

Agenda	1안	2안	3안
판매 수수료율	49% 고정	48% (성과조건)	47% (강한 조건)
매장 수	80 유지	100 확대	120 확대
할인/행사	최대 30% 핵심 행사 연 2회 참여	최대 30% 핵심 행사 연 3회+기획세트 1종	최대 30% 핵심 행사 연 4회+단독 SKU
MOQ	1.8만	2.0만	2.2만
우선공급권	성수기 우선 물량	신제품 선런칭(기간 한정)	선런칭+주요 SKU 우선배정
기타(지원)	매거진관 1회 노출	매거진관+라이브 1회	매거진관+라이브+메인 존 진열

협상 레볼루션

편의점 상권과 주변 경쟁 점포 분포   편의점 내부

경기도 화성시 동탄의 'ABC편의점 샛별마을점'은 개점 10년 차를 맞아 재계약 협상을 진행 중이다. 점포는 28평 규모이며, 인근 슈퍼마켓과 경쟁 속에서도 하루 평균 170만 원의 매출을 유지하고 있다. 현재 본사와 점주 의 수익 배분은 30:70 구조이며, 시설 노후화로 부분 리뉴얼 필요성도 제 기되고 있다.

협상 당사자는 ABC리테일 영업본부와 가맹점주다. 본사는 점포 손익 개선과 브랜드 경쟁력 유지가 목표이며, 입지 특성상 대체 출점이 어려워 재계약이 필수적이다. 반면 가맹점주는 안정적인 수익과 현금성 지원 확대 를 원하며, 경쟁 브랜드로부터 더 유리한 조건을 제안받은 상황에서 브랜 드 전환 가능성까지 열어두고 있다.

협상 쟁점은 수익 배분율 인상, 지원금 규모, 24시간 영업 여부, 리뉴얼 범위다. 본사는 신선식품, 배달 서비스 확대 등을 통해 매출 상승 효과가 가능하다며 배분율 인상 근거를 제시한다. 그러나 가맹점주는 야간 운영 부담과 폐기 증가를 우려해 24시간 영업에 신중하며, 단순한 리뉴얼보다 점포 운영에 실질적으로 도움이 되는 개선을 요구한다.

양측 모두 재계약 필요성은 인정하지만 관점은 다르다. 본사는 수익성과 매출 증대를 위한 조건부 인센티브형 재계약을 제안하고, 가맹점주는 폐기 부담 완화와 충분한 현금 지원이 선행되지 않으면 재계약이 어렵다는 입장이다. 협상은 수익 구조와 지원 방식에 대한 현실적인 균형점을 찾는 과정으로 진행되고 있다.

⑨	프랜차이즈 본사 에잇블록협상모델 AI 분석	
Block 1	**Block 1. 현황 분석_ Status Analysis**	
	구분	내용
	상대방 분석	• 점포: 화성시 동탄 구도심, 28PY(약 92㎡), 2016년 개점 후 10년 운영, 6월 계약만료 예정 • 현 운영: GS1 타입, 영업 07:00~익일 01:00, 일매출 170만 정체, 집기 노후(시설투자 미진) • 현 계약: 5년, 배분율 70%(66%+월정률 4%), 일시지원금 2,000만원 • 특징: 반값택배 일평균 20건(급신장), 카페25/WIC 4D/와인특화 운영 • 이탈 신호: 최근 CU와 조건 미팅 정황(비밀리에 접촉)
	이해관계자 분석	• 경쟁점: 우리마트(도보 230m), 15PY, 개인 15년 운영, 09:00~21:00, 일매출 약 120만(신선 30만 추정), 단골 보유 • 경쟁 본부: CU(공격적 전환 시도 지역 상황) • 내부: 영업팀장(24H 전환 우수사례화 의지), 본부 손익 관점(24H 유리 계산) • 고객/입주민: 주거단지 후문 상가 입지(입주율 변화가 수요에 영향)
	기회요인 분석	• 우리마트 야간 미영업(09~21) → **야간/심야 수요 독점 여지** • 상권 성숙: 과거 입주율 60%였으나 현재 전 세대 입주 완료(수요 기반 확대) • 운영 최적화 패키지 제안 가능: FCS(+15만/일), 배달(+5만/일), 24H(+15만/일)로 일매출 170만 → 215만 시나리오 제시 가능 • 24H+패키지 적용 시 월 영업이익 1,121만(시나리오) 제시 가능
	위협요인 분석	• CU의 공격적 제안 가능성(제시액 높을 것으로 예측) • 대체점/대안 부재: 이탈 시 '우리마트' 업종전환/대체점 출점 불가 확인 → **재계약 실패 리스크 매우 큼** • 협상 타이밍: "오늘이 마지막 미팅" (결정 압박) • 시설 노후/리뉴얼 제약: 전면 리뉴얼 어렵고 2,500만원 수준 부분 리뉴얼 예상
Block 2	**Block 2. 목표 설정_ Establishing Objectives**	
	우선순위 협상 안건	최종 목표
	❶ 재계약 조건(지원율/일시지원금)	• 본부 비용을 통제하면서 재계약 확정 • 목표 패키지(권장): **추가배분율 5% + 일시 2,500만원** 내에서 합의(내부 판단표 3점 구간)
	❷ 24H 전환	• 24H 전환을 "지원 조건"과 교환(조건부 인센티브 구조) • 24H 전환 시 손익 개선 논리로 설득(본부/점주 모두 이익)

312

Block 2	❸ 시설투자(부분 리뉴얼)	• 2,500만원 수준 부분 리뉴얼 합의(노후 WIC 교체 +FCS 집기 중심)
	❹ 운영 최적화 도입(FCS/배달)	• FCS/배달 도입을 계약 인센티브와 묶어 실행 확정 (점포 매출+수익 증대 근거 제시)
	❺ 성과관리(매출/운영 KPI)	• 일매출 200만~215만(단계 목표) 기반으로 지원 조 건을 "유지/상향/환수"로 설계(분쟁 예방)
	기타 관계/신뢰 회복	• "마지막 미팅" 압박율 낮추고, CU 비교를 데이터로 재구성(감정전 방지)

Block 3

Block 3. ZOPA 설정_ Determining the ZOPA

(최우선 안건: 재계약 조건 = 추가배분율 + 일시지원금)

내부 기준상 "배분율 1% ≒ 일시금 500만원" 환산, 이탈 우려 시 최대 **추가 7% + 일시 3,500만원**까지 가능 하나 본부 손익 개선을 위해 최대한 개선 지침이 존재합니다.

- **D. 희망가격: 추가배분율 4% + 일시지원금 2,000만원**
  - 근거: 현 수준 유지(4%+2,000) 대신, **부분 리뉴얼(2,500) + 운영최적화(FCS/배달) + 24H 전환**을 패키지로 제시해 점주 순이익을 "구조적으로" 올리는 방향
- **T. 목표가격: 추가배분율 5% + 일시지원금 2,500만원**
  - 근거: 내부 판단표 3점 구간(표준적 상황)이며, 점주 입장에서도 "CU 비교"에 대응 가능한 수준의 신호가 됨
- **W. 결렬가격: 추가배분율 7% + 일시지원금 3,500만원**
  - 근거: 이탈 가능성(경쟁사 접촉) 및 **대체점 불가**라는 구조적 리스크 때문에 '최종 방어선' 설정 필요
  - 단, 이 수준은 "무조건 제공"이 아니라 24H + FCS + 배달 + KPI를 강하게 묶는 조건부로만 사용 (아래 Block6/8 연계)

Block 4

Block 4. BATNA 검토_ Reviewing the BATNA

구분	우리	상대방
BATNA	- 동급 성장 브랜드/신진 브랜드로 대체 입점 확대(카테 고리 포트폴리오 재구성) - PB/단독 기획으로 매출 공백 최소화 - 단, 유망 브랜드 이탈은 손실이므로 "결렬은 최후 수 단"	- 타 H&B/온라인(자사몰·마켓플레이스) 비중 확대 - 해외/면세/팝업 등 채널 다변화로 조건 완화 시도 - 다만 헬로우 H&B 채널 파워가 커 완전 이탈은 부담(점유율 90%+)

Block 5

Block 5. 욕구 탐색_ Identifying Interest

(상대방 정보만 정리 — 수치는 문서에 없어 "변경 요구 방향"을 합리 가정)

- **Position(표면적 요구)**
  - 수수료율 인하(예: 50% → 45~47% 수준 요구)
  - 매장 수 확대(예: 80 → 120~200)
  - 행사 할인율 상한 축소(예: 최대 30% → 20~25%) 또는 행사 참여 부담 완화
  - MOQ 완화(예: 1.5만 유지 또는 하향), 대신 우선공급권/노출 강화 요구
  - 우선공급권(선런칭/독점 SKU) 명문화 요구
- **Interest(내면적 욕구)**
  - 수익성 방어(할인/수수료 이중 부담 축소)
  - 안정적 성장(매장 확대·우선 노출로 매출 예측 가능성 확보)
  - 브랜드 자산 강화('K뷰티 성지' 채널에서의 위상/콘텐츠/리뷰 누적)
  - 운영 리스크 축소(재고·결품·반품·행사 운영 부담 감소)

Block 6	**Block 6. 창조적 대안 도출_ Developing Creative Option**

Core Agenda : 운영 전환 패키지(24H + FCS + 배달) 실행 방식

- **양측 Position / Interest 요약**
  - 우리 Position: 지원 총액은 통제하되, 24H 전환으로 상권 장점을 선점(우리마트 야간 미영업)
  - 우리 Interest: 재계약 성사(대체점 불가 리스크), 본부 손익 개선(24H 유리)
  - 상대 Position: 지원조건 상향 및 시설/운영 부담 최소화
  - 상대 Interest: 순이익 증가의 확실성, 리스크(야간/투자/운영복잡도) 관리
- **Creative Option**
  - **Find a Bridge**
    - "지원 인상"을 단독으로 주지 않고, **월 손익 시뮬레이션**(현재→리뉴얼→FCS→배달→24H)로 점주 순이익 상승을 고정시키는 설계
  - **Set Conditions**
    - (예) 24H 전환 + 배달 활성화 + KPI 달성 시 **추가배분율 단계 상향(4%→5%→6%)**, 미달 시 단계 유지/지원 일부 전환(교육/마케팅)
  - **Expand the pie**
    - 반값택배 강점(일 20건) 기반으로, 지역 픽업/프로모션/단지 커뮤니티 제휴 등 "추가 수요"를 안건으로 추가
  - **Split the pie**
    - 지원을 한 번에 올리지 않고 ①리뉴얼 ②FCS ③배달 ④24H를 단계로 쪼개, 단계마다 보상(지원)을 분할 지급

Block 7	**Block 7. ZOPA 최적화_ Optimizing the ZOPA**

1) 우리 값 재점검(권장 운용)

- D: 4% + 2,000 (현 수준 유지)
- T: 5% + 2,500 (표준 상향)
- W: 7% + 3,500 (최종 방어선, 조건부)
  - 내부 가이드 및 이탈 리스크를 동시에 반영

2) 상대방 값 추정(합리적 가정, 사용자 답변으로 보정 권장)

- 상대 D(희망): 7% + 3,500 (CU의 공격적 제안 가능성 및 "비교우위" 기대)
- 상대 T(목표): 6% + 3,000 (상향은 확보하되 실행 가능한 수준)
- 상대 W(결렬): 5% + 2,500 (최소한 '현 수준 이상'은 받아야 전환 유인이 생김)

3) 추정 조율 가능 영역

- "**5%+2,500 ~ 7%+3,500**" 범위에서, 단순 인상 경쟁이 아니라
  - **(1) 24H 전환, (2) FCS/배달 도입, (3) KPI, (4) 지원 지급 방식(선/후/분할)**
    로 실질 합의 영역을 넓히는 전략이 가장 안전합니다.

협상 레볼루션

Block 8. 최종안 도출_ Arriving at a Final decision

Agenda	1안	2안	3안
① 지원조건(추가배분율/일시)	4% + 2,000 대신 리뉴얼 2,500 집행	5% + 2,500 (권장 기본안)	6% + 3,000 단, 조건 강결합
② 시설투자	부분 리뉴얼 2,500 (WIC/FCS 중심)	2,500 + 일정/항목 확정 (오픈 전 완료)	2,500 + 추가 항목은 성과 달성 시 후지급
③ 24H 전환	24H 전환 "검토" 3개월 내 결정	24H 전환 "확정" 전환 시점 합의	24H 즉시 전환 대신 지원 상향
④ 운영 패키지(FCS/배달)	FCS 또는 배달 중 1개 우선	FCS+배달 동시 도입	FCS+배달+24H 풀패키지(일매출 215만 시나리오)
기타(성과연동)	KPI 없음(대신 지원 낮게)	KPI 설정(일매출/택배/배달) 유지 조건	KPI 강결합 미달 시 지원 일부 전환

합의 조합 예시(3세트 준비)

- 조합 A(표준/안정): ②-2안 + ①-2안 + ③-2안 + ④-2안
- 조합 B(저비용/확장): ②-1안 + ①-1안 + ④-2안 + (KPI 중간)
- 조합 C(방어/최종): ①-3안 + ③-3안 + ④-3안 + (KPI 강결합)

에잇블록 AI 협상 시뮬레이터(8-BNM AI Simulator)

에잇블록 AI 협상 시뮬레이터(8-BNM AI Simulator)는 실전처럼 협상하고, AI로 분석한다.

협상력은 기업 경쟁력의 핵심이다. 그러나 기업에서 필요한 협상을 제대로 배우거나 훈련할 기회는 극히 제한적이다. 배운다고 하더라도 실전에는 적용하기 어렵고, 동료와의 롤 플레이 역시 한두 번으로 끝나기 일쑤다. 전문가 코칭은 비용이 많이 들어서 소수에게만 허용된다. 결국 대부분의 협상가는 실전에서 실패하며 배우고, 그 비용은 개인이 아니라 조직이 감당하게 된다.

우리는 이러한 구조적 문제를 해결하기 위해 에잇블록 AI 협상 시뮬레이터를 개발했다. 이 시뮬레이터는 협상을 '운에 맡기는 경험'이 아니라, 반복 훈련과 분석이 가능한 학습 과정으로 전환한다.

앞서 소개한 [ChatGPT GPTs] 에잇블록협상모델 AI가 협상 전략을 설계하고 사고 구조를 정리하는 도구라면, 에잇블록 AI 협상 시뮬레이터는 한 단계 진화한 전문 훈련 플랫폼이다. 협상 모델 도출부터 AI 상대와의 실전 연습, 요소별 코칭 리포트, 협상 결과 보고서 생성까지 협상의 전 과정을 통합 지원하는 기업 특화형 시스템이다.

에잇블록 AI 협상 시뮬레이터의 작동 방식은 다음과 같다.

• 1단계: 시나리오 생성

사용자는 간단한 질문에 답하는 것만으로 실제와 유사한 협상 시나리오를 생성한다.

• 2단계: 전략 수립

AI는 입력된 정보를 바탕으로 에잇블록 협상 모델의 여덟 가지 전략 요소를 도출해 협상 준비를 완료한다.

• 3단계: 실전 시뮬레이션

사용자는 채팅 또는 음성 대화를 통해 AI 협상 상대와 실전처럼 협상을 진행한다.

• 4단계: 합의서 자동 생성

협상이 타결되면 그 결과가 합의서 형태로 자동 정리된다.

• 5단계: 협상 코칭 리포트

AI는 협상 전 과정을 분석해 열 가지 항목의 협상 코칭 리포트를 제공한다. 강점, 반복된 실수, 개선 포인트가 구조적으로 정리된다.

• 6단계: 결과 보고서

상사 보고나 내부 공유에 바로 활용할 수 있는 협상 결과 보고서가 함께 생성된다.

같은 시나리오라도 어떤 상대를 선택하느냐에 따라 협상 양상은 전혀 달라진다. 에잇블록 AI 협상 시뮬레이터는 협상을 현실적으로 분석하기 위해, AI 협상 상대를 세 가지 유형으로 선택할 수 있게 한다.

- Horizon(협력형): 관계를 중시하고 상호 이익을 추구하는 유형
- Strike(강경형): 조건을 끝까지 밀어붙이고 양보를 최소화하는 유형
- Adaptive(적응형): 상대의 전략에 따라 접근 방식을 유연하게 바꾸는 유형

이를 통해 협상가는 단일한 성공 공식을 익히는 것이 아니라, 상대에 따라 전략을 조정하는 능력을 훈련하게 된다.

시뮬레이터의 효과는 학습 차원을 넘어 조직의 재무 성과로 이어진다. 구매팀 10명의 협상력이 향상되면 연간 수십억 원의 원가 절감이 가능하다. 영업팀이 마진을 1%만 더 지켜내도 연간 수억 원의 추가 이익이 발생

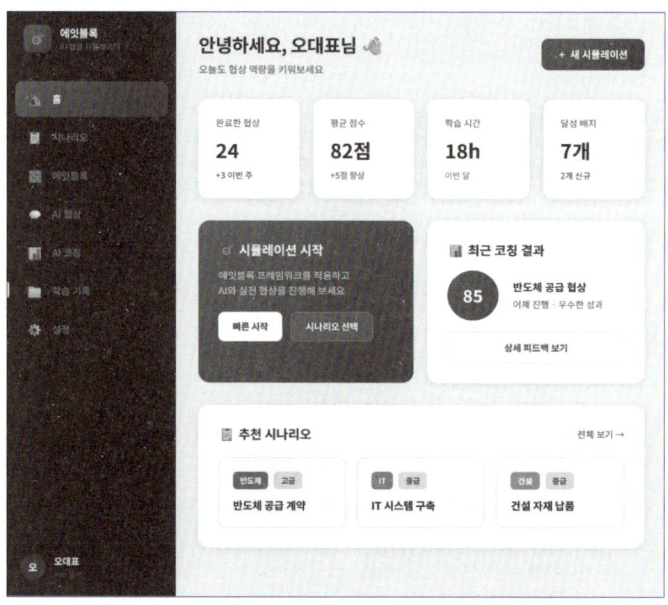

열린협상연구소가 개발한 에잇블록 AI 협상 시뮬레이터

한다. 불리한 조건을 사전에 연습하고 대비함으로써, 계약 이후 발생할 수 있는 분쟁과 리스크를 협상 단계에서 사전 차단할 수 있다.

에잇블록 AI 협상 시뮬레이터는 시간과 장소의 제약 없이 반복 훈련이 가능하며, AI가 매번 객관적으로 협상을 분석하고 개인별 성장 곡선을 추적한다.

협상력은 타고나는 재능이 아니라 훈련의 총량으로 결정된다. 그리고 조직의 협상력은 곧 그 조직의 미래 경쟁력이다. 에잇블록 AI 협상 시뮬레이터는 이 명제를 실현하는 가장 체계적이고 효율적인 도구다.

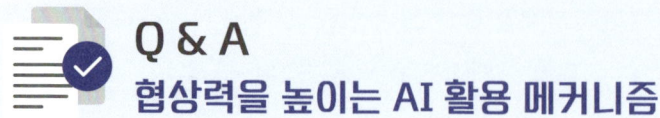

Q & A
협상력을 높이는 AI 활용 메커니즘

Q. 정보 비대칭이 해소된 세상에서 협상력은 어디에서 나올까?

A. 데이터를 새롭게 해석하고 감정 신호를 읽는 능력에서 나온다.

정보 비대칭이 사라진 시대에 협상력은 더 이상 경험과 지식에서 나오지 않는다. 과거에는 '누가 더 많이 알고 있느냐?'가 협상력의 기준이었다. 하지만 이제는 누구나 AI를 통해 전문가 수준의 정보를 손쉽게 얻을 수 있다. 정보의 비대칭이 해소된 시대, 협상력의 차이는 정보를 얼마나 다르게 보고, 어떻게 활용하느냐에서 갈린다. 같은 데이터를 놓고도 누군가는 단순한 숫자로 받아들이지만, 누군가는 그 안에 담긴 의도와 맥락을 읽어낸다. "가격 인하가 어렵습니다"라는 말에도 수많은 배경과 감정이 숨어 있다. 표면적인 말만 듣고 멈추는 사람과, 그 너머를 해석하는 사람의 차이가 협상의 결과를 바꾼다. 협상은 더 이상 정보의 싸움이 아니라, 정보를 해석하는 싸움이다.

AI는 방대한 데이터를 분석하고 패턴을 예측하지만, 감정의 온도와 의도의 결은 읽지 못한다. 짧은 침묵, 미세한 시선, 말의 속도 같은 '보이지 않는 신호'는 여전히 인간만이 감지할 수 있다. 정보의 비대칭은 사라졌지만, 감정과 맥락의 비대칭은 여전히 존재한다. 협상가는 이제 많이 아는 사람이 아니라, 보이는 것 너머를 읽어내는 사람이다. AI 시대에도 협상의 본질은 바뀌지 않았다. 결국 사람의 마음을 움직이는 것은 데이터가 아니라 통찰이다.

Q. AI를 사용하는 사람과 그렇지 않은 사람의 협상력 차이는 어떻게 나타날까?

A. AI를 쓰는 사람은 데이터를 바탕으로 예측하고 통제하지만, 그렇지 않은 사람은 경험과 감에 의존해 즉흥적으로 행동한다.

AI를 활용하는 협상가는 자기 노하우에 의존하지 않고 데이터로 시장을 읽어낸다. 거래 가격 범위, 경쟁사 움직임, 상대 조직의 재무 상황까지. AI는 이 모든 정보를 빠르게 분석해 협상의 논리적 기준선을 잡아준다. 이를 바탕으로 협상가는 유리한 타이밍과 주도권을 잡을 지점을 명확히 파악한다. 협상이 시작되면 차이는 더 두드러진다. AI로 철저히 준비한 사람은 다양한 시나리오를 시뮬레이션했기에, 상대의 예기치 못한 제안에도 흔들리지 않는다. 목표와 한계가 명확해 협상의 흐름을 능동적으로 조율한다.

반면, AI 없이 준비한 협상가는 여전히 경험과 노하우에 의존해 즉흥적으로 대응할 수밖에 없다. 합의 후에도 격차는 계속된다. AI를 활용한 협상가는 결과를 데이터로 분석해 다음 전략으로 연결하지만, 노하우에 의존한 협상은 기록이 남지 않아 학습이 일어나지 않는다. AI는 단순한 도구가 아니라, 협상가의 사고방식을 근본적으로 바꾸는 엔진이다. AI를 활용하는 협상가는 협상을 설계하고 통제하는 사람이고, 그렇지 않은 협상가는 흐름에 끌려가는 사람이다. 협상력의 차이는 기술이 아니라, 생각하는 방식의 차이다.

Q. 앞으로 AI가 좀 더 고도화된다면, 비즈니스 협상의 모습은 어떻게 바뀔까?

A. AI가 고도화되면 단순 협상은 AI가 자동 처리하고, 인간은 신뢰와 감정을 조율하는 전략적 협상을 주도할 것이다.

AI가 고도화되면 많은 협상 과정이 자동화될 것이다. 그러나 협상의 본질은 변하지 않는다. 협상이란 단순한 조건의 교환이 아니라, 가치의 교환이기 때문이다. 단가 협상이나 납기 조정처럼 정형화된 협상은 AI가 훨씬 효율적으로 수행한다. 데이터를 실시간 분석하고, 최적 조건을 계산하며, 상대 역시 AI를 활용한다면 두 AI는 빠르게 계산적 합의에 도달할 것이다. 하지만 전략적 파트너십, 공동 개발, 장기적 협력 같은 협상은 다르다. "이 관계를 믿을 수 있는가?", "상대는 진심으로 협력할 의지가 있는가?" 같은 질문은 숫자가 아닌, 맥락과 감정에서 답을 찾아야 한다.

AI는 조건을 산출할 수 있지만, 가치를 해석하지는 못한다. 말의 여운, 침묵의 의미, 표정의 미세한 변화 속에 담긴 의도는 오직 인간만이 감지할 수 있다. 결국 미래의 협상은 AI가 수치를 다루고, 인간이 신뢰를 다루는 구조로 진화할 것이다. 기술이 계산하는 협상에서 사람이 완성하는 협상으로. 협상의 미래는 도구가 아닌, 그 도구를 어떻게 활용하느냐에 달려 있다. 그리고 그 중심에는 여전히 사람이 있다.

기업 협상력 강화는 AI를 제대로 활용할 수 있는 능력에 있다!

많은 사람이 협상을 어려워한다. 이유는 협상 기술이 부족해서가 아니다. 협상에 대한 잘못된 고정관념 때문이다. 여기서 출발해야 한다. 진단이 잘못되면 옳은 처방을 기대할 수 없다. 무언가를 잘하고 싶다면 잘하는 방법을 배우기 전에 잘못하고 있는 것부터 바로잡아야 한다.

협상을 잘하고 싶다면

가장 먼저 해야 할 일은 협상에 대한 인식을 바꾸는 것이다. 많은 분이 협상하면 '이겨야 한다'라고 생각하고, '상대를 설득해야 한다'라고 생각한다. 하지만 협상은 승패 대결이 아니다. 협상은 합의하는 일이다.

이해관계나 관점이 다른 당사자들이 합의를 이끄는 과정, 다시 말해, 협상은 문제 해결의 방법이고 갈등 해결의 방법이다. 협상력은 말 잘하는 능력이 아니다. 전략적 사고, 수학적 사고, 창의적 사고 등의 통합적 사고가 필요하다. 협상력은 생각하는 능력, 즉 사고력이다.

인식을 전환했다면 협상의 원리를 이해해야 한다. 첫째, 협상은 필요한 사람이 더 내야 한다. 급한 쪽이 양보하는 것이 세상의 이치다. 누가 급한 쪽인가? 대안이 없는 쪽이다. 따라서 협상 전에 결렬됐을 때 어떤 대안이 있는지 알고 시작해야 한다. 협상의 기술 이전에 대안이 많은 쪽이 유리하다. 둘째, 협상은 합의를 이끄는 일이다. 합의의 본질은 둘 다 좋아야 성립한다. 따라서 협상의 원리는 둘 다 괜찮은 새로운 안을 어떻게 도출해낼 것인가에 대한 문제다. 이를 위해서는 역지사지가 필요하다.

다음은 협상의 기술이다. 협상 기술은 크게 두 종류로 나눌 수 있다. 숫자를 다루는 협상과 숫자 이외의 조건을 다루는 협상이다. 정량적 협상과 정성적 협상이라고 이해해도 좋다. 먼저 정량적 협상은 상대와의 협상보다 자신과의 협상에 더 가깝다. 협상 전에 목표값, 제안값, 결렬값을 구체적으로 준비해야 한다. 얼마나 합리적이고, 객관적으로 수립하느냐에 따라 이미 결과가 정해진다.

숫자 이외의 정성적 조건에 관한 협상에서는 겉으로 드러나는 요구사항이 아니라 숨어 있는 인터레스트를 알아내는 게 핵심이다. 표면적 요구사항인 포지션이 아니라 인터레스트를 찾아야 한다. 실행 방안으로 상대의 포지션과 인터레스트는 다르다는 것을 인지하고, 추측하고 질문한다. 그리고 양쪽 모두 만족할 수 있는 창조적 대안을 도출해내는 게 협상의 과제다.

하지만 이러한 지식을 알고만 있어서는 아무 소용이 없다. 협상력은 지식의 영역이 아니라 체득의 영역이다. 다양한 상황에 대입하고 풀어보려는 노력이 필요하다. 이 경험이 쌓이면 협상력은 반드시 좋아진다.

기업 협상 교육은 어떻게 진행되어야 하나

효과적인 기업 협상 교육은 세 가지 요소가 균형을 이루어야 한다.

첫째는 실습 시나리오의 커스터마이징이다. 협상 교육의 핵심은 시뮬레이션 실습이다. 실제 하는 협상과 유사한 상황에서 배운 내용을 적용하고 실행해보는 것이 목적이다. 일반적인 사례가 아니라 교육생이 겪고 있는 구체적 협상 상황을 바탕으로 시나리오를 설계해야 실전 적용력이 높아진다.

둘째는 프로세스 교육이다. 특정 상황에 대처하는 기술만으로는 한계가 있다. 전체 프로세스를 알고 전략을 수립할 수 있어야 한다. 체계적인 프레임워크를 통해 협상의 전체 흐름을 이해하고, 각 단계에서 무엇을 준비해야 하는지 명확히 알 수 있어야 한다.

셋째는 실전을 방불케 하는 실습 운영이다. 다양한 실습 방법을 배치해 교육생들의 몰입을 유도해야 한다. 1:1 롤플레잉, 팀 단위 협상 시뮬레이션, 실시간 피드백 세션 등을 통해 교육생들이 실제 협상 테이블에 있는 것처럼 긴장감과 몰입감을 경험할 수 있어야 한다.

AI의 고도화로 많은 것이 변화하고 있다. 하지만 협상에 대해 모르는 사람에게 도구는 무용지물이다. 오히려 협상을 제대로 아는 사람이 새로운 도구로부터 많은 도움을 받을 수 있다. 따라서 기업에서 협상 교육의 중요성은 오히려 더 커질 것이다. 협상의 본질을 이해하고 체계적으로 준비하는 능력이 그 어느 때보다 중요해졌다.

다만 교육 방식은 온라인과 오프라인을 병행하는 하이브리드 방식이 효과적이다. 이론교육은 사전 영상 학습으로, 집합교육은 실습과 피드백 위주로 진행하는 것이다. 교육생들은 온라인에서 협상의 철학과 원리를 학습하고, 오프라인에서 실제 상황을 바탕으로 전략을 수립하며 롤플레잉을 통해 실행해본다. 여기에 AI 협상 시뮬레이터를 활용하면 교육 이후에도 언제든 반복 연습이 가능하다. 이러한 접근은 제한된 시간 내에서 이론과 실전을 모두 체득할 수 있게 한다.

AI를 활용하면 누구나 협상을 잘할 수 있나

이 책을 읽으며 AI 협상 도구들을 접한 독자라면 이런 생각이 들 수 있다. 'AI만 있으면 협상을 체계적으로 할 수 있지 않을까?' 하지만 이는 큰 오해다.

AI는 강력한 도구다. 데이터를 분석하고, ZOPA를 최적화하며, 다양한 시나리오를 시뮬레이션한다. 하지만 AI는 협상의 철학을 대신 생각해주지 않는다. 협상이 '이기는 게임'이라고 잘못 생각하는 사람에게 AI는 그저 상대를 이기는 더 정교한 무기가 될 뿐이다. 협상이 '합의를 도출하는 과정'

이라는 올바른 철학을 가진 사람에게 AI는 윈윈을 설계하는 도구가 된다.

AI는 원리를 모르는 사람을 가르쳐주지 않는다. '필요한 사람이 더 낸다'라는 원리, '둘 다 좋아야 성립한다'라는 본질을 이해하지 못하면, AI가 제시한 전략의 의미를 알 수 없다. 숫자를 다루는 기술, 조건을 협상하는 기술을 모르면, AI가 분석한 결과를 어떻게 활용해야 할지 판단할 수 없다.

그리고 무엇보다, AI는 프로세스를 모르는 사람을 도와주지 못한다. 협상의 전체 흐름, 각 단계에서 무엇을 생각해야 하는지, 어떤 순서로 전략을 세워야 하는지 모르면, AI가 아무리 정교한 전략과 실행 방안을 도출해도 협상가는 그것을 적용할 수 없다.

에잇블록협상모델을 충분히 학습하고 체득했을 때, 비로소 AI가 제시한 전략을 실전에서 활용할 수 있다. 협상의 철학을 이해한 협상가는 AI가 제시한 전략의 방향이 옳은지 판단할 수 있다. 협상의 원리를 아는 협상가는 AI의 분석 결과를 상황에 맞게 수정할 수 있다. 협상의 기술을 익힌 협상가는 AI가 분석한 숫자를 협상 테이블에서 활용할 수 있다. 그리고 에잇블록협상모델이라는 프로세스를 체득한 협상가는 AI가 도출한 8개 블록의 전략을 실제 협상 현장에서 실행할 수 있다.

AI는 도구다. 강력하지만, 도구일 뿐이다. 앞으로 월마트와 팩텀(Pactum)의 사례처럼 자율 협상 AI(Autonomous Negotiation AI)가 등장할 수도 있다. 하지만 그렇다고 해서 협상가가 필요 없어지는 것은 아니다. 실행은 AI가 하더라도 전략 수립과 의사결정은 여전히 인간의 몫이다. 에잇블록협상모델의 8개 단계를 체득한 협상가라면, AI가 실행할 전략의 방향을 정확히 설정할 수 있다.

협상가가 협상을 제대로 알 때, AI는 비로소 협상가의 파트너가 된다. AI 시대에도, 아니 AI 시대이기 때문에 더욱, 협상의 철학과 원리와 프로세스를 아는 협상가의 가치는 높아질 것이다.

***

협상력은 하루아침에 만들어지지 않는다. 협상에 대한 올바른 인식, 협상의 원리와 기술에 대한 이해, 에잇블록협상모델이라는 프로세스의 체득, 그리고 반복적인 실습과 경험이 필요하다. 그리고 이제는 여기에 하나가 더 추가됐다. AI를 제대로 활용할 수 있는 능력.

이 책을 덮는 지금이 협상가가 되는 끝이 아니라 시작이다. 여러분이 마주할 다음 협상에서, 이 책에서 배운 원리와 기술, 에잇블록협상모델, 그리고 AI 활용법이 실제 상황에서 어떻게 작동하는지 직접 경험해보기 바란다.

협상은 책 속의 이론이 아니라 현장에서 살아 움직이는 실전의 장이다. 준비된 협상가는 매번 성장하고, 그 성장은 더 나은 결과와 더 깊은 관계로 이어진다.

지금부터 협상을 제대로 배우고 익히는 도전을 시작해보자. AI를 당신의 파트너로 삼아, 협상의 새로운 시대를 함께 열어가길 기대한다.

출처

1. Woolf, N. (2014, December 9). A Chinese restaurant charged Ben Edelman $4 too much. Bad move. The Guardian. Retrieved from https://www.theguardian.com/us-news/2014/dec/09/a-chinese-restaurant-charged-ben-edelman-4-too-much-bad-move

2. 홍인표 특파원, "김하중 駐中대사의 바람", <경향신문>, 2004. 8. 12. Retrieved from https://www.khan.co.kr/article/200408121733531

3. Morihei Ueshiba. The Art of Peace. Translated by John Stevens. Shambhala Publications, 2010. Retrieved from https://omlc.org/aikido/talk/osensei/artofpeace/97.html

4. D'Onfro, Jillian. (2014, April 15). How Alibaba defeated eBay in China. Business Insider. Retrieved from https://www.businessinsider.com/how-alibaba-defeated-ebay-in-china-2014-4

5. tvN 드라마 <미생>, 2014

6. 심리학자 헤르만 에빙하우스(Herman Ebbinghaus)는 같은 크기의 점도 주변의 크기에 따라 다르게 보일 수 있다는 사실을 보여주었다. 이는 우리의 지각이 절대적 크기보다 주변과의 비교에 영향을 받기 때문이다. Herman Ebbinghaus (1897). On Memory: A Contribution to Experimental Psychology. Leipzig: Duncker & Humblot.

7. 선택이 동기를 약화시킬 때: 좋은 것이라도 너무 많이 원할 수 있을까? Iyengar, S. S., & Lepper, M. R. (2000). When choice is demotivating: Can one desire too much of a good thing? Journal of Personality and Social Psychology, 79(6), 995–1006.

8. 중간 효과(The Compromise Effect). Simonson, I. (1989). Choice Based on Reasons: The Case of Attraction and Compromise Effects. Journal of Consumer Research, 16(2), 158-174.

9. 골디락스 법칙(Goldilocks Principle). Goldilocks principle. Wikipedia. Retrieved from https://en.wikipedia.org/wiki/Goldilocks_principle

10. 자기결정성 이론(Self-Determination Theory) Deci, E. L., & Ryan, R. M. (2000). Self-Determination Theory and the Facilitation of Intrinsic Motivation, Social Development, and Well-Being. American Psychologist, 55(1), 68-78.

11. SBS 드라마 <스토브리그>, 2019~2020.

12. 프레이밍 효과(Framing Effect): 동일한 정보라도 어떻게 제시되느냐(프레임)에 따라 사람들의 인식과 선택이 달라지는 현상. Amos Tversky & Daniel Kahneman (1981). The Framing of Decisions and the Psychology of Choice. Science, 211(4481), 453-458.

13. Lindholst, M. (2014). Negotiation Planning and Preparation in Practice. Copenhagen Business School Working Paper. Retrieved from https://research.cbs.dk/files/58811306/ Morten_Lindholst.pdf

14. Galinsky, A. D., Maddux, W. W., Gilin, D., & White, J. B. (2008). Why It Pays to Get Inside the Head of Your Opponent: The Differential Effects of Perspective Taking and Empathy in Negotiations. Psychological Science. Retrieved from https://willmaddux.web.unc.edu/ wp-content/uploads/sites/15846/2019/01/Psych-Science-PT-Negotiations.pdf

15. Sebenius, J. K. (2020, July 20). A Three Minute Dealmaking Challenge from Teddy Roosevelt. James Sebenius Blog. Retrieved from https://jamessebenius.com/ blog/2020/7/14/negotiating-lessons-from-teddy-roosevelt-three-minute-negotiation-challenge

16. Locke, E. A. & Latham, G. P. (2002). Building a Practically Useful Theory of Goal Setting and Task Motivation: A 35-Year Odyssey. American Psychologist, 57(9), 705-717.

17. "Apple gave AT&T exclusive rights to carry the iPhone ⋯ Apple would be in charge of updating." Ars Technica. Retrieved from https://arstechnica.com/gadgets/2017/06/ with-iphone-apple-showed-att-and-verizon-whos-boss/

18. "Apple and AT&T signed five-year iPhone exclusivity deal (2007)." Engadget. Retrieved from https://www.engadget.com/2010/05/10/confirmed-apple-and-att-signed-five-year-iphone-exclusivity-deal-in-2007-based-on-court - documents/

19. Fisher, R., Ury, W., & Patton, B. (1991). Getting to Yes: Negotiating Agreement Without Giving In. Penguin Books. Fisher, R., Ury, W., & Patton, B. (1991). Getting to Yes: Negotiating Agreement Without Giving In. Penguin Books.

20. "4 firms reply to Carrefour's invitation for buyout bids." Korea JoongAng Daily, 4 Apr 2006. Retrieved from https://koreajoongangdaily.joins.com/2006/04/04/economy/4-firms-reply-to-Carrefours-invitation-for-buyout-bids/2706520.html

21. Reuters. (2022, May 23). Kylian Mbappé: "I wanted to stay in France," says PSG forward after rejecting Real Madrid. Retrieved from https://www.reuters.com/lifestyle/sports/ i-wanted-stay-france-says-psgs-mbappe-after-rejecting-real-madrid-2022-05-23/

22. "Microsoft hires Sam Altman, new OpenAI CEO vows to investigate his ouster." PBS NewsHour, Nov 20 2023. Retrieved from https://www.pbs.org/newshour/economy/ microsoft-hires-sam-altman-new-openai-ceo-vows-to-investigate-his-ouster

23. "Sam Altman, a prominent executive behind the rise of artificial intelligence, was hired by Microsoft ⋯ eliciting a letter signed by nearly 600 OpenAI employees calling for the resignation of the company's board." ABC News, Nov 20 2023. Retrieved from https://abcnews.go.com/Business/sam-altman-hired-microsoft-600-openai-employees-threaten/story?id=105032352

24. "Removal of Sam Altman from OpenAI." Wikipedia. Retrieved from https:// en.wikipedia.org/wiki/Removal_of_Sam_Altman_from_OpenAI

25. "MediaOne Accepts AT&T Buyout." Wired, May 3 1999. Retrieved from https://www.wired.com/1999/05/mediaone-accepts-att-buyout/

26. "AT&T Bid Is Seen Winning Nod From Regulators and Industry." Wall Street Journal, Apr 23 1999. Retrieved from https://www.wsj.com/articles/SB924897406361565644

27. "Here's how much the 2008 bailouts really cost." MIT Sloan Management Review, Feb 21 2019. Retrieved from https://mitsloan.mit.edu/ideas-made-to-matter/heres-how-much-2008-bailouts-really-cost

28. Akerlof, G. A. (1970). The Market for "Lemons": Quality Uncertainty and the Market Mechanism. The Quarterly Journal of Economics, 84(3), 488-500.

29. 사이먼 사이넥(Simon Sinek)은 영국 런던 윔블던 출신의 동기부여 연설가이자 작가로, 'Start With Why(왜로 시작하라)'를 비롯한 리더십 관련 저서로 알려져 있다. ― Wikipedia. Retrieved from https://en.wikipedia.org/wiki/Simon_Sinek

30. 월터 아이작슨(Walter Isaacson) (2011). 《스티브 잡스(Steve Jobs)》. 민음사.

31. Stuart Diamond (2012). Getting More: How to Negotiate to Succeed in Work and Life. Portfolio.

32. "창원 시내버스 노사협상 타결." <경남신문>, 2013년 6월 12일. Retrieved from https://www.knnews.co.kr/news/articleView.php?idxno=1076009

33. Abreu, M. A., & Spradley, B. D. (2016). The 2011 National Football League Labor Dispute. The Sport Journal. Retrieved from https://thesportjournal.org/article/the-2011-national-football-league-labor-dispute/

34. Turing, A. M. (1950). Computing Machinery and Intelligence. Mind, 59(236), 433-460.

35. "History and evolution of machine learning: A timeline." TechTarget. Retrieved from https://www.techtarget.com/whatis/feature/History-and-evolution-of-machine-learning-a-timeline

36. "In 1997, IBM's Deep Blue defeated Garry Kasparov in a match under standard tournament controls." IBM History. Retrieved from https://www.ibm.com/history/deep-blue

37. Siemens AG. (2024). AI-based Predictive Maintenance – Senseye. Retrieved from https://www.siemens.com/global/en/products/automation/topic-areas/industrial-ai/usecases/ai-based-predictive-maintenance.html

38. Business Insider. (2024, November). How Siemens is using AI to predict maintenance problems and cut costs. Retrieved from https://www.businessinsider.com/ai-siemens-predict-industrial-maintenance-machine-infrastructure-equipment-costs-productivity-2024-11

39. Jarrell, M. (2021, August 16). Artificial Intelligence at Tesla – Two Current Use-Cases. Emerj. Retrieved from https://emerj.com/ai-at-tesla/

40. Scott, A. (2024, July 19). Tesla Supply Chain: Big Data and AI in Action. SupplyChain360. Retrieved from https://supplychain360.io/tesla-supply-chain-big-data-and-ai-in-action/

41. "카카오뱅크, AI 활용한 모기지·대출 서비스로 3분 심사 가능." The Investor, 2022.2.16. Retrieved from https://www.theinvestor.co.kr/article/2790713

42. "10 ways JP Morgan is using AI." DigitalDefynd, 2025. Retrieved from https://www.digitaldefynd.com/IQ/jp-morgan-using-ai-case-study/

43. "The Amazon algorithm teardown: 12 things we know" Plytix Blog., Retrieved from https://www.plytix.com/blog/amazon-algorithm-teardown

44. "How AI Is Reshaping Supplier Negotiations." MIT CTL. Retrieved from https://ctl.mit.edu/news/how-ai-reshaping-supplier-negotiations

45. 문현호 기자, "'AI로 혁신하라' 오너 특명에 진화하는 편의점 3사", <이투데이>, 2024. 5. 21. Retrieved from https://www.etoday.co.kr/news/view/2358515

46. "McKinsey aims for one AI agent per employee" — Outsource Accelerator (2025-08-13)

47. "40% of McKinsey's revenue now comes from AI consulting" — WebProNews (2025-08-04)

48. 국제통화기금(IMF), 「AI Will Transform the Global Economy. Let's Make Sure It Benefits Humanity」, 2024.

49. Suplari, 10 Procurement Job Roles Most Impacted by AI, 2024.

50. The Hackett Group, Procurement Leaders Say AI Will Transform Their Jobs, 2025.

51. Luminance. (n.d.). About Luminance. Retrieved from https://www.luminance.com

52. Slaughter and May – 1889년 설립된 영국 런던 소재 글로벌 로펌으로, 기업 인수합병(M&A), 금융, 규제 자문 등 다양한 분야에서 세계적인 명성을 갖고 있다.

53. LG화학 보도자료, LG화학, AI 계약 검토 시스템 '루미넌스' 도입, 2021. 11. 22. Retrieved from https://www.luminance.com/news/2021-lg-chem.html

54. Forbes (2023. 3. 15). How Walmart Uses AI to Automate Supplier Negotiations.

* 본 도서에 수록된 일부 이미지는 실제 사례를 재현하거나 구조적 이해를 돕기 위해 AI 기반 시각화 도구를 활용해 제작됐습니다.

* 본 도서에 등장하는 '에잇블록협상모델(8-Block Negotiation Model)'은 대한민국 특허청에 등록된 등록상표입니다(제40-2458489호). 본 모델의 명칭 및 구조는 저작권 및 상표권법의 보호를 받습니다. 무단 사용, 복제, 변형 및 상업적 이용을 금합니다.

협상 레볼루션

제1판 1쇄 발행   2026년 2월 10일

지은이	오명호
발행처	애드앤미디어
발행인	엄혜경
등록	2019년 1월 21일 제 2019-000008호
주소	서울특별시 영등포구 도영로 80, 101동 2층 205-50호 (도림동, 대우미래사랑)
홈페이지	www.addand.kr
이메일	addandm@naver.com
기획편집	애드앤미디어
디자인	얼앤똘비악 www.earlntolbiac.com

ISBN   979-11-93856-16-1 (03000)

이 책은 저작권법에 따라 보호받는 저작물이므로 무단 전재와 무단 복제를 금하며,
이 책 내용의 전부 또는 일부를 이용하려면 저작권자와
애드앤미디어의 서면 동의를 받아야 합니다.

책값은 뒤표지에 있습니다.
잘못 만들어진 책은 구입처에서 바꿔 드립니다.

🐦 애드앤미디어는 당신의 지식에 하나를 더해 드립니다.